나의 음악, 나의 기도

나의 음악, 나의 기도
— 한 사제의 음악 이야기

교회인가 2024년 3월 5일
제1판 제1쇄 2024년 6월 7일

지은이 원종철
펴낸이 원종철
펴낸곳 가톨릭대학교출판부
등록 1989년 1월 13일(제300-1989-1호)
주소 03083 서울시 종로구 창경궁로 296-12
전화 02.740.9718
팩스 02.745.9793
전자우편 cukpress@catholic.ac.kr
홈페이지 http://press.catholic.ac.kr
인쇄제작 재영아트

ISBN 978-89-7108-373-4 03810

값 23,000원

나의 음악, 나의 기도

Musica Mea, Oratio Mea

한 사제의 음악 이야기

IMPRIMATUR

†Peter Chung

Archiepiscopus Seoulensis

Seoul, die 5 Mar. 2024

Musica Mea, Oratio Mea

Printed in THE CATHOLIC UNIVERSITY OF KOREA PRESS

296-12, Changgyeonggung-ro, Jongno-gu, Seoul, 03083 Rep. of Korea

"세상 끝 날까지 언제나 너희와 함께 있겠다."

마태 28,20

목차

거룩함과 의로움

자유와 해방

책머리에

"나는 너희를 더 이상 종이라고 부르지 않는다. 나는 너희를 친구라고 불렀다."

요한 15,15

어린 시절부터 아버지께서는 "사람은 취미가 있어야 한다."고 하시며 취미는 실내에서 할 수 있는 것과 집 밖에서 할 수 있는 것 두 가지가 다 필요하다고 말씀하셨다. 주일 오후가 되면 아버지께서는 가끔 우표를 정리하시느라 시간 가는 줄 모르셨고 또 어떨 때는 전지가위나 모종삽을 들고 정원을 돌보시느라 바쁘셨다. 나는 여러 형제 중에서 유독 이런 일을 하시는 아버지를 많이 도와 드렸다. 내가 옆에 앉아 우표 정리를 도와드리면 아버지께서는 우표에 대해 이런 저런 설명을 해 주셨을 뿐 아니라 정리를 마치시면서 내가 관심을 보인 우표를 몇 장씩 나누어 주시곤 하셨다. 이것은 우표수집에 조금씩 관심을 보이는 나에게 이를 가르쳐주시려는 뜻이었을 것이다. 또한 정원 일을 도와드린 덕분에 봄에는 나무에 퇴비를 주어야 한다는 것, 철쭉의 가지를 치면 모양도 좋아지지만 동시에 꽃이 더 촘촘하게 핀다는 것도 알게 되어 대학 안에 나무를 심거나 정원을 가꿀 때 많은 도움이 되었다.

내가 고전음악에 관심을 가지기 시작한 것은 고등학생 때부터였으니 음악을 들어온 지 벌써 50년이 다 되었다. 음악과 인연을 맺은 후 함께한 시간을 회상해 보면 음악은 아버지께서 말씀하신, 인생에서 필요한 취미 중 하나에 해당한다. 나에게 음악은 건전하게 소일하면서도 몰입沒入하고 즐길 수 있으며 삶을 풍요롭게 하는 진정한 취미라고 할 수 있다.

그런데 누군가가 나에게 "음악은 당신에게 무엇인가?" 하고 물어본다면 나는 거침없이 친구, 그것도 그냥 친구가 아니라 절친하고도 좋은 친구라고 말하고 싶다. 내가 어떤 상황에 있든 음악을 들으면 그 자체로 힘을 얻거나 자극받고 또 치유받거나 위로받는다. 음악과 교감하고 나면 마음이 편해지고 내가 정화淨化되는 것을 경험하기도 한다. 더 나아가서 음악은 나를 진선미眞善美의 길로 인도하고 때로는 나를 성스럽게 하니 음악과 함께한 시간은 자연스레 기도로 연결되고 궁극적으로 나를 하느님께로 인도한다.

그리고 무엇보다 음악과 함께 있으면 시간 가는 줄 모를 만큼 즐겁고 기쁘다. 나에게 "세상 끝 날까지 언제나 … 함께 있"(마태 28,20)을 이런 친구가 곁에 있다는 것 자체로 마음이 든든하다. 그래서 음악은 "나는 너희를 친구라고 불렀다."(요한 15,15)고 하신 예수님 말씀의 의미를 깨닫게 해 준다.

이른 새벽에 음악을 들으며 떠오른 단상斷想, 경당經堂에서 기도하거나 성경을 읽을 때 그리고 미사 드릴 때 떠오른 묵상默想 내용을 조금씩 글로 옮겨 적다 보니 또 한 권의 책이 되었다. 책의 제목을 『음악은 나의 기도 3』이라고 할까 생각했었지만 『나의 음악, 나의 기도』가 내 뜻과 더 맞는 것 같아 그렇게 정하기로 했다.

이순耳順이 지난 후부터는 주로 이른 새벽 시간에 음악을 듣는다. 저녁 일찍 잠자리에 들고 새벽에 일어나는 것이 일상화되었기 때문이다. 새벽 시간에는 여러 음악 중에서 유독 교향곡에 손이 많이 간다. 웅장한 소리의 교향곡은 하루를 새롭고 활기차게 출발할 수 있도록 충만한 용기를 주기 때문이다. 이 책에 교향곡에 관한 글이 많은 것은 그런 이유에서이다.

이 책에 수록된 글은 크게 진리와 사랑(2요한 1,1), 시련과 인내(야고 1,2-3), 거룩함과 의로움(루카 1,75), 자유와 해방(갈라 5,1) 이렇게 네 범주로 분류하였는데, 이는 내가 평소 마음에 담아 두었던 성경 구절에 따른 것이다.

이 책이 나오기까지 도와주신 분들께 감사의 인사를 드리고 싶다. 원고를 읽고 날카로운 비판과 함께 교정을 도와준 모니카 실장님, 과거부터 지금까지 변함없이 내 글을 읽기 편하게 다듬어 주신 데레사 선생님께 감사의 인사를 드린다. 책의 출판을 도와주신 가톨릭대학교출판부의 이복주 팀장님께도 감사의 인사를 드린다. 마지막으로 음반의 그림 정보를 정리하거나 교정 원고를 확인해서 출판부에 보내는 등 궂은일을 마다하지 않고 도와준 규호 군에게도 감사의 인사를 전한다.

2024년 6월 7일 예수 성심 대축일

원종철

일러두기

① 작곡가와 연주가의 이름은 한글명과 영문명을 함께 표기하였고, 시대적 배경을 알 수 있도록 출생연도와 사망연도를 표기하였다.
② 음반은 음반회사, 음반의 종류(LP, EP, 릴 테이프, CD), 발매연도 순으로 표기하였고, 녹음연도가 명기된 경우 이도 함께 표기하였다.
다음의 음반회사는 영문 약자로 표기하였다.
Deutsche Grammophon Gesellshaft: DGG 또는 DG
③ 인용 음반 목록에는 이 책에 인용된 음반의 정보를 장별로 정리하여 실었다.
④ 성경의 인용은 한국천주교중앙협의협의회에서 출간한 『성경』(2005)에서 하였으며, 시편의 경우 『성무일도』(1990)를 참고하였다.

1 비발디 「협주곡 화성의 영감 Op.3」

"쟁기에 손을 대고 뒤를 돌아보는 자는 하느님 나라에 합당하지 않다." 루카 9,62

미국 유학 시절 어느 날, 음반 가게에서 안토니오 비발디(Antonio Vivaldi, 1678-1741)의 음반 몇 개를 구매했다. 사제관에 돌아와 오디오 기기의 스위치를 올리고 음반을 듣기 시작한 지 30여 분이 지났을까 너무도 반갑고 익숙한 음악이 흘러나왔다. 마치 머리를 한 대 얻어맞은 것 같은 신선한 충격이었다. 고등학생 시절 내가 평생 처음이자 마지막으로 대중 앞에서 연주했던 「바이올린 협주곡 A단조」였다. 음반 뒤쪽에 있는 작품 정보를 보고 그 작품이 「협주곡 화성의 영감*L'Estro Armonico* Op.3」의 6번 A단조(RV.365) 1악장 알레그로(Allegro)임을 확인했다. 순간 나는 그 작품을 듣고 또 들으면서 고등학교 시절의 추억 속으로 빠져들었다.

고등학교에 입학하고 얼마 지나지 않아 나는 음대에 재학 중이던 둘째 누나에게 바이올린을 배우고 싶으니 선생님을 소개해 달라고 부탁했다. 그러자 누나는 같은 대학 음대에서 바이올린을 전공하고 있는 동급생을 선생님으로 소개해 주었다. 선생님과 이런저런 이야기를 나눈 후 나는 그길로 종로의 한 악기점에 가서 선생님께서 추천해 주신 악기를 구입했다. 선생님 집은 종암동이었는데 우리 집에서 가려면 버스를 갈아타고 족히 한 시간쯤 걸리는 먼 거리였음에도 나는 일주일에 두 번씩 바이올린을 배우러 다녔다. 초등학교 때 5년 동안 바이올린을 배운 경험이 있었기 때문이었는지 바이올린을 배우는 데 상당히 속도가 났다.

일주일에 이틀은 등교할 때 바이올린을 들고 다녔기 때문에 학교에서 내가 바이올린을 배운다는 것을 모르는 사람이 없었다. 당시 제일 곤욕스러웠던 것은 교실에서 친구들이 시도 때도 없이 바이올린을 연주해 달라고 부탁하는 것이었다. 악기 자체에 음역이 정해져 있는 피아노나 기타와 달리 바이올린은 연주자의 손끝으로 음정을 찾아서 연주해야 하기 때문에 어느 정도 배우지 않고는 좋은 소리를 내기가 여간 쉽지 않았다. 초보자였던 나의 사정을 아랑곳하지 않고 친구들은 막무가내였고 나는 번번이 연주를 거절했다.

그러던 어느 날 학교 종교부에 속해 있는 소모임 셀(Cell)에서 불우이웃을 돕기 위한 자선 음악회를 개최하기로 했다. 지금 생각하면 학생들이 어떻게 그렇게 갸륵하고도 간 큰 행사를 준비했는지 모를 일이다. 날짜는 11월 어느 날이었고 장소는 명동대성당 구내에 있는 3백 명 규모의 문화회관 강당(오늘날의 코스트홀)으로 정해졌다. 음악회 프로그램을 짜기 위해서 우리는 방과 후 회합실에 모여 머리를 맞대고 회의를 거듭했다. 전반부는 고전음악으로, 그리고 후반부는 대중음악으로 구성하기로 하고 연주자를 찾기로 했다. 이런 논의 과정에서 선배와 동료들은 전반부 프로그램의 첫 번째 연주자로 나를 지목했다. 나는 바이올린을 배우기 시작한 지 얼마 안 되는 초보자임을 주장하면서 거절했지만 셀의 회장이었던 선배는 지금부터 연습을 열심히 하면 잘할 수 있을 것이라고 하면서 내 이름을 프로그램 첫 번째 자리에 써넣었다.

바이올린 수업이 있던 날 선생님께 이런 사정을 말씀드리자 선생님께서는 당시 바이올린 교본으로 쓰고 있던 『스즈키』 3권에 나오는 비발디의 「바이올린 협주곡 A단조」를 연주곡으로 정해 주셨다. 그날부터 선생님은 교본 중심

비발디, 『협주곡 화성의 영감』, 이 무지치(Philis, 1962, LP)
표지: 「무용 수업」, 피에트로 롱기(Pietro Longhi, 1702-1701) 작, 유화, 1740-1750, 60×49cm, 아카데미아 미술관(Galleria dell'Accademia), 베체치아

의 평소 수업 때와는 다르게 약간 다그치며, 연주 방법을 자세하고 구체적으로 가르쳐 주셨고 세밀한 부분까지 교정해 주셨다. 무엇보다 나는 연주회를 위해서 악보를 외워야 했다.

나는 그다음 날부터 공연을 위해 무한 연습에 돌입했다. 3-4분 정도 길이의 소품이었고 단순해 보이는 작품이었음에도 연주하기는 쉽지 않았다. 빠른 속도의 이 작품을 거침없이 연주하는 것은 그야말로 상당히 내공이 쌓인 고수高手만이 할 수 있다는 것을 뒤늦게 깨달았다. 내 평생 한 작품을 그렇게 많이 정성 들여 연습해 본 적은 없었다. 연주회 날짜가 다가오자 저녁 먹고 시작한 연습을 새벽녘에야 끝마칠 때도 여러 번 있었다. 얼마 후에는 누나가 치는 피아노 반주에 맞춰 연습했다. 피아노 반주에 맞춰 연주하는 것은 또 다른 세계로서 두 악기의 조화와 함께, 밀고 당기는 식의 반주자와의 호흡이 필요했다.

연주회가 있기 몇 주 전, 선생님께서는 나에게 연주회용 바이올린 줄의 최고 사양 브랜드를 적어 주시면서 종로의 악기점에 가서 구매해 오라고 하셨고, 내가 구매해 온 그 새 줄로 악기의 줄을 치밀하고도 정성스럽게 전부 교체해 주셨다. 나는 선생님이 악기의 줄을 하나하나 갈아 끼우는 모습을 옆에서 지켜보면서 무엇을 하든 대충하지 않고 최선을 다하는 장인匠人의 손길을 느꼈다. 연주회 며칠 전날 선생님은 우리 집에 오셔서 누나의 반주에 맞추어 내가 연주하는 것을 보면서 이런저런 자문을 해 주셨다.

연습 시간이 부족하다고 느꼈음에도 시간은 화살처럼 흘러 결국 연주회 날짜가 다가오고야 말았다. 선생님은 무대 뒤로 오셔서 아무 말 없이 악기의 줄을 조율해 주셨고 나는 그 악기를 들고 무대로 나가서 그동안 수없이 연습했던 「바이올린 협주곡 A단조」를 피아노 반주에 맞추어 연주했다. 연주가 끝나고 사람들의 박수 소리를 들으며 무대 뒤로 빠져나오면서 나는 무엇보다도 실수 없이 연주를 끝마친 것이 기뻤다. 그 순간 연주회를 위해서 밤늦게까지 연습했던 시간이 주마등처럼 지나가면서 이 고난의 과정이 모두 끝났음에 안도했다. 초보자였던 내가 많은 사람 앞에서 하는 연주를 이렇게 끝냈으니 「협주곡 화성의 영감 Op.3」을 들을 때면 그때 그 시절이 생각나는 것은 당연한 일이다.

연주회가 끝나고 나는 사람들의 반응에 주목했다. 그날 셋째 누나와 함께 공연장에 오셨던 어머니는 내 연주가 좋았다고 극찬을 아끼지 않으셨지만 그 밖에 사람들의 반응은 대체로 냉랭했다. 셋째 누나는 나의 시선이 연주 중에 바이올린 머리 부분에만 고정되어 있었다는 점을 지적했고 셀 회장이었던 선배는 연주가 자연스럽지 못했다고 평해 주었다. 이외에도 친구들이 던지는 말마디를 종합해 보면, 결론적으로 내 연주가 별로였다는 뜻이었다. 프로그램 준비 과정에서 연주회의 첫 연주자로 선정될 때부터 나는 초보자임을 주장하면서 퇴로를 미리 준비하고 있었기 때문에 이런 반응에 크게 개의치 않았다.

하지만 이 경험은 바이올린에 대한 나의 환상을 깨고 '나'를 찾는 중요한 계기가 되었다. 연주회를 위해 들인 정성과 노력, 투자한 시간에 비해 초라하기 그지없는 반응을 보면서 내가 연주자로서의 음악적 재능이 부족함을 절감했다. 바이올린 연주의 세계는 내가 아무리 노력해도 사람들로부터 인정받을 수 있는 영역이 아님을 깨달았다. 내가 취미로 바이올린을 하려고 했던 것은 환상 아니면 지나친 낭만이거나 욕심이었음이 분명했다. 연주회 덕분에 바이올린 실력이 훌쩍 향상되었다고 선생님은 칭찬을 아끼지 않으셨음에도 연주회가 끝나고 얼마 지나지 않아 나는 바이올린을 포기했다. 내가 스스로 선택했던 악기 연주를 포기하자 아쉬움보다는 해방과 자유를 느꼈다. 연주회 덕분에 바이올린은 내 인생에서 그렇게 정리되었다.

시합에서 포기는 패배를 의미한다. 하지만 인생의 여러 길에서 하나를 포기한다는 것은 다른 길에 대한 선택 가능성이 그만큼 높아졌다는 것을 의미한다. 돌이켜 생각해 보면, 당시의 포기는 내 인생에서 중요한 하나의 선택이었다. 나는 공부도 잘하고 바이올린도 잘하는 다재다능한 사람이 되고 싶었지만 내 능력은 그것을 허락하지 않았다. 하고 싶은 것이 많았던 청소년 시절, 이 일은 그리스의 고대 철학자 소크라테스(Socrates, 기원전 470-399)가 철학의 기반으로 삼았던 "너 자신을 알라."는 명제처럼 나 자신을 아는 중요한 계기가 되었다. 종교철학자 마르틴 부버(Martin Buber, 1878-1965)는 자신을 낮추거나 굽히는 것은 겸손이 아니라고 했다. 그는 오히려 자기 자신을 있는 그대로 받아들이는 것이 겸손이라고 하지 않았던가? 적어도 나는 바이올린 앞에서 겸손한 사람이 되었다. 내가 만일 그때 음악회를 경험하지 못했다면 그렇게 빨리 바이올린을 포기하지 못했을 것이다. 음악회 준비로 시간을 많이 빼앗긴 탓에 학교 성적이 많이 떨어졌음은 말할 나위도 없다. 음악회 이후 떨어진 성적을 만회하기 위해 나는 한동안 고생해야 했다.

고전음악이나 대중음악을 구별하지 않고 천성적으로 음악을 좋아했던 나는 음악회 이후 연주자로서가 아니라 음악을 듣고 감상하는 것에 만족하기로 했다. 그때부터 음악은 더 이상 노력해서 도달해야 하는 목표가 아니라 그냥 마음 편하게 '지금 여기서' 즐길 수 있는 현존現存이 되었다. 악기를 연주하면 머릿속 잡념이 사라진다는 것은 음악회 준비를 하면서 얻은 가장 큰 소득 중의 하나였다. 설레는 마음으로 악기 케이스를 열고 바이올린을 손으로 잡을 때는 온갖 잡념이 머리를 스쳐 가지만 연주에 집중하다 보면 머리와 마음을 사로잡았던 근심과 걱정이 사라지는 것을 체험했다. 바이올린을 포기한 후 어느 순간부터는 음악을 듣기만 해도 마음과 정신이 맑아지는 경험을 했다. 음악은 나를 무아無我와 선善의 세계로 이끌었고 일종의 평정심平靜心을 갖게 해 주었다.

비발디, 『협주곡 화성의 영감/라 스트라바간자』, 매리너 지휘, 아카데미 오브 세인트 마틴 인 더 필즈(Decca, 1973/1975, LP)
표지: 「베네치아 푼타 델라 도가나」, 프란체스코 과르디(Francesco Guardi, 1712-1793) 작, 유화, 1780, 56.5×76cm, 국립 미술관(National Gallery), 베네치아

음악이 기도가 된다는 것을 그때부터 깨달아 가기 시작했다.

"쟁기에 손을 대고 뒤를 돌아보는 자는 하느님 나라에 합당하지 않다."(루카 9,62)고 하신 예수님의 말씀대로, 바이올린이라는 쟁기를 미련 없이 포기한 그 즈음부터 나는 사제의 길에 대해 꿈꾸기 시작했다. 고등학교 시절 종교부 활동은 이 길에 대한 확신을 갖게 해 주었다. 셀 활동을 하면서 사심 없이 하던 봉사

간 협주곡을 작곡하였다. 즉 바흐는 「화성의 영감 3번」, 「9번」, 「10번」, 「12번」을 바탕으로 하여 「하프시코드 협주곡 F장조 BWV.978」, 「D장조 BWV.972」, 「A단조 BWV.1065」, 「C장조 BWV.976」 네 작품을 작곡하였고, 「화성의 영감 8번」과 「11번」을 바탕으로 「오르간 협주곡 A단조 BWV.593」과 「D단조 BWV.596」 두 작품을 작곡하였다. 이는 비발디가 콘체르티노의 악기 구성을 파격적으로 구성하여 독주 악기의 표현력을 돋보이게 함으로써 협주곡의 작품성을 한 단계 끌어올린 결과라고 할 수 있다.

「화성의 영감 Op.3」을 발표하고 3년 후인 1714년 비발디는 네 번째 작품 「라 스트라바간자*La stravaganza* Op.4」를 발표했는데 온전히 독주 바이올린을 위한 협주곡이었다. 1725년에는 역시 독주 바이올린을 위한 「협주곡 4계 Op.8」를, 그리고 1728년에는 독주 악기 「플루트 협주곡 Op.10」을 발표하였다. 비발디는 작곡의 영역을 넓혀 첼로 협주곡, 만돌린 협주곡, 오보에 협주곡, 바순 협주곡 등 독주 악기를 위한 협주곡을 작곡함으로써 3악장으로 구성된 독주 악기를 위한 협주곡 양식을 정립하였다. 이는 알프스산맥을 넘어 독일어권의 헨델과 바흐에게 전수 계승되었고 모차르트와 베토벤에 이어 수많은 낭만주의 작곡가와 현대 작곡가들에게까지 이어지는 협주곡의 표상이 되었다. 또한 이는 음악사에서 수많은 유명한 독주 악기 연주자들을 탄생시킨 계기가 되었다.

「화성의 영감」의 발표 이후 비발디는 유럽의 여러 도시에 불려 다녔고 여러 왕실과 귀족들도 비발디에게 큰 관심을 보였다. 1717년에는 이탈리아 북쪽의 도시 만투아의 궁정 악장으로 초빙되었고 1721년에는 밀라노에서 오페라와 오라토리오를 발표했다. 1724년 로마에서는 교황 베네딕토 13세(Benedictus

비발디, 『목관악기 협주곡』, 매리너 지휘, 아카데미 오브 세이트 마틴 인 더 필즈(Decca, 1978, LP)

PP. XIII, 재위: 1724-1730) 앞에서 연주했다. 베네치아의 프랑스 대사는 1725년 프랑스의 왕 루이 15세(Louis XV, 1710-1774)의 결혼 축하 작품의 작곡을 요청했고, 1728년 베네치아 주변을 방문한 신성로마제국의 황제 카를 6세(Karl VI, 1685-1740)는 비발디에게 기사 작위를 수여하며 그를 빈(Wien)으로 초대하였다. 1730년 비발디는 빈과 프라하(Prague)를 방문하여 오페라를 선보였다.

1740년 비발디가 빈에 도착한 다음 날 공교롭게도 그의 든든한 후원자였던 황제 카를 6세가 세상을 떠났다. 비발디는 그때부터 궁핍한 생활을 하다가 1741년 7월 27일 밤 세상을 떠났고 장례미사는 그 다음 날 성 스테판 주교좌 성당에서 치러졌다. 그리고 그의 유해는 바로크 양식의 칼스성당(Karlskirche) 옆에 묻혔다. 하지만 그 무덤 자리에 빈 공과대학이 세워짐으로써 그의 무덤은 오늘날 찾아볼 수 없게 되었고 공과대학 외벽에 설치된 기념석만이 그 자리를 지키고 있다. 그 기념석은 비발디 탄생 3백 주년을 맞아 1978년에 만들어졌다.

비발디는 평생 5백여 개의 협주곡을 작곡하였는데 이 중에서 약 350개가 독주 악기를 위한 협주곡이고 이 가운데 약 230개가 바이올린 협주곡이다. 그리고 약 40개가 두 개의 악기를 위한 협주곡이며 약 30개가 세 개 이상의 악기를 위한 협주곡이다. 게다가 비발디는 오페라를 46개나 작곡했으니 다작多作의 작곡가라 할 수 있다.

「화성의 영감」은 무엇보다 생동감과 명쾌함이 넘치는 리듬과 선율이 압권이다. 「화성의 영감」의 열두 곡 모두 좋지만 그중에서도 내가 연주했던 「6번」을 비롯해서 독주 바이올린 작품들을 내가 선호하는 이유는 합주에서는 들을 수 없는 독주 바이올린 연주의 호소력 때문이다.

내가 가장 많이 들었던 음반은 유학 시절 구입했던 트레버 피노크(Trevor Pinnock, 1946-)가 지휘하는 잉글리쉬 콘서트의 연주(Archiv, 1987, CD)이다. 단정하며 흐트러짐이 없는 교과서 같은 연주이다.

최근에 많이 들었던 음반은 비발디 작품에 정평이 있는 이탈리아의 대표적인 실내악단 이 무지치(I Musici)의 연주(Philips, 1983, LP)이다. 피나 카르미렐리

비발디, 『바이올린 협주곡 라모로소』, 이 무지치(Philips, 1977, LP)
표지: 「목자 아폴로의 변신」, 니콜라 푸생(Nicolas Poussin, 1594-1665) 작, 유화, 예술과 역사 자료 보관소(Archiv für Kunst und Geschichte), 베를린

(Pina Carmirelli, 1914-1993)가 바이올린 독주를 맡은 명쾌한 연주로서 따뜻하고 음질이 좋다. 로베르토 미켈루치(Roberto Michelucci, 1922-2010)가 독주를 맡은 이 무지치의 연주(Philips, 1962, LP)는 대체로 선이 굵고 강해서인지 약간 차갑게 느껴진다. 이 음반은 옛 녹음 방식 때문인지 소리가 약간 거칠다.

이탈리아 바로크 음악 전문 연주자인 파비오 비온디(Fabio Biondi, 1961-)가 연주하고 지휘하는 유로파 갈란테의 연주(Virgin Veritas, 1998, CD)는 박진감이 넘치고 치밀하며 현대적 감각을 살린 연주이다.

2 브람스 「대학 축전 서곡 Op.80」

"하늘 아래 모든 것에는 시기가 있고 모든 일에는 때가 있다.

… 울 때가 있고 웃을 때가 있으며 슬퍼할 때가 있고 기뻐 뛸 때가 있다." 코헬 3,1-4

어린 시절 부모님과 함께 7남매 온 가족이 모여 앉아 토요일 저녁에 방영되는 '주말의 명화'를 보는 것은 일종의 축제였다. 토요일 저녁은 주일主日을 기다리는 전야前夜로서 주일의 기쁨을 미리 맛볼 수 있는, 일주일 중 가장 마음 편한 저녁이었다. 숙제나 시험공부를 할 필요도 없고 다음 날 학교를 가기 위해 아침 일찍 일어날 필요도 없는 그야말로 학업의 모든 부담에서 해방된 저녁이어서, 늦은 시간까지 자유롭게 TV를 볼 수 있는 유일한 시간이었다. 그래서 토요일 저녁이 되면 누가 뭐랄 것도 없이 가족들은 안방의 TV 앞에 모였다. 겨울밤에는 어머님께서 간혹 김장독에서 방금 꺼낸 김치와 김칫국물에 밥을 말아 '김치 버무리'를 만들어 주시기도 했는데 지금도 그 맛을 잊을 수 없다.

영화배우 신영균, 최은희, 최무룡 등이 등장하던 신상옥 감독의 영화 『빨간 마후라』(1964)에서 다리 폭파를 위해 출격했던 편대장이 전사하여 안타깝게도 귀환하지 못하던 마지막 장면을 마음 조리며 보았던 기억이 지금도 생생하다. 실직한 아버지 역을 너무나도 코믹하게 연기하던 김승호와 이를 중심으로 당대의 명배우 최은희, 김진규, 신성일, 엄앵란이 가족의 일원으로 나오던 『로멘스 빠빠』(1960)는 온 가족이 함께 보기에 좋은 영화였다.

이런 한국 영화는 물론이요 외국 영화도 많이 보았다. 진 켈리의 노래와

춤이 좋았던 뮤지컬 영화 『사랑은 비를 타고』(1952), 제2차 세계 대전 중 사랑하는 여인을 위해 이별을 선택하는 공항에서의 마지막 장면이 멋있었던 험프리 보가트와 잉그리드 버그먼 주연의 『카사블랑카』(1942), 제1차 세계 대전 중 명문가 청년과 발레리나의 사랑과 이별을 그린 로버트 테일러와 비비안 리의 주연의 『애수』(1940), 제2차 세계 대전 중 포로수용소 이야기와 탈출을 그린 영화 『대탈주』(1963)에서 오토바이를 타고 도망가던 주인공 스티브 맥퀸이 아쉽게도 스위스 국경을 넘지 못하고 독일군에 붙들려 수용소로 재수감되는 마지막 장면은 지금도 잊을 수 없다. 미국 서부 개척 시대의 전설적인 은행털이범의 범행 행각을 그린 영화 『내일을 향해서 쏴라』(1969)에서 로버트 레드포드와 폴 뉴먼의 어처구니없는 범행 장면은 지금 생각해도 웃음이 난다. 영화 『로마의 휴일』(1953)에서는 세상 물정 모르는 천진난만한 공주역을 하는 오드리 헵번과 기자 신분을 속이고 잠시나마 공주와의 로맨스를 즐기던 미국 기자역의 그레고리 펙의 명연기도 잊을 수 없다.

그 당시 재미있게 본 영화 중에서 또 하나 지금도 생생하게 기억나는 영화는 『황태자의 첫사랑』(1954)이다. 다른 나라 공주와 결혼을 앞둔, 칼스부르크의 황태자 카를은 국왕의 명령으로 하이델베르크(Heidelberg) 대학에 공부하러 온다. 왕궁의 틀에 갇혀 살던 황태자는 학문의 도시 하이델베르크에서 대학생으로서의 자유와 젊음을 만끽한다. 그는 평민들로 구성된 합창단에 가입하고 친구들과 어울려 노래를 부르며 맥주를 마음껏 마시기도 한다. 하숙집 딸 케티와 사랑에 빠져 모든 것을 버리고 그녀와 함께 파리(Paris)로 떠날 계획을 하고 있던 황태자는 갑작스레 국왕이 돌아가셨다는 비보를 듣게 된다. 그는 왕위계승을 위해 하이델베르크에서의 자유와 사랑과 우정을 뒤로 한 채 자기 나라로

브람스, 『대학 축전 서곡』, 요훔 지휘, 런던 필하모닉 오케스트라(EMI, 1977, LP)
표지: 「목재 마차」, 존 린넬(John Linnell, 1792-1882) 작, 유화, 1872, 88×88cm, 길드홀과 브리지먼 미술 도서관(The Guildhall and The Bridgeman Art Library), 런던

돌아가야 했다. 세월이 흘러 어느덧 칼스부르크 왕이 된 카를은 결혼을 하기 위해 기차를 타고 가던 중 하이델베르크에서 기차를 멈추게 하고는 케티와 재회한다. 짧은 만남이었지만 그들의 사랑이 이루어질 수는 없었을지라도 진심이었음을 확인하고 그들은 또다시 아쉬운 이별을 한다.

뮤지컬 영화로서 내용도 재미있었지만 이 영화의 압권은 무엇보다 영화

중에 나오는 노래였다. 영화에서 주인공 카를이 식탁 위에 올라가 친구들과 함께 "드링크, 드링크, 드링크" 하며 부르는 「드링킹 노래」와 「가우디아무스 이지투르*Gaudimus igitur*」는 처음 듣는 순간 어린 나를 사로잡았다. 황태자를 사랑했다는 이유 때문에 살던 곳을 떠나 다른 마을에 살고 있던 케티를 찾아간 카를이 그녀와 숲길을 거닐며 부르는 「세레나데」 역시 감미로웠다. 영화를 보며 이것저것 설명을 해 주시던 아버지는 이 영화에서 황태자 노래의 실제 목소리가 젊은 나이에 요절한 이탈리아계 미국 성악가 매리오 랜저(Mario Lanza, 1921-1959)의 것임을 알려 주셨다. 거침없는 발성과 시원시원한 그의 노래는 세상의 모든 근심과 걱정을 다 사라지게 할 것 같았다. 그러니까 내 일생에서 가장 먼저 접하고 좋아하게 된 성악가는 매리오 랜저인 셈이다.

고등학교에 들어가 고전음악을 듣기 시작하던 시절, 우리 집에 있던 여러 음반 중에는 요하네스 브람스(Johannes Brahms, 1833-1897)의 「교향곡 4번 E단조 Op.98」과 함께 「대학 축전 서곡 Op.80」이 수록된 음반이 있었다. 제목이 무척 인상적이었던 「대학 축전 서곡」을 들어 보던 중 끝부분에 「가우디아무스 이지투르」 선율이 나오는 것이 아닌가? 어린 시절 영화에서 마리오 랜저의 목소리로 들었던 노래와 합창 선율을 브람스의 장엄한 관현악 선율로 들을 수 있다는 것이 놀랍고 신기했다.

브람스는 1879년 3월 11일 자신에게 명예박사학위를 수여한 독일의 브레슬라우 대학(University of Breslau: 오늘날 폴란드 브로츠와프 대학 University of Wrocław)의 요청을 받고 1880년 여름 오스트리아의 휴양지 바트이슐(Bad Ischl)에서 이 작품을 작곡했다. 브람스는 자신을 축하하기 위해 요란하게 팡파르가 울리는 것을 원치 않았기 때문에 간단하게 메모한 자필 악보를 보내려 했다. 그러나 브람스의 명예박사학위를 대학에 추천했던 지휘자 베른하르트 숄츠(Bernhard Scholz, 1835-1916)는 대학 측에 감사의 뜻이 충분하게 전달될 수 있는 작품을 작곡해야 한다고 브람스를 설득했다. 대학 측이 브람스에게 청했던 것은 "대학을 위한 좋은 관현악 작품으로서 지나치게 무겁지 않은 작품"을 작곡해 달라는 것뿐이었다.

브람스는 대학에서 학생들이 즐겨 부르는 노래 네 곡을 바탕으로 하여 소나타 형식과 변주곡 형식을 사용하여 작품을 완성했다. 제1곡 '우리는 좋은 학교를 세웠다', 제2곡 '국가의 아버지', 제3곡 '신입생의 노래', 제4곡 '가우디아무스 이지투르', 이렇게 네 개의 다른 노래 주제 선율을 엮어서 작곡하였음에도 전체적으로 통일성 있는 하나의 작품으로 만들어진 것은 브람스의 탁월한 작곡 실력 때문이다. 브람스의 여러 작품 중에서 유독 타악기가 많이 사용된 이 작품은 신나고 경쾌하며 밝은 성격을 가졌다. 브람스는 「대학 축전 서곡」을 작곡할 당시 이와 대조적인 성격의 작품 「비극적 서곡 D단조 Op.81」도 함께 작곡했다. 이 두 작품은 1881년 1월 5일 브람스의 지휘로 브레슬라우 대학에서 초연되었다. 그는 일생 중에 서곡이라는 형식으로 오직 두 작품을 남겼는데 세상에 기쁨이 있기까지 고통이 있고 빛과 함께 어두움을 볼 줄 알아야 한다는 메시지를 전하려 한 것으로 볼 수 있다.

「대학 축전 서곡」의 압권은 무엇보다 코다로 빠르게 연주되는 네 번째 주제 선율 「가우디아무스 이지투르」임에 틀림없다. 이 선율은 영화 『황태자의 첫사랑』에서처럼 「대학 축전 서곡」에서도 절정을 이룬다. 이 작품에서 네 번째 주제 선율이 빠졌다면 그야말로 '오아시스 없는 사막'이 되고 말았을 것이다.

내가 신학생이던 시절, 11월이 되어 운동장 주변의 느티나무가 우아하고 아름답게 단풍으로 물들 때면 신학교 안은 온통 음악회 준비로 분주했다. 당시 6년 과정이었던 신학대학에서 대부분 학사과정 4학년을 마치고 군대를 갔기 때문에 이 음악회는 자연스레 '송별 음악회'로 불렀다. 이 음악회는 1학년부터 부제반까지 총 여섯 개의 반이 합창을 발표하는 순으로 이어지기 때문에 이 음악회를 앞두고 모든 학년은 각기 시간을 내서 합창 연습을 했다. 당시 4학년 졸업을 앞둔 우리 반의 음악반장이었던 나는 음악회를 앞두고 여러 합창곡 중에서 「가우디아무스 이지투르」를 선택했다. 신학교에서 모두 라틴어를 배웠기 때문에 라틴어 가사로 된 이 곡이 안성맞춤이라고 생각했고, 특히 영화 『황태자의 첫사랑』과 브람스의 「대학 축전 서곡」에서처럼 이 곡이 젊음과 낭만의 축제와 함께 아카데믹한 대학 분위기를 잘 드러낼 수 있다고 생각했기 때문이었다.

스무 명 정도의 우리 반 학생 중에서 음악에 대한 관심이 약간 있다는 이유로 음악반장으로 뽑혔던 나는 사실 친구들에게 합창을 가르칠 만한 음악 지식을 가지고 있지는 못했다. 하지만 우리 중에서 누군가 맡아야 하는 소임이라는 것을 모두 이해하고 있던 친구들은 나의 서투른 합창 지도에 큰 불만 없이 잘 따라 주었다. 합창 연습은 무엇보다 3부로 된 악보의 음정을 익히는 것이 중요했기 때문에 나는 우리 반 학생들을 세 그룹으로 나누어 음정을 익히게 하고 나서 다시 함께 모여 전체적으로 화음을 맞춰 보는 식으로 연습을 이어 갔다. 연습 시간이 부족하다고 느꼈지만 어느덧 정해진 날짜가 다가왔다. 그날 저녁 전교생과 교수 신부님들이 음악회가 열리는 성당에 모인 가운데 우리 반은 성당 앞에 마련된 무대에 네 번째로 나가서 합창을 했고 나는 지휘를 했다. 합창을 잘하든 못하든 상관없이 박수를 넉넉하게 쳐주는 선배들 덕분에 마음 편

브람스, 『대학 축전 서곡』, 그로브스 지휘, 본머스 심포니 오케스트라(Saga, 1967, LP)
표지: 「여름」, 니콜라 랑크레(Nicolas Lancret, 1690-1743) 작, 유화, 1840, 69×89cm, 루브르 미술관(Musée du Louvre), 파리

하게 무대에서 내려올 수 있었다. 음악회가 끝나고 식당으로 향하는 중에 어느 선배는 웃으며 나에게 "노세 노세 젊어서 노세. 3년 동안 잘 놀겠다는 말이지?" 하며 합창의 가사를 빗대어 놀리기도 했다.

Gaudeamus igitur	청춘을 즐기세

Iuvenes dum sumus.	젊음이 있을 때.
Post iucundam iuventutem	청춘의 기쁨이 지나가고
Post molestam senectutem	나이를 먹으면
Nos habebit humus.	우리는 땅에 묻힌다네.
Ubi sunt qui ante nos	우리가 앞으로 어디에 있든지
In mundo fuere?	세상의 누구라도
Vadite ad superos	하늘로 가네
Transite in inferos	우리가 이미 경험한
Ubi iam fuere.	지옥을 건너.

Vita nostra brevis est	우리의 인생은 짧고
Brevi finietur.	곧 끝난다네.
Venit mors velociter	죽음은 빨리 오고
Rapit nos atrociter	우리를 강탈해 갈 걸세.
Nemini parcetur.	누구도 여기서 벗어날 수 없네.
Vivat academia!	대학이여 영원하라.
Vivant professores!	교수님들이여 영원하라.
Vivat membrum quodlibet;	학생들이여 영원하라.
Vivant membra quaelibet;	모든 우정이여 영원하라.
Semper sint in flore.	모두 번창하라.

식당에 들어서자 식탁에는 맥주와 간단한 안주가 놓여 있었다. 사실상

이날 저녁 행사의 하이라이트는 제2부 여흥 시간에 있었다. 비록 한 사람에게 맥주가 한 병밖에 배당되지 않았지만 그날 저녁 2백여 명의 학생들은 영화 『황태자의 첫사랑』에서처럼 식당이 떠나갈 것처럼 큰소리로 함께 노래 부르며 젊음의 축제를 즐겼다. 사회자의 요청으로 우리 반 학생들은 식당 앞으로 불려 나가서 노래를 불러야 했는데 모두 맥주잔을 들고 나가 가수 최백호의 노래 「입영 전야」(1977)를 목청껏 불렀다. "… 정든 우리 헤어져도 다시 만날 그날까지, 자 우리의 젊음을 위하여 잔을 들어라." 노래의 마지막 가사 내용대로 우리는 노래 끝에 잔을 높이 드는 것을 잊지 않았고 큰 박수를 받았다.

이 노래로써 우리는 "군대 잘 갔다 오겠다."는 의미로 모두에게 큰절을 했던 것이고 우리에게 쳐준 큰 박수 소리는 "부디 건강하게 잘 다녀오라."는 격려의 의미가 담겼다는 것을 서로 잘 알고 있었다. 그날 송별 행사의 클라이맥스였던 우리 노래가 끝나고 학생회장의 한 말씀으로 행사가 끝났다.

우리 인생에서 축제가 없다면 얼마나 재미없고 쓸쓸할까? 브람스가 서곡 두 개를 동시에 작곡한 의도대로 인생에는 기쁨과 슬픔의 때, 빛과 어두움의 때가 있다. 구약성경 코헬렛 3장 1절의 말씀처럼 "모든 일에는 때가 있다."

> "하늘 아래 모든 것에는
> 시기가 있고 모든 일에는 때가 있다.
> 태어날 때가 있고 죽을 때가 있으며
> 심을 때가 있고 거둘 때가 있다.
> …
> 울 때가 있고 웃을 때가 있으며

슬퍼할 때가 있고 기뻐 뛸 때가 있다."(코헬 3,1-4)

축제는 단순히 먹고 마시는 것이 아니라 하느님께서 선물로 주신 인생의 기쁨과 즐거움을 만끽하고 감사하는 것이다. 인생을 즐길 줄 알아야 인생과 노동의 의미를 깨달을 수 있다. 브람스의 「대학 축전 서곡」은 이런 의미에서 축제의 정신을 멋지게 표현한 작품이라 할 수 있다.

내가 현재 몸담고 있는 가톨릭대학교는 전통적으로 명동대성당에서 입학식을 거행한다. 신입생들, 학과 대표 학생들, 보직 교수들과 학부모들이 함께한 가운데 이사장이신 서울대교구장의 주례로 제1부 입학 미사가 거행되고 난 후, 입학 선서, 총장 환영사, 우수 입학생 수상 등의 순서로 이어지는 제2부 입학식이 거행된다. 마지막으로 다 함께 교가를 부르면 미사와 입학식은 모두 끝나는데, 성당에 있던 사람들이 자리에서 모두 일어날 때쯤 성가대에서는 파이프 오르간의 웅장한 반주에 맞추어 「가우디아무스 이지투르」를 합창으로 우렁차게 부른다. 퇴장하던 신입생들은 성당 안을 압도하는 오르간과 합창 소리에 감동한다.

「가우디아무스 이지투르」의 합창 소리가 우리 대학 입학식에서 울려 퍼진 것은 벌써 20년 가까이 되었다. 영화 『황태자의 첫사랑』에서의 합창과 브람스의 「대학 축전 서곡」의 감동을 기억하고 있던 나는 20여 년 전, 입학 미사의 성가를 담당하던 음악과 교수에게 입학 미사 중에는 「가우디아무스 이지투르」의 합창이 울려 퍼져야 하고 입학 미사가 끝나고 모두 퇴장할 때 또다시 한번 울려 퍼져야 한다고 주장했고 그 주장은 받아들여졌다. 우리 대학의 총장으로

브람스, 『교향곡 3번』, 아바도 지휘, 드레스덴 국립 관현악단(DG, 1978, LP)
표지: 「운하의 마을」, 제이콥 아벨스(Jacob Abels, 1803–1866) 작, 유화, 1840, 60×45cm, 함부르크 미술관(Hamburg Kunsthalle), 함부르크

취임한 후 처음으로 맞이하는 입학 미사를 검토하는 과정에서 나는 그날 부를 성가 목록 중에서 「가우디아무스 이지투르」가 있음을 보고 안도했다. 이 합창곡이 대학의 행사에 가장 적합하다는 내 생각에는 변함이 없었다. 이 합창곡으로 고등학교를 갓 졸업한 신입생들이 우리 대학에서 학창 생활을 멋지게 즐기라는 메시지를 전하고 싶었다.

이 합창곡의 멜로디가 처음으로 등장한 것은 1782년 독일의 노래들을 모아 라이프치이(Leipzig)에서 출판된 『유쾌한 친구를 위한 노래*Lieder für Freunde der Gesellingen Freude*』이지만 이 합창 선율은 이 노래집이 출판되기 이전부터 잘 알려져 있었다. 현존하는 라틴어 가사의 이 합창곡이 처음 등장한 것은 이그나즈 월터(Ignas Walter, 1755-1822)가 작곡한 오페라 『파우스투스 박사』(1790)이고 엑토르 베를리오즈(Hector Berlioz, 1803-1869)의 오페라 『파우스트의 겁벌*La damnation de Faust*』(1846)에도 이 선율이 나온다. 브람스가 「대학 축전 서곡」(1880)을 작곡할 때 이 선율을 사용함으로써 사람들에게 친숙해졌고 영화 『황태자의 첫사랑』에서 매리오 랜저가 노래함으로써 「가우디아무스 이지투르」는 거의 대중화되었다.

오늘날 이 합창곡은 국제 대학 스포츠 연맹이 주최하는 유니버시아드(Universiade)에서 현재 공식 대회가로 사용되고 있다. 유니버시아드라는 용어가 공적으로 처음 사용된 이탈리아 토리노(Torino)에서 1959년 이 라틴어 합창곡이 공식 대회가로 처음 사용되었고 1966년 이탈리아 세스트리에레(Sestriere)에서 열린 대회에서 이 합창곡을 이탈리아 모국어로 부른 이후부터는 개최국의 모국어로 부르기 시작했다. 1997년 우리나라 무주 그리고 2003년 대구에서 개최된 유니버시아드에서 모두 이 노래를 한국어로 불렀다. 그러나 2007년 이탈리아 토리노에서 열린 동계 대회부터 다시 라틴어로 합창을 한 후 오늘날에는 모두 라틴어로 부르고 있다. 2015년 우리나라 광주에서 열린 대회에서도 이 노래를 라틴어로 불렀다.

미국에서 유학하던 중 어느 겨울 방학에 이탈리아와 독일을 여행했다.

이탈리아 친구 비토(Msgr. Vito Rallo, 1953-)의 안내로 이탈리아 이곳저곳을 구경한 후 나는 피렌체에서 밤 기차를 타고 뮌헨을 경유하여 하이델베르크에 도착했다. 여행을 계획할 때 하이델베르크를 떠올린 이유는 물론 영화 『황태자의 첫사랑』과 브람스의 「대학 축전 서곡」을 기억하고 있었기 때문이었다.

오후에 하이델베르크역에 도착한 나는 호텔에 짐을 내려놓기 무섭게 구시가로 향했다. 구시가의 고색창연한 길에 들어서자 내 귀에서는 벌써 「대학 축전 서곡」의 끝부분에 나오는 「가우디아무스 이지투르」의 웅장한 선율이 울려 퍼졌다. 아무리 둘러보아도 영화 『황태자의 첫사랑』의 촬영 장소라고 여겨지는 곳은 보이지 않았다. 이 영화가 대부분 실내 세트장에서 촬영되었다는 것을 나중에야 알게 되었다. 하이델베르크 성으로 이어진 구시가의 길을 두리번거리며 걷던 중에 『황태자의 첫사랑』의 실제 촬영 장소는 아닐지라도 영화의 배경이 되었던 하이델베르크 대학을 발견하고는 그 대학을 둘러보는 것으로 만족을 해야 했다. 1386년 독일에서 가장 먼저 그리고 유럽에서는 세 번째로 설립되었다는 대학의 역사와 명성에 비하면, 구시가에 위치한 대학 건물의 모습은 고색창연한 옛 모습을 지녔지만 생각한 것보다 작다고 느껴졌다. 날이 어두워지고 배도 고파 하이델베르크 대학에서 가까운 한 식당에 들어섰는데 실내 분위기가 고색창연하고 유서 깊은 식당 같아 보였다. 내가 앉은 자리 앞의 나무 벽면에는 학생들이 장난삼아 새겨 놓은 오래된 낙서가 가득했다. 나는 영화에서 학생들이 황태자와 함께 노래 부르던 모습을 머릿속에 그리며 맥주와 함께 저녁을 먹었다.

다음날 하이델베르크 성을 오르는 것으로 일정을 마무리해야 했다. 성 위에서 내려다보는 하이델베르크의 시가는 네카어(Neckar)강과 함께 예스럽고도 아름다운 모습을 연출하고 있었다. 하이델베르크역을 떠나는 기차 안에서 나는 다음에 기회가 되다면 브람스가 명예박사학위를 받았던 폴란드의 브로츠와프 대학과 「대학 축전 서곡」을 작곡했다는 오스트리아의 여름 휴양지 바트이슐을 방문해야겠다고 생각했다.

독일 함부르크의 빈민가에서 태어난 브람스는 스무 살 때 로베르트 슈만(Robert Schumann, 1810-1856)을 만남으로써 세상에 알려졌다. 브람스는 책상 위쪽에 베토벤의 흉상을 모셔 두고 자신이 작곡하는 모습을 지켜보게 하였다고 하니 베토벤에 대한 존경심이 얼마나 컸는지 짐작할 수 있다. 브람스는 대위법과 변주곡의 대가였고 모차르트와 하이든을 사랑했으며 슈베르트 작품에 상당한 관심이 있었다. 처음에는 브람스와 가깝게 지냈던 바그너가 훗날 브람스를 혹독하게 비판했듯이 동시대의 작곡가들은 그의 작품이 지나치게 교과서적이고 고전적이라고 비판하기도 했다. 그의 작품은 낭만적인 주제를 모티브로 하면서도 선배 작곡가들이 다져 놓은 고전음악의 작곡 형식과 기법을 바탕으로 하고 있다는 면에서 낭만주의 다른 작곡가들과 구별되며 아르놀트 쇤베르크(Arnold Schoenberg, 1874-1951)와 에드워드 엘가(Sir Edward Elgar, 1857-1934) 등 후배 작곡가들에게 많은 영감을 주었다.

스물아홉 살이던 1862년 브람스는 음악의 도시 빈(Wien)에 정착했고 이후 「헨델 주제에 의한 변주곡과 푸가 Op.24」(1861), 「독일 레퀴엠 Op.45」(1866), 「헝가리 무곡」(1873)과 함께 여러 실내악곡과 성악곡 등을 발표하여 세계적인 명성을 얻었다. 특히 관현악 작품인 「하이든 주제에 의한 변주곡 Op.56a」(1873)의 초연은 그를 더욱 유명하게 만들었다. 그리고 1860년대부터 10년 이상을 꾸준하게 다듬어 온 「교향곡 1번 C단조 Op.68」(1876)을 발표함으로써 그는 베토벤의 계승자라는 명성을 얻기도 했다. 「교향곡 2번 D장조 Op.73」(1877), 「바이올린 협주곡 D장조 Op.77」(1878)의 초연이 대성공을 거둔 이듬해인 1879년 그는 브레슬라우 대학에서 명예박사학위를 받았다.

하이델베르크를 방문하고 30여 년이 지난 어느 여름, 영화 『사운드 오브 뮤직』(1965)의 촬영지로 유명한 오스트리아 잘츠캄머구트(Salzkammergut)를 여행하던 중 브람스가 「대학 축전 서곡」을 작곡했다고 알려진 바트이슐을 방문했다. 바트이슐은 예전부터 염수 온천이 유명한 여름 휴양지로 잘 알려져 있어서 음악가들도 여름이면 이 휴양지를 찾았다. 브람스뿐만 아니라 안톤 브루크너, 요한 스트라우스, 프란츠 레하르도 이곳을 자주 찾았다. 오스트리아-헝가리 제국의 황제 프란츠 요제프 1세(Franz Joseph I, 1830-1916)는 1853년 여름부터 이곳 별장(Kaiservilla)을 자주 찾았다.

바트이슐에 도착한 나는 그 지역 관광 지도에서 브람스의 집을 찾아보았지만 찾을 수 없었다. 헝가리의 오페레타 작곡가 프란츠 레하르(Franz Lehar, 1870-1948)의 집과 레하르 극장은 관광 지도에도 나와 있고 매년 레하르 극장에서 레하르 음악 축제가 열린다고 여러 곳에 소개되어 있었는데 브람스의 자취는 쉽게 찾을 수 없었다. 다행히 어떤 음악 애호가가 유튜브에 올린 브람스의 집에 관한 정보를 통해서 그 집의 주소(Vorsteherweg 3)를 확인할 수 있었다. 바트이슐 시내에서 잘츠부르거 스트라세(Salzburger Straße)의 서쪽으로 차를 운전하여 불과 5분도 지나지 않았는데 언덕 위에 있는 그 주소의 하얀색 이층집이 보였다. 그 집으로 올라가는 길에 어떤 안내 표지도 없었을뿐더러 주변 상황으로 보아 그 집은 현재 사람이 거주하고 있는 개인 주택임을 한눈에 알 수 있었다. 연락도 없이 갑작스레 남의 집 앞에 들어가게 된 꼴이 되어 미안한 마음이 들었는데 순간 다행히 건물 한 벽면에 있는 돌 표지판이 보였다. "위대한 작곡가 요한 브람스 박사가 12년간 여름에 이 집에서 살았다." 이 표지석이 유일하게 여기가 브람스가 살던 집임을 알려 주었다. 집안에 들어가 보고 싶었지만 남의 사생활을 침해할 것 같아서 집 주변만 살펴보았다. 그 집의 동쪽 밑으로는 이슐강이 흐르고 바트이슐 시내가 한눈에 내려다보였다. 집 밑쪽의 길에서 자동차 지나가는 소리가 크게 들렸지만 브람스가 살던 시대에는 마차 소리가 상당히 낭만적으로 들렸을 것 같았다.

브람스는 서른네 살이던 1867년 아버지 요한 야코프 브람스(Johann Jacob Brahms, 1806-1872)와 함께 빈에서 잘츠부르크까지 여행했는데 이때 잘츠캄머구트를 이곳저곳 둘러보는 중에 8월 12일 바트이슐에서 하루를 머물렀다. 다음 날에는 몬트제(Mondsee) 근처의 샤프베르크(Schafberg) 산에 오른 후 중턱에서 하루를 보냈고 다음 날 새벽 1,783m 높이의 산 정상에 올라 일출日出과 함께 잘츠캄머구트의 여러 호수와 동쪽 알프스를 감상했다. 그 여름 이 지역의 좋은 경치와 경험을 마음에 담아 두고 있던 브람스는 13년 후인 1880년 여름 바트이슐을 다시 찾았고 그때 방 네 개가 있는 한 층 전체를 빌려 5월 23일부터 9월 20일까지 이 집에서 살았다. 「대학 축전 서곡」은 이 집에서 4개월간을 처음으로 살았던 그 시기에 작곡되었다. 이후 브람스는 여름(5월부터 9월 사이)이면 이곳을 자주 찾았고 1889년부터 1896년까지 7년 동안에는 매년 여름 이 집에서 살았다. 그 집은 브람스의 훗날 제자로서 친구처럼 지내게 된 음악연구가 구스타프 예너(Gustav Jenner, 1865-1920)가 제공했다. 예너는 1888년

브람스, 『클라리넷 4중주 B단조』, 라이스터, 아마데우스 4중주단(DG, 1968, LP)
표지: 「여름 풍경」, 카미유 코로(Camille Corot, 1796-1875) 작, 유화, 1855-1860, 38.5×43.4cm, 슈테델 미술관(Städel Museum), 프랑크푸르트

부터 1895년까지 브람스에게서 작곡을 배웠고 그런 인연으로 그는 브람스를 스승으로 각별히 모셨다. 그리고 그는 브람스에 관한 기억을 모아 1905년 저서 『브람스: 인간, 스승, 그리고 예술*Brahms als Mensch, Lehrer und Künstler*』을 출간했다.

브람스는 작곡을 마무리하고 인생을 정리할 때가 되었다고 생각하고

1891년 쉰여덟 살 때 바트이슐의 이 집에서 유서遺書를 작성했다. 그렇지만 브람스는 자기 내면에서 끓어오르는 창작의 샘을 막을 수 없었다. 오히려 바트이슐의 여름은 브람스에게 더 많은 창작 모티브를 주었고 마지막 10년 동안은 더욱 그랬다. 그래서 바트이슐은 브람스 인생 마지막 작품들이 많이 작곡된 곳이다. 이곳에서 특히 아침 시간은 그에게 풍성한 창작의 영감을 주었다. 아침 해가 뜰 무렵 브람스는 새벽 5시부터 집 뒷산의 숲길을 산책했고 이때 떠오르는 선율을 모아 머릿속으로 악상樂想을 구상하고는 아침 시간에 그것을 악보에 옮겨 적었다. 그리고 10시나 11시에는 작곡을 마무리했다. 오후가 되면 브람스는 집에서 걸어 십여 분 거리에 있는 바트이슐 시내 트라운(Traun) 강변에 위치한 카페 자우너(Café Zauner)의 정원에서 시가를 피거나 커피를 마시며 지인들과 담소를 나누었다.

바트이슐에서의 마지막 해인 1896년 예순세 살의 브람스는 5월 15일 바트이슐에 도착한 지 닷새 만에 클라라 슈만(Clara Schumann, 1819-1896)이 세상을 떠났다는 소식을 들었다. 그는 한걸음에 본(Bonn)으로 달려가 5월 24일 열린 그녀의 장례식에 참석했다. 브람스는 젊은 시절부터 스승이었던 슈만의 아내 클라라를 남모르게 사랑했다. 브람스는 열네 살이나 많은 클라라를 마음속 연인으로 생각하면서도 도를 넘지 않고 정신적으로 그녀를 사랑했다. 이룰 수 없는 사랑 때문이었는지 브람스는 평생 독신으로 살았고 슈만이 젊은 나이에 세상을 떠난 후 40년 동안 그녀와의 인연의 끈을 놓지 않고 일편단심 성심껏 그녀를 도와주었다. 브람스는 많은 작품을 그녀에게 헌정했을 뿐만 아니라 작곡을 마친 후 악보를 먼저 그녀에게 보내 조언을 구했던 것을 보면 그녀를 마치 누나나 엄마처럼 여기면서 정서적으로 의지했다고 볼 수 있다. 누가 뭐라든 자기만의 방식으로 그렇게도 사랑했던 클라라였기 때문에 그녀의 죽음은 브람스에게 적지 않은 충격을 주었다. 장례식 나흘 후 바트이슐에 돌아온 브람스는 전과는 확연히 다른 모습이었다. 브람스는 마치 넋이 나간 사람처럼 오랜 시간 침묵으로 일관했고 친한 몇 사람을 제외하고는 누구와도 대화하지 않았다. 그리고 며칠 후에는 황달 증세가 나타나 의사의 진료를 받았다. 그 여름 그는 황달 증세로 고생하다가 바트이슐을 떠났다. 그리고 이듬해 그가 세상을 떠날 때까지 다시는 바트이슐을 찾지 못했다.

그가 바트이슐에서의 마지막 작품이자 인생에서 마지막으로 작곡한 작품은 「오르간을 위한 열한 개의 코랄 전주곡 Op.122」이다. 종교적 정서가 느껴지는 이 작품은 브람스가 오르간으로 써내려 간 클라라 슈만을 위한 위령곡이었을 것이다. 자신에게도 성큼 다가온 죽음을 묵상하며 그는 마치 시를 쓰듯 음표를 써내려 간 것이다. 빈으로 돌아간 브람스는 간암 진단을 받았다. 그리고 병세가 악화되어 바트이슐을 떠난 지 채 일 년도 되지 않은 1897년 4월 3일 예순세 살의 나이로 세상을 떠나 빈 중앙 묘지(Wiener Zentralfriedhof)에 묻혔다.

브람스가 살았던 집을 둘러보고 나온 나는 바트이슐 시내의 오래된 카페 람자우어(Café Ramsauer)에 들러 에스프레소 한 잔을 마셨다. 이 카페에는 브람스와 친했던 오페레타 『박쥐』의 작곡가 요한 슈트라우스(Johann Baptist Strauss II, 1825-1899)가 자주 왔다고 하니 브람스 역시도 친구를 만나기 위해 이 카페를 자주 찾았을 것이다. 나는 머릿속으로 두 거장의 대화를 상상하며 오스트리아에서 유명한 율리어스 마이늘(Julius Meinl) 에스프레소 커피를 음미했다.

내가 즐겨 듣던 음반은 우크라이나 출신의 유대계 미국인 레너드 번스타인(Leonard Bernstein, 1918-1990) 지휘의 빈 필하모닉의 연주(DG, 1983, CD)이다. 번스타인이 자주 연주하던 독일 낭만주의 시대의 작품들처럼 그의 카리스마 넘치는 연주는 격정적이고 열정이 넘쳐서 젊음과 축제의 의미를 잘 표현하고 있다.

남독일 출신이었던 오이겐 요훔(Eugen Jochum, 1902-1987) 지휘의 런던 필하모닉 오케스트라의 연주(EMI, 1977, LP)는 교향곡을 연주하는 것처럼 웅장하고 극적 긴장감이 있다.

3 마르첼로 「오보에 협주곡 D단조」

"고생하며 무거운 짐을 진 너희는 모두 나에게 오너라. 내가 너희에게 안식을 주겠다.
… 정녕 내 멍에는 편하고 내 짐은 가볍다." 마태 11,28-30

1990년 유학을 떠나 미국에서 맞이한 첫 가을은 정말 힘들었다. 유학을 준비하며 영어 공부를 열심히 한다고 했는데도 첫 학기 수업 시간에는 교수님의 강의를 잘 알아듣지 못해 '벙어리 삼룡'으로 앉아 있을 때가 많았다. 학기 초에 교과서 첫 페이지를 완전히 읽고 이해하는 데 거의 세 시간이 걸렸다. 한 과목당 일주일에 30-40페이지의 읽기 과제가 주어졌는데 세 과목을 수강하고 있던 나는 일주일 내내 꼼짝도 하지 못하고 앉아서 그것을 읽어야만 했다. 물론 나중에는 읽기의 속도가 붙기 시작했지만 첫 학기에는 답답하고 속이 상할 뿐만 아니라 내가 과연 학위를 끝마칠 수 있을까 불안했다. 더욱이 시월 중순에 있었던 중간고사는 내가 유학 가서 처음 치른 시험이었는데 어느 한 과목에서 처참한 패배를 맛보았다. 중간고사 후 수업시간에 돌려받은 답안지에는 낙제점수가 적혀 있었는데 그것은 어쩌면 당연한 결과였다. 그동안 외워서 답안 쓰는 것에 익숙해 있던 나는 "주제를 어떻게 현실적으로 적용할 수 있는지에 대해서 쓰라."는 시험문제를 보고 당황했고 어떻게 답해야 할지 몰라서 외운 것을 그냥 썼기 때문이었다. 그 과목에서 과연 제대로 학점을 받을 수 있을지 걱정이 많았다.

중간고사가 끝나고 얼마 지나지 않은 11월 초, 미국의 일광 절약 시간제가 끝나고 한 시간이 다시 제자리로 돌아오고 나면 수업이 끝나는 저녁 7시 반에는 벌써 깜깜한 밤이었다. 이미 날씨는 쌀쌀해졌고 찬 바람이 세차게 불면 도로 위에 낙엽들이 정처 없이 몰려다녔는데 그 시간에는 유독 배가 고팠다. 수업이 끝나면 왜들 그리 바쁜지 모두 순식간에 사라졌다. 대학원 전공 수업에 유일한 동양 사람이었던 나는 이럴 때마다 일종의 소외감을 느꼈고 이방인으로서의 내 처지를 절감했다. 나는 푸드트럭에 가서 피자 한 조각을 산 후, 차를 바쁘게 몰아 미국 본당의 사제관으로 돌아와서는 방에 들어서자마자 오디오 기기의 스위치를 올리고 음악부터 틀었다. 그리고 침대 위에 걸터앉아 식은 피자를 먹으면서 음악을 들었다. 이때 음악은 정말 나에게 큰 위로가 되었다.

당시 나는 나카미치(Nakamichi) 사에서 제작한, 스피커가 분리되는 미니 컴포넌트를 가지고 있었다. 그것은 라디오에 비하면 컸지만 일반적인 오디오 시스템에 비하면 규모가 작았다. 당시 사용하던 미니 컴포넌트는 30년이 지난 지금도 사무실에서 사용하고 있다. 이 미니 컴포넌트는 힘들고 외롭게 유학을 하던 시절 나에게 유일한 호사豪奢였다. 그 당시 침대 위에 걸터앉아 피자를 먹으며 들었던 음악 중에 하인즈 홀리거(Heinz Holliger, 1939-)가 이 무지치(I Musici) 실내악단과 함께 연주한, 알레산드로 마르첼로(Alessandro Marcello, 1673-1747)의 「오보에 협주곡 D단조」가 있었다. 이 음악은 슬프고도 아련했지만 나는 이 음악이 좋아서 듣고 또 들었다.

같은 어려움에 처해 있는 사람을 보면 큰 위로를 느끼는 것처럼 이 음악은 동병상련同病相憐으로 나의 시린 마음을 위로해 주었고, 단조短調의 이 음악이 주는 슬픈 서정성과 특히 2악장 아다지오(Adagio)는 나에게 카타르시스를 느끼게 해 주었다. 이 음악을 들으면 "고생하며 무거운 짐을 진 너희는 모두 나에게 오너라. 내가 너희에게 안식을 주겠다. … 정녕 내 멍에는 편하고 내 짐

마르첼로, 『오보에 협주곡』, 피에로, 시모네 지휘, 이 솔리스트 베네티(RCA, 1973, LP)
표지: 「도미니코 수도원 앞 빈자들의 운하」, 프란체스코 과르디(Francesco Guardi, 1712-1793) 작, 유화, 1793, 19×15, 아카데미아 카라라 미술관(Accademia Carrara), 베르가모(이탈리아)

은 가볍다."(마태 11,28~30)는 성경 구절이 떠올랐다. 그만큼 유학 시절에 이 음악은 나에게 큰 위안慰安과 안식安息을 주었고 내 마음에 와닿았다.

내가 이 작품을 처음 들어본 것은 군인 시절이었다. 당시 나는 군종병軍宗兵이었기 때문에 부대 안의 성당에서 근무했다. 군종병은 군종신부님을 도와

이 떠오른다. 이별 후 마음의 정리가 다 끝난 사람이 편안한 마음으로 추억을 되새기며 생각에 잠기는 것 같은 선율이다. 3악장 프레스토(Presto)는 약간 마음이 바빠진다. 툴툴 털고 미련 없이 어디론가 서둘러 떠나는 것 같다. 마르첼로가 어떤 상황 속에서 이 음악을 작곡했는지는 알려지지 않았지만, 이 음악을 들으면 나에게는 그런 느낌이 든다.

귀족 가문에서 태어난 마르첼로는 베네치아의 원로원 의원이었던 아버지 덕분에 음악적 재능과 흥미를 마음껏 즐기고 펼칠 수 있을 만큼 경제적으로 여유로운 가정에서 자랐다. 그는 같은 베네치아 출신의 작곡가 토마소 알비노니(Tomaso Albinoni, 1671-1751)보다 2년 늦게 태어났고 비발디보다는 5년 먼저 태어났다. 그는 비발디나 알비노니가 음악가로 살아온 생애와는 다르게 자신의 전문직을 따로 가지고 있던 음악 애호가로서의 작곡가라고 할 수 있다. 그는 베네치아 귀족의 일원으로서의 다양한 경력과 사회 활동 덕분에 음악 분야뿐만 아니라 시, 철학, 수학 등 다양한 분야에도 상당한 식견을 가질 수 있었다. 그는 성 안토니오 대학(Collegio di S. Antonio)에서 법학을 전공했고 대학을 졸업한 후 스물다섯 살이던 1698년 목가적 이상을 지향하는 귀족들의 모임이었던 베네치아 아카디아 소사이어티(Venezia Arcadia Society)에 가입했다. 그리고 그는 1700년과 1701년에는 서아시아 동 지중해 연안 지역의 레반트(Levant)와 그리스의 펠로폰네소스(Peloponnese)에서 각각 1년 동안 외교관으로서 대사직을 수행했다.

베네치아로 귀국한 후에는 판사로 일하면서 예술에 대한 열정으로 개인 궁전이나 성당에 그림 그리는 일의 책임을 맡기도 했고 문학 학회인 쿠르스카 학회(Accademia della Crusca)에 가입한 이후에는 1719년 시집을 여덟 권이나

마르첼로, 『오보에 협주곡』, 홀리거, 네그리 지휘, 드레스덴 국립 관현악단(Eterna, 1973, LP)
표지: 「사랑의 기쁨」, 앙투안 바토(Antoine Watteau, 1684세례-1721) 작, 유화, 1718-1719, 60×75cm, 옛 작가 미술관(Galerie Alte Meister), 드레스덴

출간했다. 또한 그는 청각 예술 취향의 사교 모임인 아카데미아 델리 안니모시(Accademia degli Animosi)에 가입한 후 악기 수집에서 주도적인 역할을 하였다. 그가 수집한 수많은 악기는 오늘날 로마의 국립 악기 박물관(Museo Nazionale degli Strumenti Musicali)에 있다. 그는 베네치아에서 음악회를 개최하거나 악기를 연주하기도 했고 작곡도 했다. 그는 「수금*La Cetra*」이라는 제목으로 여섯 개의 오보

에 협주곡을 작곡했을 뿐만 아니라 칸타타, 아리아, 바이올린 소나타 등을 작곡했고 이를 출판할 때는 항상 에테리오 스틴팔리코(Eterio Stinfalico)라는 가명을 썼다. 그가 작곡한 목가적 주제의 칸타타는 메조소프라노였던 파우스티나 보르도니(Faustina Bordoni, 1697-1781)를 포함한 베네치아 당대 최고 성악가들이 애창하였다. 그의 작품 중에서 가장 많이 알려진 「오보에 협주곡 D단조」는 마르첼로가 마흔네 살이던 1717년 암스테르담(Amsterdam)에서 출판되었다. 다른 작품들을 출판할 때는 가명을 썼지만 유독 이 작품을 출판할 때는 자신의 이름을 사용하였다.

그런데 「오보에 협주곡 D단조」와는 조성調聲이 다른 「오보에 협주곡 C단조」의 필사본이 1717년 발견되었다. 이것은 필사하는 사람이 D단조를 C단조로 바꿔서 옮겨 적은 것으로 보인다. 그런데 이 필사본에 작곡가 이름이 '마르첼로'라고 성姓만 쓰여 있어서 후대 사람들은 그 이름의 주인공이 당시 음악계에서 작곡가로 더 유명했던 동생 베네데토 마르첼로(Benedetto Marcello, 1686- 1739)로 여겼다. 그래서 1923년에 출판된 「오보에 협주곡 C단조」에는 베네데토 마르첼로가 작곡가로 기록되어 있다. 그런 이유 때문에 이 작품은 한동안 동생 베네데토 마르첼로의 작품으로 알려졌다. 그런데 후에, 암스테르담에서 1717년 출판되었던 알렉산드로 마르첼로의 악보가 나중에 발견됨에 따라 20세기 후반에 출판된 악보에는 「오보에 협주곡 D단조」가 알레산드로 마르첼로가 작곡한 것으로 모두 정정되어 오늘에 이르고 있다.

마르첼로는 외교관과 법관이라는 전문직을 수행했지만 음악가 못지않은 음악가의 길을 걸었다. 비록 많은 작품을 남기지는 못했어도 오늘날 그가 당대 저명한 법관으로서보다는 오히려 바로크 시대의 작곡가로 알려진 것이 이를 말해 준다. 바로크 음악의 거장 요한 제바스티안 바흐(Johann Sebastian Bach, 1685-1750)가 1708-1717년 바이마르(Weimar)의 궁정 악장으로 일하던 시절, 오르간과 하프시코드 작곡의 모티브로 삼았던 선배 작곡가 안토니오 비발디(Antonio Vivaldi, 1678-1741)와 필리프 텔레만(Philipp Telemann, 1681-1767) 등 선배 작곡가 대열에 알렉산드로 마르첼로도 끼어 있었다. 이를 통해서 마르첼로의 작품이 예술적으로 비발디나 텔레만의 작품과 견줄 수 있을 만큼 뛰어난 경지에 있었음을 알 수 있다. 그는 분명 바로크 시대의 위대한 작곡가 중의 한 사람이었다.

「오보에 협주곡 D단조」에는 바로크 시대 어떤 작품에서도 볼 수 없는 낭만적 서정이 담겨 있다. 바흐는 바이마르 궁정의 악장이자 오르간 연주자였기 때문에 일정한 틀 안에서 고용주의 뜻에 따라 대부분 종교 음악을 작곡했다. 비발디는 당시 작곡가로서는 드물게 표제를 자주 사용하면서 자유로운 주제를 과감하게 선택하여 작곡했음에도 그 역시도 사제로서 자기 신분의 영역을 벗어날 수 없었다. 하지만 바흐나 비발디와는 달리 누구에게도 구속되어 있지 않았던 마르첼로는 그야말로 '자유로운 영혼'을 가진 작곡가였을 뿐만 아니라 자신의 내면세계를 문학적 언어로 표현할 줄 아는 시인詩人이기도 했다. 때문에 그는 작곡할 때 문학적 상상력을 동원하여 시적 서정을 여과 없이 마음껏 자유롭고 품위 있게 표현할 수 있었다.

그래서 그는 14세기에 태동한 르네상스 정신이 반영된 인간人間 중심의 음악 「오보에 협주곡 D단조」를 탄생시킬 수 있었다. 즉 이 작품에는 그 시대 다른 작품들과 달리 인간의 숨결과 희로애락喜怒哀樂의 감정이 살아 숨 쉬는 낭만주의 음악의 정신이 숨어 있다. 이 작품에는 후대에 나타난 낭만주의 작곡가인 프란츠 슈베르트(Franz Schubert, 1797-1828)의 작품에서 볼 수 있는 감수성과 극적

『다섯 개의 이탈리아 오보에 협주곡』, 다니엘 연주·지휘, 피터버러 현악 오케스트라(Helios, 1999, CD)
표지: 「산타 마리아 델라 살루테 바실리카」, 프란체스코 과르디(Francesco Guardi, 1712-1793) 작,
유화, 1766-1770, 68×100cm, 루브르 미술관(Musée du Louvre), 파리

요소가 풍부하고, 프레데리크 쇼팽(Frédéric Chopin, 1810-1849)의 작품에서 느낄 수 있는 애절함과 멜랑콜리의 정감이 살아 있다. 마르첼로는 바로크 시대의 작곡가이면서도 시대를 앞서 낭만주의 음악 정신을 개척하고 구현했던 선구자라고 할 수 있다. 이 작품이 1970년대 초 남녀의 사랑과 이별을 그린 영화의 배경 음악으로 사용되었던 것은 결코 우연의 일이 아니다.

엔리코 살레르노(Enrico Salerno, 1926-1994) 감독의 이탈리아 영화 『베니스의 사랑』(1970)은 우리나라에서는 개봉되지 않았지만 마르첼로의 「오보에 협주곡 D단조」가 나오는 영화 음악 때문에 알게 된 영화이다. 이 영화의 음악을 담당했던 스텔비오 치프리아니(Stelvio Cipriani, 1937-2018)는 우리나라에서 개봉되었던 비슷한 주제의 영화 『라스트 콘서트』(1976)의 음악을 담당했던 작곡가로서도 유명하다.

베네치아의 오보에 연주자인 남자 주인공은 자신이 불치의 병에 걸렸음을 알고 이혼했던 아내에게 연락해서 만나자고 한다. 아내는 다른 도시에서 이미 다른 남자와 살고 있었지만 영문도 모른 채 베네치아역에 도착한다. 이들은 베네치아의 물길을 따라 거리를 함께 걸으면서 처음에는 과거의 상처 때문에 다툰다. 하지만 어느 순간부터는 처음 만났던 순간을 회상하며 과거에 함께 살던 집을 가 본다. 불편한 대화로 시작되었던 만남이었지만 베네치아에서 같이 시간을 보낼수록 점차 행복하고 좋았던 과거 순간들을 더 많이 떠올리면서 서로의 사랑을 확인하게 된다. 잠시나마 행복한 시간을 보내던 중 남자 주인공은 몇 달 후에 자신이 암으로 죽게 될 처지임을 여자에게 밝힌다. 이들은 불편했던 과거를 모두 잊고 사랑했던 시절로 돌아간 듯이 소원해진 관계를 다시 회복한다. 아니 회복 정도가 아니라 오히려 과거보다도 더 사랑하고 있음을 깨닫게 된다. 날이 어두워지자 남자 주인공은 그녀를 베네치아의 한 작은 성당으로 데려간다. 그곳에는 음악회 리허설을 위해 연주자들이 모여있었다. 이 성당에서 남자 주인공이 오케스트라를 지휘하면서 오보에로 연주하는 작품이 알레산드로 마르첼로의 「오보에 협주곡 D단조」 2악장 아다지오이다. 여자 주인공은 어두운 성당 뒷자리에서 홀로 이 연주를 들으며 이 남자를 진정으로 사랑하고 있음을 다시금 깨닫고는 회한의 눈물을 흘린다. 하지만 이들은 어쩔 수 없이 다시 헤어질 수밖에 없음을 예고하면서 영화는 끝을 맺는다.

마르첼로, 『수금: 여섯 개의 협주곡』, 홀리거·펠레린, 제1바이올린: 퓌리, 카메라타 베른(Archiv, 1981, CD)
표지: 「사티로스와 님프가 그려진 도자기 병」, 도치아(Doccia, 이탈리아), 1745, 예술 공예 박물관(Museum für Kunst und Gewerbe), 함부르크

사랑과 이별을 주제로 한 이 영화에서 이 작품의 연주가 끝나면서 영화도 끝을 맺는 것은 그만큼 이 음악이 사랑과 이별의 아픈 서정을 잘 표현하고 있기 때문이라고 할 수 있다. 베네치아 사람인 마르첼로 역시 영화에서처럼 곤돌라를 타고 물길을 다니거나 베네치아의 거리를 거닐며 사랑과 이별을 직접 경험하고 나서 이 작품을 작곡했던 것은 아닐까? 그렇지 않다면 어떻게 2악장 아다지오가 그렇게 슬플 수 있겠는가.

이 음악을 들을 때마다 영화에서 두 주인공이 함께 거닐던 아름다운 베네치아 전경, 오래전 내가 여행 중에 곤돌라를 타고 보았던 베네치아의 물길과 거리, 그리고 모자이크가 너무도 아름다운 비잔틴 건축 양식의 성 마르코 주교좌 대성당(Basilica di San Marco)과 그 앞의 마르코 광장이 떠오른다. 베네치아에 가면 이 음악이 항상 내 머릿속을 맴돈다. 또한 이 음악을 들으면 군인 시절 나에게 친절하게 음악을 녹음해 주던 그분이 떠오른다.

내가 가장 좋아하는 음반은 오보에 연주자 클레어 섕크스(Clare Shanks)가 크리스토퍼 호그우드(Christopher Hogwood, 1941-2014) 지휘의 아카데미 오브 에인션트 뮤직과 함께하는 연주(PolyGram, 1989, CD)이다. 오보에 연주가 정갈하고 오케스트라 연주와의 조화가 일품이다. 이 음반을 다 듣고 나면 나는 계속해서 하이즈 홀리거(Heinz Holliger, 1939-)가 카메라타 베른(Camerata Bern, 1962-)과 함께 연주하는 마르첼로의 또 다른 작품 『수금: 여섯 개의 협주곡』(Archiv, 1981, CD)도 함께 듣는다. 무엇보다 음질이 좋고 잔잔한 바닷가를 연상케 하는 이 연주는 그야말로 물 흐르는 것 같은, 사심이 없고 선명하고 서정성이 넘치는데 마르첼로의 고전적인 정신과 마음을 읽을 수 있어서 좋다.

영국 출신의 오보에 연주자 니콜라스 다니엘(Nicholas Daniel, 1962-)이 자신의 지휘로 피터버러 현악 오케스트라와 함께 오보에를 연주한 음반 『다섯 개의 이탈리아 오보에 협주곡』(Helios, 1999, CD)에 나오는 마르첼로의 「오보에 협주곡 D단조」도 좋다.

프랑스의 오보에 연주자 피에르 피에로(Pierre Pierlot, 1921-2007)가 클라우디오 시모네(Claudio Scimone, 1934-2018) 지휘의 이 솔리스트 베네티와 함께 오보를 연주한 음반 『마르첼로: 오보에 협주곡』(Erato, 1970, LP)은 오리지널 사운드 트랙은 아닐지라도 영화『베니스의 사랑』에 나오는 음악으로 간주하며 듣는다. 이 음반의 소제목이 영화의 원래 제목인「Anonimo Veneziano 익명의 베네치아인」이라고 되어있고 음반 재킷의 사진이 베네치아를 배경으로 하고 있어서 이 음반을 들으면 영화의 장면들을 떠올릴 수밖에 없다.

4 프로코피예프 발레 음악 「로미오와 줄리엣 Op.64」

"하느님께서는 … 하느님의 모습으로 사람을 창조하시되
남자와 여자로 그들을 창조하셨다." 창세 1,27

어느 주말 회현동 지하상가의 한 음반 가게에서 음반을 이것저것 찾던 중에 『로미오와 줄리엣』이라는 제목의 음반이 눈에 들어왔다. 게오르그 솔티 경(Sir Georg Solti, 1912-1997)이 지휘하는 시카고 심포니 오케스트라가 연주하는 세르게이 프로코피예프(Sergei Prokofiev, 1891-1953)의 발레 음악 『로미오와 줄리엣 Op.64』(Decca, 1983, LP)이었다. 중학생 시절 윌리엄 셰익스피어(William Shakespeare, 1564-1616)의 희곡 『로미오와 줄리엣』을 읽고 나서 느꼈던 안타까움과 동정심, 아쉬움과 속상함 때문에 무엇으로 머리를 한 대 얻어맞은 것처럼 한동안 멍했던 기억이 새삼 떠올랐다.

중학생 시절 나는 학교에서 돌아와 가방을 내려놓기 무섭게 문학 전집全集이 있던 책장 앞으로 달려가 한 권씩 빼서 탐독하곤 했다. 이광수, 김동리, 염상섭, 황순원, 김동인 등의 작품을 닥치는 대로 읽었다. 그 시절 문학작품은 꿈 많던 내 사춘기에 인생과 사랑과 가치관을 가르쳐 주었다. 국내 문학작품을 어느 정도 섭렵한 이후 나는 세계 문학 전집에 도전했다. 그중에서 가장 먼저 읽은 작품이 『로미오와 줄리엣』이었다.

내가 팝송을 듣기 시작하던 중학생 시절 프랑코 제피렐리(Franco Zeffirelli, 1923-2019) 감독의 영화 『로미오와 줄리엣』(1978)의 영화 음악 「What is a youth」

는 라디오에서뿐만 아니라 버스 안에서나 길거리의 음반 가게 스피커에서도 자주 들을 수 있었다. 「What is a youth」의 노래가 흘러나오는 중간에 로미오와 줄리엣이 속삭이듯 나누는 대화는 영화에 대한 호기심을 자극했다. 「What is a youth」를 하도 들어서 거의 외울 지경이었다.

세계문학 작품 중에서 『로미오와 줄리엣』을 가장 먼저 읽은 이유는 「What is a youth」 전후의 대사가 도대체 어떤 내용이고 어떤 상황에서 비롯되었는지가 궁금해서였다. 그 노래의 전후 상황은 희곡 초반부에서 어렵지 않게 확인할 수 있었다. 희곡 속에서 두 사람이 나누는 대화는 하나하나가 모두 시詩처럼 아름다워서 작품 전체에서 문학의 풍요로움을 즐기기에 충분했다. 시적 언어의 마술사처럼 느껴졌던 셰익스피어의 이 희곡은 남녀 간의 사랑을 주제로 다루지만, 그야말로 충격과 반전이 거듭되는 역동적인 드라마로서 한순간에 빠져들지 않을 수 없었고 청소년 시절 내 마음과 기억 속에 각인되었었다.

문학작품으로만이 아니라 영화를 통해서 그리고 특히 주제가를 통해서 내 기억 속에 뚜렷하게 자리 잡고 있던 『로미오와 줄리엣』을 음반의 모습으로 만났으니 반가움과 함께 또 다른 호기심이 나를 자극했다. 그날 나는 『로미오와 줄리엣』이라는 제목에 이끌려 음반을 구매했다.

프로코피예프는 극작가인 아드리안 표트로브스키(Adrian Piotrovsky, 1898-1937)와 레닌그라드의 키로프 극장(Kirov Theatre) 감독이었던 세르게이 라들로프(Sergey Radlov, 1892-1958)가 공동 제작한 대본을 바탕으로 1935년 4막 8장의 발레 음악 「로미오와 줄리엣」을 작곡했다. 이 대본은 전통 발레에 문학작품을 혁신적으로 접목한 드라마 발레(Dramabalet)로서 키로프 극장 전속 발레단(Kirov Ballet)

프로코피예프, 발레 음악 『로미오와 줄리엣』, 아바도 지휘, 런던 심포니(Decca, 1967, LP)
표지: 프로코피예프의 발레 음악 「로미오와 줄리엣」을 영화로 제작한 폴 크지너(Paul Czinner, 1890-1972) 감독의 영화 『로미오와 줄리엣』(1966)의 한 장면이다. 안무(按舞)는 영국 출신 발레 무용수로서 안무가였던 케네스 맥밀란(Kenneth Macmillan, 1929~1992)이 맡았다. 그는 1970년부터 1977년까지 런던의 로열 발레단의 예술 감독을 역임했다. 로미오 역은 구소련 출신의 발레 무용수 루돌프 누레예프(Rudolf Nureyev, 1938-1993)가 맡았다. 상트페테르부르크의 키로프 발레단에서 경력을 쌓은 그는 1961년 소련을 탈출해서 로열 발레단에 입단했고 1983년부터 1989년까지 파리 오페라 발레단의 감독으로 일했다. 줄리엣 역은 평생을 로열 발레단에서 활동했던 마고 폰테인(Margot Fonteyn, 1919-1991)이 맡았다. 그녀는 20세기 최고의 발레 무용수 중의 하나로 인정받았으며 엘리자베스 2세 여왕으로부터 프리마 발레리나 압솔루타(Prima ballerina assoluta)의 영예를 받았다.

을 위한 것이었다. 그런데 1934년 라들로프가 키로프 극장의 감독직을 갑작스럽게 사임하자 이 작품은 모스크바의 볼쇼이 극장(Bolshoi Theatre)으로 넘어갔다.

그런데 극장에 배속된 공산당 관리는 셰익스피어 원작과 다르게 프로코피예프가 작곡한 행복 결말(happy ending)의 발레 작품을 문제 삼았다. 그래서 당시 볼쇼이 극장의 상임 지휘자였던 유리 파이어(Yuri Fayer, 1890-1971)는 프로코피예프를 찾아가 원작처럼 작품을 비극 결말로 수정해 달라고 간곡히 요청했고 작곡가는 대본 작가와 함께 작품을 수정해야 했다.

그러던 중에 1938년 12월 30일 프로코피예프의 「로미오와 줄리엣」이 체코 브르노(Brno)의 마헨 극장(Mahen Theatre)에서 발레 공연과 함께 초연되었다. 이것은 프로코피예프가 발레 음악 「로미오와 줄리엣」을 바탕으로 발표한 연주회용 「모음곡 1 Op.64bis」(1936)와 「모음곡 2 Op.64ter」(1937)를 합쳐서 단악장單樂章 형태로 만든 작품이었다. 프로코피예프는 당시 출국 금지 상태에 있었기 때문에 이 공연에 참석하지 못했다.

브르노에서의 초연은 성공적이었다. 이에 자극을 받은 키로프 극장 측은 서둘러 프로코피예프의 「로미오와 줄리엣」을 무대에 올리기로 했다. 얼마 후 키로프 극장의 안무 감독이었던 레오니드 라브로브스키(Leonid Lavrovsky, 1905-1967)는 프로코피예프에게 또다시 작품의 수정을 요구했다. 이것이 받아들여지지 않자 라브로브스키는 작곡가의 반대에도 불구하고 악보와 대본을 상당 부분 직접 수정했다. 이렇게 두 사람 간의 상당한 갈등 속에서 탄생하게 된 프로코피예프 발레 음악 「로미오와 줄리엣」은 1940년 1월 11일 키로프 극장에서 라브로브스키의 연출로 20세기 최고의 무용수 울라노바(Galina Ulanova, 1910-1998)와 세르게예프(Konstantin Sergeyev, 1910-1992)의 발레 공연과 함께 초연되었고 결과는 대성공이었다.

라브로브스키는 이 공연에서 발레 무용수들이 발레와 함께 실감 나게 연기를 하게 함으로써 전통적인 발레 공연과는 완전히 다른, 명실공히 '드라마 발레'를 새롭게 선보였다. 이로써 라브로브스키 버전의 프로코피예프 「로미오와 줄리엣」은 '드라마 발레'의 전형으로 자리 잡게 되었고 이후 이 작품은 러시아뿐만 아니라 국제적으로 찬사를 받았다. 그리고 후에 이 작품은 스탈린상을 받았다.

프로코피예프는 1891년 4월 27일 러시아 제국의 통치를 받던, 우크라이나 동부의 도네츠크주州에 속한 손트시브카(Sontsivka)에서 농학자農學者였던 아버지와 과거 우크라이나 농노農奴 출신의 어머니 사이에서 독자獨子로 태어났다. 프로코피예프의 어린 시절, 어머니 마리아(Maria, 1862-1924)는 음악가의 길을 꿈꾸며 피아노를 배우기 위해 1년 중 두 달 간씩 모스크바와 상트페테르부르크에서 지냈다. 자연스레 프로코피예프는 베토벤과 쇼팽 작품을 연습하는 어머니의 피아노 소리를 들으며 자랐다. 프로코피예프는 다섯 살 때 처음으로 피아노 소품을 작곡했고 어머니가 이를 악보에 받아 적었다. 그리고 아홉 살 때는 오페라 『거인*Giant*』을 작곡했다.

1904년 어머니는 프로코피예프를 데리고 상트페테르부르크 음악원(St. Petersburg Conservatory) 교수인 알렉산더 글라주노프(Alexander Glazunov, 1865- 1936)를 찾아가 아들의 조기 음악 교육에 대해 상의했다. 아들이 작곡한 미완성 오페라 두 작품을 본 글라주노프는 그의 천재성을 간파하고 열세 살밖에 되지 않은 프로코피예프를 음악원에 입학시켰다. 음악원 동료들보다 유난히 나이가 어렸던 프로코피예프는 피아노, 대위법, 지휘를 배웠고 특히 니콜라이 림스키코르사코프(Nikolai Rimsky-Korsakov, 1844-1908)로부터 교향악을 배웠다. 그는 1909년 음악원을 졸업한 후에도 음악원에 남아 피아노와 지휘를 계속 배웠다.

1914년 프로코피예프는 음악원 경연에서 자신이 작곡한 「피아노 협주곡 1번 D^{b}장조 Op.10」을 연주하고 최고 피아니스트 상의 영예를 얻었다. 이후 그는 런던(London)에서 발레 극단 발레 뤼스(Ballets Russes)의 책임자 세르게이 댜길레프(Sergei Diaghilev, 1872-1929)를 만나 그의 조언대로 러시아 민족의 특성을 살린 발레 음악을 작곡하기 시작했다. 댜길레프는 발레에 대한 경험이 없던 프로코피예프에게 정성 어린 자문과 비평을 해 주었다.

러시아 혁명이 일어난 지 1년 후였던 1918년 스물일곱 살이던 그는 소련 당국의 허락을 받고 미국으로 이주했다. 뉴욕에서 피아노 독주회로 데뷔하여 크게 인정받았음에도 그는 경제적으로 어려움을 겪어야 했다. 실패한 모습으로 러시아에 돌아가고 싶지 않았던 그는 1920년 4월 프랑스 파리로 향했다. 그곳에서 댜길레프와 접촉하여 발레 작품을 작곡한 끝에 1921년 5월 17일 파리에서 발레 「어릿광대 *Chout* Op.21」를 공연했고 그 초연은 대성공을 거두었다. 1921년 12월 30일에는 시카고에서 오페라 『세 개의 오렌지에 대한 사랑 Op.33』이 초연되었다.

하지만 1923년 스페인 성악가 린나(Lina, 1897-1989)와 결혼한 후 미국과 파리를 오가며 여러 작품을 발표했지만 청중의 반응은 냉랭했다. 그러자 그는 시각을 러시아로 돌렸다. 고국을 떠난 지 9년 만인 1927년 그는 처음으로 모스크바와 레닌그라드에서 두 달간 순회공연을 열었다. 그중 키로프 극장에서 공연한 오페라 『세 개의 오렌지에 대한 사랑』이 대성공을 거두었다.

1930년대 들어 대공황 때문에 유럽과 미국에서 새로운 오페라나 발레 제작이 어려워지자 프로코피예프는 피아노 공연으로 연명해야 했다. 그러나 그는 무엇보다도 자신을 작곡가로 자각하고 있었기 때문에 피아노 연주회를 위

프로코피예프, 발레 음악 『로미오와 줄리엣』, 솔티 지휘, 시카고 심포니 오케스트라(Decca, 1983, LP)
표지: 「로미오와 줄리엣」, 프랭크 딕시(Frank Dicksee, 1853-1928) 작, 유화, 1884, 171×118cm, 사우샘프턴 시립 미술관(Southampton City Art Gallery), 사우샘프턴(영국)

해 많은 시간을 허비해야 하는 자신의 처지에 무척 속상해했다. 이때부터 그는 러시아를 그리워하기 시작했다. 그러던 중 1934년 마흔세 살의 프로코프에프는 키로프 극장으로부터 발레 음악 「로미오와 줄리엣」의 작곡을 요청받고 이듬해 작품을 완성했다. 이렇듯 그에게 발레 음악 「로미오와 줄리엣」의 작곡을 요청한 것도 러시아요, 작품이 자신의 뜻과 상관없이 수정되는 수모를 겪기는 했지만 '드라마 발레'의 개척자로서 인정받고 사랑받은 것도 러시아에서였다. 그는 거의 4년간을 파리와 모스크바를 오가다가 최종적으로 1936년 마흔다섯 살 때 가족과 함께 모스크바에 정착했다. 러시아를 떠난 지 18년 만이었다.

이후 프로코피예프는 마흔여덟 살이던 1939년 여름, 스물네 살의 젊은 대본작가 미라 멘델스존(Mira Mendelssohn, 1915-1968)과 사랑에 빠졌다. 아내 린나와의 결혼 생활은 파경을 맞게 되었고 그는 오랜 세월 린나와 별거하던 끝에 1948년 1월 13일 쉰일곱 살의 나이에 미라와 결혼식을 올렸다. 결혼식이 열리고 나서 5주 후 그의 옛 아내 린나는 스페인에 사는 어머니에게 돈을 보내려 한 혐의 때문에 간첩죄로 체포되었고 그 후 소련 최고 법원에서 20년의 노동형을 선고받고 복역했다. 그녀는 스탈린 사후死後 석방되었고 1974년 소련을 떠났다. 1949년 프로코피예프는 뇌졸중으로 쓰러졌고 1953년 뇌졸중이 악화되어 5월 3일 세상을 떠났다. 그때 그의 나이는 예순둘이었다.

프로코피예프가 세상을 떠나던 날은 공교롭게도 스탈린(Joseph Stalin, 1879-1953)이 사망한 날과 같은 날이었다. 그가 살던 붉은 광장 인근에 수많은 추모객이 모여 있었기 때문에 그의 관은 스탈린 추모객을 피해 붉은 광장 반대쪽 거리를 통해서 운구되었다. 소련 작곡가 협회 본부에서 열린 장례식에는 드미트리 쇼스타코비치(Dmitri Shostakovich, 1906-1975)를 비롯해 30여 명이 참석했다. 그는 모스크바의 노보데비치 묘지(Novodevichy Cemetry)에 묻혔다.

프로코피예프는 평생 14개의 오페라, 9개의 발레 음악, 7개의 교향곡, 6개의 피아노 협주곡, 이 밖에도 바이올린 협주곡, 첼로 협주곡 등 수많은 작품을 남긴 20세기 최고의 현대 작곡가이다. 발레 음악뿐 아니라 그가 작곡한 「교향곡 1번 D장조 Op.25 고전적」과 「교향곡 5번 B♭장조 Op.100」, 「피아노 협주곡 3번 C장조 Op.26」, 「바이올린 협주곡 1번 D장조 Op.19」, 오페라와 발레의 여러 모음곡, 「피터와 늑대 Op.67」 등은 오늘날 많은 사랑을 받고 있다. 그의 작품들은 현대 음악임에도 난해하지 않고 한번 들으면 사랑할 수 있을 만큼 듣기에 편해서 현대 음악 중에서 가장 고전적이라고 느껴진다.

「로미오와 줄리엣」을 들으면, 구약성경 『창세기』에서 아담과 하와를 창조하신 이야기가 떠오른다. 하느님께서는 세상 창조의 마지막 날인 엿샛날 "하느님의 모습으로 사람을 창조하시되 남자와 여자로 그들을 창조하셨다."(창세 1,27) 하느님께서는 진흙으로 사람을 빚으시고 그의 코에 생명의 숨을 불어넣으시어 사람(창세 2,7 참조)을 만드시고 "그에게 알맞은 협력자를 만들어 주겠다."(창세 2,18)고 하신 후 아담을 잠들게 하신 다음 "그의 갈빗대 하나를 빼내시고 … 빼내신 갈빗대로 여자를"(창세 2,21-22) 지으셨다. 하느님께서는 이들 가정에 복을 내리시고 이를 원죄의 책벌로도, 홍수의 심판으로도 거두지 않으실 만큼 이들의 결합을 중하게 여기셨다. 그래서 세상의 모든 문학작품과 예술에서 빼놓을 수 없는 주제 역시 남녀 간의 사랑이다. 이런 이유에서 셰익스피어의 『로미오와 줄리엣』은 프로코피예프의 발레 음악뿐만 아니라 베를리오즈(Berlioz, 1803-1869)의 「극적 교향곡 로미오와 줄리엣 Op.17」, 차이콥스키(Tchaikovsky, 1840-1893)의 「환상 서곡 로미오와 줄리엣」 작곡의 모티브가 되었다.

그런데 내가 어릴 때 들은 아버지와 어머니의 결혼은 『로미오와 줄리엣』의 불타는 사랑은커녕 생면부지生面不知의 남녀 간의 만남으로 이루어졌으니 참으로 놀랍다. 아버지는 당시의 기준으로 볼 때 스물다섯 살의 노총각이었고 그래서 더욱 할머니의 성화 때문에 중매쟁이가 전해주는 신부新婦 후보의 사진을 많이 보셔야 했다. 여러 사진 중에서 하나를 선택하신 아버지는 열 살 터울의 큰누나에게 그 사진 속 주인공의 실물을 직접 보고와 달라고 부탁했다. 고모는 친정 동생의 혼인을 위해 먼 길을 마다하지 않고 중강진에서 기차를 타고 부산으로 향하셨다. 어느 잔칫집에서 사진 속 주인공의 실물과 행동거지를 주의 깊게 관찰한 큰고모는 중강진으로 돌아와서 동생에게 이렇게 말했다.

"예쁘더라."

아버지는 사진 속 주인공을 한번 만나 보지도 못한 채 고모 말만 믿고 결혼을 결심한 후 1944년 어머니가 사시던 부산으로 내려가셨다. 우리나라 전통혼례식에서 신랑과 신부가 마주 선 순간, 아버지는 사진 속 주인공의 실물에 대한 궁금증을 참을 수가 없으셨던지 신부 얼굴을 가린 면사포를 위로 올리고 얼굴을 확인했다는 것이다. 새신랑의 예기치 못한 우스꽝스런 행동 때문에 결혼식장은 웃음바다가 되었다고 한다. 혼례식에서 성질 급한 신랑이 신부의 면사포를 들추었던 일은 두고두고 집안에서 회자되었던 모양이다. 어린 시절, 기회 있을 때마다 혼례식 이야기를 우리에게 재미나게 해 주시던 아버지의 모습, 이 이야기를 들으며 함께 깔깔거렸던 일들이 지금도 생생하게 기억난다. '로미오와 줄리엣'과 같은 사랑은 고사하고 이렇게 결혼식 날 처음 본 사람과 결혼하셨음에도 부모님은 해로偕老하셨다.

아버지가 1985년 9월 예순네 살 때 간암으로 먼저 돌아가시자 혼자된 어머니가 아버지를 그렇게도 그리워하셨던 것은, 『로미오와 줄리엣』의 무덤 속

차이콥스키, 발레 음악 『백조의 호수』, 스토코프스키 지휘, 뉴 필하모니아 오케스트라(London, 1983, LP)
표지: 「발레」, 에드가 드가(Edgar Degas, 1834-1917) 작, 파스텔화, 1876, 58.4×42cm, 오르세 미술관(Musée d'Orsay), 파리

마지막 장면에서 줄리엣이 잠에서 깨어나 자기 옆에서 죽은 로미오를 보고 안타까워했던 그 심정이었던 것 같다. 어머니는 아버지의 빈자리를 그리워하며 외롭게 6년간을 더 사시다가 1991년 8월 아버지를 따라 세상을 떠나셨다.

코로나바이러스 감염증-19 때문에 외국 여행은 고사하고 국내 공연장도 갈 수 없으니 어느 순간부터 케이블 TV에서 고전음악 채널을 보는 습관이 생겼다. 어느 날 TV를 켠 순간 러시아의 지휘자 발레리 게르기예프(Valery Gergiev, 1953-)가 지휘하는 뮌헨 심포니 오케스트라가 가스타이그 콘서트홀(Philharmonic am Gasteig)에서 프로코피예프의 모음곡「로미오와 줄리엣」을 연주하고 있었다. 그날 연주는 문화적 갈증을 느끼던 나에게 일종의 단물과도 같은 역할을 했다. 나는 순간 그의 연주에 빠져들었다.

몇 년 전 오스트리아 여행 중 빈의 콘체르트하우스에서 게르기예프가 지휘하는 마린스키 오케스트라의 연주로 차이콥스키(Tchaikovsky, 1840-1893)의「교향곡 5번 E단조 Op.64」과「교향곡 6번 B단조 Op.74 비창」을 감상할 수 있었다. 그날 프로그램은 군더더기 없이 차이콥스키의 교향곡 두 개로만 구성되어 있었는데 러시아 출신 지휘자로서 그의 역량을 느끼기에 충분했다. 그가 지휘하는 차이콥스키의「교향곡 5번」은 가을처럼 쓸쓸하다가 봄처럼 찬란했고 여름의 태풍 같은 역동성과 단호함이 있었다. 그가「비창 교향곡」을 풍성하고 웅장하게 몰아치며 연주하다가 겨울의 찬바람 속에서 돌연 조용히 스러지듯 마치는 교향곡의 끝부분 연주는 지금도 잊을 수가 없다. 그는 과연 차이콥스키를 가장 잘 연주하는 현존하는 러시아 최고의 지휘자임에 틀림이 없었다.

그런 그가 이번에는 프로코피예프를 연주하다니 꿈같은 우연이었다. 그는「로미오와 줄리엣」을 감미롭게 그리고 극적으로 연주했다. 이 연주를 보고 나서 나는 그가 지휘하는 프로코피예프의 발레 음악 전곡이 수록된 음반(Philps, 1991녹음, 2001발매, CD)을 구매해서 들었다.

어느 휴일 아침 식사를 마치고 TV를 켜니 반갑게도 고전음악 채널에서 프로코피예프의 『로미오와 줄리엣』 발레 공연이 나오고 있었다. 공연장에 가지 않고도 프로코피예프의 음악과 함께 발레 공연을 볼 수 있다니 참 운도 좋다 싶었다. 러시아의 4대 국립 오페라 극장 중의 하나인, 예카테린부르크(Ekaterinburg)에 있는 우랄 오페라(Ural Opera) 발레단의 공연으로서 사모두로프(Slava Samodurov)가 무대 감독을, 클리니체프(Pavel Klinichev)가 오케스트라의 지휘를 맡았다.

미국 유학 시절, 어느 여름 뉴욕의 메트로폴리탄 오페라(Metropolitan Opera)에서 본, 차이콥스키의 발레 「백조의 호수 Op.20」가 동화의 내용을 바탕으로 하고 우아한 백조 의상을 한 발레 무용수의 춤이 인상적이었던 전통적인 발레 공연이었다면, 프로코피예프의 발레 「로미오와 줄리엣」은 무대 장치에서부터 배우들의 의상에 이르기까지 모두 현대적인 공연이었다. 발레 무용이 공연의 중심에 있으면서도, 마치 오페라나 뮤지컬을 보듯이 발레 무용수들의 연기를 통해서 내용이 전개되는 '드라마 발레'로서 고전 발레와는 확연한 차이가 있었다. 로미오가 줄리엣의 방에 몰래 찾아가 사랑을 나눈 후 작별하기 아쉬워 어쩔 줄 몰라 하는 장면, 특히 떠나려다 다시 돌아오고 또 가려다 다시 돌아와 이별의 아쉬움을 발레로 표현한 것은 이 작품의 백미라 할 수 있다. 또한 비약秘藥을 먹고 죽은 듯 잠든 줄리엣을 붙들고 안타까워하며 추는 로미오의 춤은 참으로 가련하기 그지없다. 다음에 상트페테르부르크에 갈 기회가 있으면 마린스키 극장에 가서 이 공연을 반드시 보아야겠다고 다짐했다.

내가 가장 많이 들었던 음반은 처음 구매한 게오르그 솔티 경(Sir Georg Solti, 1912-1977) 지휘의 시카고 심포니 오케스트라의 연주(Decca, 1983, LP)이지만,

유대계 루마니아 출신의 요엘 레비(Yoel Levi, 1950-) 지휘의 클리블랜드 오케스트라가 프로코피예프의「로미오와 줄리엣 모음곡 1」과「모음곡 2」를 합쳐서 대본의 순서대로 연주하는 음반(Telarc, 1984, CD)도 자주 듣는다. 그의 연주는 단정하고 빈틈이 없다.

같은 방식으로 제작된 에도 데 바르트(Edo de Waart, 1941-) 지휘의 로테르담 필하모니 오케스트라의 연주(philips, 1980, LP)는 드라마의 내용을 차분하고도 극적이며 세련되게 이야기해 주는 것 같다.

5 브루크너 「교향곡 9번 D단조 WAB.108」

"야곱은 혼자 남아 있었다.

그런데 어떤 사람이 나타나 동이 틀 때까지 야곱과 씨름을 하였다." 창세 32,25

몇년 전 오스트리아를 여행하던 중 성 플로리안 수도원(Stift St. Florian)을 방문했다. 빈(Wien)에서 자동차를 타고 A1 고속도로 서쪽으로 약 2시간을 달려 린츠(Linz) 남쪽에 있는 장크트 플로리안(Sankt Florian)에 도착했다. 누가 설명하지 않아도 이 마을의 중심이 수도원이라는 것을 알 수 있었다. 수도원 건물의 어마어마한 규모는 과거 수도원의 전성시대를 충분히 짐작할 수 있게 해 주었다.

성 플로리안 수도원은 250년경 이 지역에서 태어난 순교자 성 플로리아노(St. Florianus)의 무덤을 중심으로 9세기 초 설립되었고 1071년에는 『아우구스티누스 규칙서』의 원칙에 따라 수도 생활을 하는 아우구스티노회 소속의 수도원으로 정식 출범하였다. 성 플로리안 수도원은 프랑크 왕국의 카롤링거 왕조 때 시작되었으니 이 수도원은 천년의 세월 이상을 이 한 자리를 지키며 이 세상 흥망성쇠의 역사를 지켜보았을 것이다. 오늘날 이 마을의 이름 자체가 성 플로리안이라고 불리는 것을 보면 이 성인과 수도원은 마을의 존재 이유가 될 만큼 그 지역에서 큰 영향을 끼쳤음을 짐작할 수 있었다. 현재의 이곳 수도원 성당을 지칭하는 바실리카(Stiftsbasilika)는 1744년에 바로크 양식으로 건축되었는데 이때 함께 지어진 수도원은 성당과 하나로 연결되어 있어서 수도자들이 신앙 안에서 공동생활을 하던 곳임이 잘 드러나 있었다.

수도원에 도착하자마자 바실리카에 들어간 나는 제대 앞에서 잠시 기도를 드린 후 안톤 브루크너(Anton Bruckner, 1824-1896)의 무덤을 찾았다. 피렌체(Firenze)의 산타 크로체 성당에 있는 조아키노 로시니(Gioachino Rossini, 1792-1868)의 무덤처럼 화려한 석관을 기대하고 찾았는데 성당 안을 아무리 둘러보아도 그런 석관은 없었다. 마침 성당 안에서 마주친 관리인에게 브루크너 무덤의 위치를 물어보니 성당 뒤쪽을 가리키며 오르간 밑이라고 알려 주었다. 오르간이 성당의 이 층에 있었으니 오르간 밑이라고 한다면 성당 입구 쪽 공간밖에 없었다. 그곳으로 가서 자세히 살펴보니 성당 안에 들어올 때는 보지 못했던 무덤 표지석이 바닥에 보였다. 브루크너는 이렇게 눈에 잘 띄지 않는 성당 입구의 바닥 중앙에 묻혀 있었다. 수도자들의 무덤이 성당 밖의 공동묘지에 있는 것에 비해 브루크너의 무덤이 성당 안에 있다는 것 그 자체만으로도 그가 수도원에서 크게 인정받고 있다는 것을 알 수 있었다. 나는 브루크너의 무덤 표지석 앞에서 그가 「교향곡 9번」의 4악장으로 구상했던 『테데움』 선율을 머릿속으로 떠올리며 거기에 나오는 끝부분의 기도를 바쳤다.

> 주님 당신 백성을 구원하시고 축복하소서.
>
> 당신 백성을 다스리시고 영원토록 이끌어 주소서.
>
> 우리는 매일, 세세 대대 당신 이름 기리오리다.
>
> 주님 비오니 저희를 지켜주시어 이날에 죄가 없게 하여 주소서.
>
> 주님 저희를 불쌍히 여기소서.
>
> 주님 저희에게 자비를 베푸시어
>
> 당신께서 원하시는 것이 이루어지게 하소서.

주님 저희가 당신께 청했사오니 영원토록 아쉬울 것 없을 것입니다.

내가 브루크너의 「교향곡 9번 D단조 WAB.108」에 관심을 가지게 된 것은 이것이 미완성 작품이라는 사실 때문이었다. 이 교향곡은 프란츠 슈베르트(Franz Schubert, 1797-1828)의 「교향곡 8번 D.759 미완성」처럼 제목에 '미완성'이라는 표제가 붙어 있지는 않지만 작곡가 브루크너가 일흔두 살에 세상을 떠나는 마지막 순간까지 작곡과 수정을 반복하며 씨름을 하던 작품으로서, 마지막 악장인 4악장이 없는 3악장 아다지오(Adagio)로 끝을 맺는다.

첫 악장부터 충만함이 가득한 이 교향곡은 전체적으로 웅장하면서도 박진감이 넘치며 극적이고 마치 광야를 달려가는 것 같은 속도감이 느껴질 뿐만 아니라 영원성을 지향하는 영성의 깊이가 느껴진다. 이 교향곡은 어느 한순간도 지루하게 느껴지지 않고 처음부터 끝까지 나로 하여금 음악을 집중해서 듣게 하는 묘한 매력을 가지고 있다.

브루크너가 「교향곡 9번」을 구상한 것은 예순세 살이던 1887년 8월부터였는데 1악장을 그해 9월 21일에 작곡했다. 하지만 그는 거의 3년 반이 지난 1891년 2월 18일부터 1악장을 새로 쓰기 시작해서 1893년 12월 23일 1악장을 다시 완성했다. 1악장을 작곡하는 데 무려 6년 4개월이나 걸린 것이다. 2악장의 경우 1889년에 스케르초(Scherzo)를 작곡하고 난 후 개정을 반복하던 끝에 1894년 2월 15일에 최종본을 완성했으니 2악장을 작곡하는 데 5년이 걸렸다. 2악장은 오늘날 세 개의 버전이 존재한다. 3악장인 아다지오(Adagio)는 1894년 11월 30일에 완성했다. 4악장은 브루크너의 달력에 1895년 5월 24일에 작곡을 착수했다고 기록되어 있지만, 실제는 1887년부터 1896년까지 장고長考의 시간에 걸쳐 작곡과 수정을 반복했다. 브루크너는 4악장을 작곡하려고 9년 동안이나 노력했지만 결국 마무리하지 못하고 세상을 떠났다.

그는 왜 마지막 악장을 마무리할 수 없었던 것일까? 그는 자신의 주치의主治醫인 리하르트 헬러(Richard Heller)에게 이 교향곡을 누구에게 헌정할지 그 뜻을 밝힌 적이 있는데 여기에서 교향곡을 미완성으로 남긴 이유를 추측할 수 있다. "나는 불쌍한 루트비히 왕 … 예술 수호자이며 지상에서 가장 높은 분으로서 탁월한 황제였던 그분께 「교향곡 7번」과 「교향곡 8번」을 헌정했습니다. 나는 이제 모든 왕 중의 왕인, 사랑하는 하느님께 나의 마지막 작품을 헌정하려 합니다. 희망컨대 그분께서 이 작품을 완성할 수 있는 충분한 시간을 주셨으면 좋겠습니다." 브루크너가 작품을 무한無限하고 영원永遠하시며 절대자絶對者이신 하느님께 헌정하려 했으니 얼마나 가슴 벅차고 생각이 많았을지, 그리고 얼마나 정성을 들여서 작곡에 임했을지 상상해 볼 수 있다. 각 악장을 작곡하는데 걸린 세월만 보아도 그가 이 교향곡 작곡에 얼마나 심혈을 기울였는지 알 수 있다.

브루크너는 1824년 9월 4일 오스트리아 안스펠덴(Ansfelden)의 마을 학교 교사였던 아버지와 어머니 사이에서 11명의 자녀 중 첫째로 태어났다. 브루크너는 어릴 때부터 아버지로부터 오르간을 배웠는데 이미 네 살 때 천재성을 보였다. 아홉 살 때부터는 마을 학교에서 베네딕도 수도회의 수사 신부이자 유명한 오르간 연주자였던 요한 밥티스트 바이스(Johann Baptist Weiß, 1814-1850)로부터 오르간을 배웠다.

브루크너가 열 살 되던 해 아버지가 돌아가시자 어머니는 아들을 린츠

브루크너, 『교향곡 9번』, 메타 지휘, 빈 필하모닉(Decca, 1965녹음, 1981, LP)
표지: 「쾨니히제 호수와 바츠만산」, 아달베르트 슈티프터(Adalbert Stifter, 1805-1868) 작, 유화, 1837, 45×36cm, 벨베데레 오스트리아 미술관(OSterreichische Galerie Belvedere), 빈

에 있는 성 플로리안 수도원의 학교에 보냈는데 그는 이곳에서 오르간을 배웠다. 그는 열아홉 살 때부터 수도원 학교에서 교사로서 학생들을 가르치는 한편 수도원에서 오르간을 연주하는 일을 하면서도, 엔스(Enns)에 사는 작곡가이자 오르간 연주자였던 레오폴드 폰 제네티(Leopold von Zenetti, 1805-1892)의 문하에서 2년 동안 수학했다. 이로써 그는 소위 '브루크너 스타일'의 예술적 기반을 갖추

게 되었다. 그리고 스물네 살 때는 수도원 수석 오르가니스트로 임명되었다.

브루크너는 서른한 살 때 빈의 유명한 음악 이론가로서 오르간 연주자였던 지몬 제히터(Simon Sechter, 1788-1867)로부터 5년 동안 화성악和聲樂과 대위법對位法을 배웠고 서른일곱 살 때부터 작곡을 시작했다. 서른아홉 살 때는 자신보다 열 살 어린 스승 오토 키츨러(Otto Kitzler, 1834-1915)의 문하에 들어가 관현악 작곡 기법을 배웠다. 긴 여정의 음악 수업을 모두 마치고 1864년 마흔 살 때부터 미사곡을 시작으로 아름다운 모테트를 연이어 작곡함으로써 가톨릭 교회 음악의 작곡가로서 자리매김했다.

그는 어린 시절부터 수도원에서 수도자들이 엄격하게 자신을 수련하며 완덕完德에 이르고자 평생 노력하는 것을 지켜보았다. 수도회 입회자入會者는 지원기志願期 1년, 청원기請願期 1년, 그리고 2년 동안의 수련기修練期를 보낸 후 첫 허원許願을 함으로써 검은 수도복을 입고 수도자의 길에 입문入門한다. 그리고 4년간 수도자로서 기도와 공동생활을 통해 영성적靈性的으로 자신을 연마한 후 1년간의 마지막 수련을 거쳐 종신허원終身許願을 받고 진정한 수도자로 태어난다. 수도자가 되기 위해서 여러 과정과 수련 단계를 밟듯이, 브루크너는 여러 스승의 문하에 들어가 작곡과 오르간을 배움으로써 음악적 완전성을 추구했다.

브루크너와 갈등 관계에 있었던 음악 평론가 에두아르트 한슬리크(Eduard Hanslick, 1825-1904)가 지적한 대로, 브루크너가 자기 작품을 끊임없이 개정하고 여러 번 개정한 후에는 어느 버전을 선택할 것인지 주저했던 것은, 젊은 시절 얻은 강박관념, 그리고 후에 얻은 정신질환과 관계가 있다. 브루크너는 열일곱 살이 되던 1841년부터 빈트하크(Windhaag)에 있는 학교에서 보조교사로 일했다. 그곳의 급여는 형편없었고 교장은 브루크너에게 심한 굴욕감을 자주 주었지만 그런 속에서도 브루크너는 불평하거나 저항하지 않았다. 이때 이곳에서 2년간 일하며 얻은 마음의 상처와 강박관념은 마수魔手처럼 평생 그의 정신 건강에 영향을 끼쳤다. 마흔두 살이던 1866년 브루크너는 신경쇠약으로 요양원에 입원하여 3개월간 치료받은 후 회복되었지만 이후에도 우울증으로 고생했다. 이런 요인 때문이었는지 그의 성격은 직선적이어서 빈의 사교계와는 전혀 어울리지 않았다. 그는 오직 말 없는 대자연을 벗하며 작곡으로 소일했다. 그의 교향곡들이 하나같이 웅장함과 신비함과 진지함이 가득한 것은 이런 연유 때문이다.

「교향곡 9번」 4악장의 작곡 스케치는 브루크너가 세상을 떠난 후 상당 부분 분실되어 오늘날 부분적으로만 존재하지만, 생전에 그를 만났던 사람들의 증언을 통해서 그가 구상했던 4악장을 짐작해 볼 수 있다.

어느 날 브루크너의 집을 방문한 지휘자 한스 리히터(Hans Richter, 1843-1916)가 브루크너에게 4악장에 대해 묻자, 그는 『테데움 C장조 WAB.45』을 부분적으로 수정해서 마지막 악장을 작곡할 것이라고 말했다. 그는 4악장을 작곡하면서 1881년에 이미 작곡한 『테데움』를 염두에 두었던 것은 분명하다. 또 다른 증언자인 브루크너의 주치의 리하르트 헬러에 따르면, 브루크너는 "마지막 악장의 끝부분에 2악장의 알렐루야 주제를 다시 사용해서 은혜로운 하느님을 찬미하는 노래로 교향곡을 끝낼 것"이라고 의중을 밝혔다. 그렇게 말한 후 브루크너는 피아노에 앉아 2악장의 알렐루야 주제를 여러 번 수정하면서 연주했다. 헬러는 그것을 악보에 받아 쓸 수 없는 자신의 무능함에 대해 무척 아쉬워했다. 헬러는 브루크너에게 마지막 악장에 대한 생각을 글이나 악보에 써 보라고 요청했지만 거장은 건강 때문에 그렇게 하지 못했다.

테데움은 라틴어 가사 "Te Deum laudamus. Te Dominum confitemur."(찬미하나이다. 주 하느님, 주님이신 당신을 찬미하나이다.)의 첫 단어인데 오늘날에는 사은찬미가謝恩讚美歌라고 한다. 하느님 영광에 대한 찬미로 시작해서 삼위일체와 구속 사업에 대한 믿음을 고백하고 하느님께 백성의 구원과 자비를 청하는 내용으로 끝난다. 수도자들은 대축일과 축일에 성무일도聖務日禱를 바칠 때 두 개의 독서기도가 끝난 후 사은찬미가를 바치며 이것이 끝나면 아침기도를 드린다.

혼성 합창곡으로 작곡된 브루크너의 『테데움』을 들으면 시작부터 끝까지 장엄함과 함께 그 자체로 숭고함과 거룩함이 느껴진다. 이 작품을 듣고 있으면 마치 내가 큰 성당 안에 앉아서 수도자들이 공동으로 하는 시편의 기도 소리가 울려 퍼지는 것을 듣고 있는 것 같은 생각이 든다. 수도자들의 천상 기도 소리를 들어 보지 않고는 결코 작곡할 수 없는 작품이라 하겠다. 브루크너가 『테데움』을 「교향곡 9번」의 마지막 악장으로 대신하거나 마지막 악장의 주요 테마로 사용하고자 했던 것은, 그의 내면에 영원함과 거룩함을 지향하는 수도자의 심성을 지녔기 때문이라 할 수 있다.

브루크너 사후에 여러 음악학자가 4악장의 작곡 스케치와 악보 조각들을 모아 4악장의 복원을 시도했다. 브루크너 「교향곡 9번」의 음반들은 대부분 3악장까지 수록되어 있지만 3악장과 함께 『테데움』을 수록한 음반도 있고 또 누군가에 의해 복원된 4악장까지 수록한 음반도 있다. 하지만 아무리 들어 보아도 복원된 4악장은 브루크너 자신이 완성했던 3악장까지와는 상당한 이질감이 있다. 복원된 4악장은 이런 시도를 했다는 면에서는 의미가 있겠지만 결코

브루크너, 『교향곡 9번』, 탈미 지휘, 오슬로 필하모닉 오케스트라(Chandos, 1986, LP)
표지: 「가르미쉬에서 본 추크슈피체 산의 전경」, 벤자민 리더(Benjamin Leader, 1831-1923) 작, 유화, 93.5×129cm, 피터 존슨 파이 아트(Peter Johnson Fine Art), 런던

브루크너의 작품처럼 느껴지지 않는다. 미완성 조각 작품 미켈란젤로 부오나로티(Michelangelo Buonarroti, 1475-1564)의 「론다니니 피에타*Pietà Rondanini*」를 후배 조각가들이 손을 대서 완성품으로 복원했다면 그것을 어떻게 원작가의 작품이라고 할 수 있겠는가?

도 찾을 수 있었다. 바트이슐의 옛 시가 중심에 있는 성당(Pfarre Bad Ischl) 입구의 외벽 왼쪽에 브루크너를 기념하는 부조가 있었다. 그 부조에는 "부르크너는 1890년 여름 오스트리아-헝가리 제국의 황제 프란츠 요제프 1세(Franz Joseph I, 1830-1916)의 딸 마리 발레리와 프란츠 잘바토어 대공의 혼배미사를 포함하여 이 성당에서 황제와 그 가족을 위하여 오르간을 여러 차례 연주했다."라고 적혀 있었다. 부르크너가 황실에서 인정하는 당대 최고의 음악가였음은 이곳에서도 알 수 있었다. 브루크너는 서른아홉 살이던 1863년부터 여름이면 매년 이곳을 방문하였다. 1863년 오토 키츨러의 문하에서 작곡 수업을 마친 후 그는 본격적으로 교회음악을 작곡하였으니 바트이슐은 그의 작곡 활동에 큰 영감을 주었던 것 같다.

부르크너의 작품은 팔레스트리나, 바흐, 베토벤의 음악에 그 뿌리를 두고 있다. 그는 프란츠 리스트와 같이 후기 19세기 관현악의 혁신가 중의 한 작곡가로 오늘날 인정받고 있다. 미완성으로 남아 있는 브루크너의 「교향곡 9번」은 어떤 교향곡보다도 음악적 완성도가 높을 뿐만 아니라 음악사에서 낭만주의 시대와 근대를 연결하는 중요한 교량 역할을 한다.

내가 자주 듣는 음반은 헤르베르트 폰 카라얀(Herbert von Karajan, 1908-1989) 지휘의 베를린 필하모닉의 연주(DGG, 1976, LP)이다. 녹음 상태가 좋고 카라얀의 연주답게 풍성하고 깨끗하며 세련된 연주이다.

독일의 지휘자로서 브루크너 교향곡 전집을 음반으로 제작했을 만큼 브루크너에 남다른 관심을 가졌던 오이겐 요훔(Eugen Jochum, 1902-1987) 지휘의 드레스덴 국립 관현악단의 연주(EMI, 1987, CD)는 스스로를 '오스트리아의 촌사

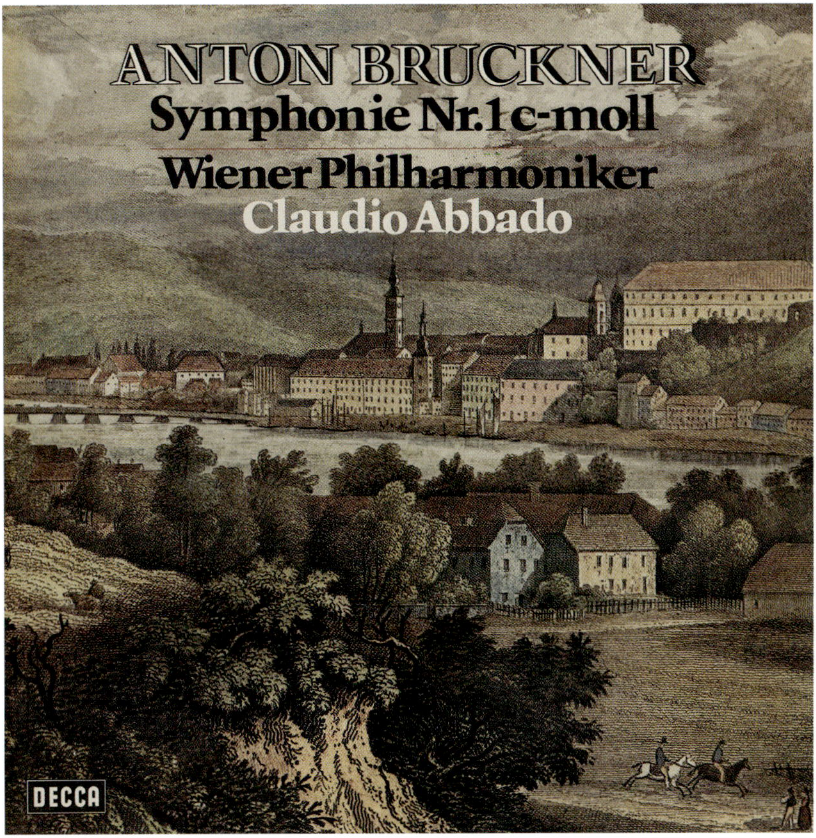

브루크너 『교향곡 1번』, 아바도 지휘, 빈 필하모닉(Decca, 1974, LP)
표지: 「다뉴브 강변의 린츠 시내 전경」, 저자 미상, 철판화, 19세기, 예술과 역사 아카이브(Archiv für Kunst und Geschichte), 베를린

람'이라 자처했던 브루크너의 뜻을 가장 잘 살린 질박한 연주라고 느껴진다. 오이겐 요훔이 지휘하는 또 다른 음반(DG, 1966, LP)은 베를린 필하모닉의 연주인데 『테데움』도 함께 수록되어 있어서 완성작을 듣는 것 같은 기분이 든다. 특히 『테데움』의 연주가 탁월해서 자주 듣는다.

주빈 메타(Zubin Mehta, 1936-) 지휘의 빈 필하모닉의 연주(Decca, 1965녹음,

1981, LP)는 웅장하고 진지하면서도 단호하다. 마치 브루크너가 평생 벗으로 삼았던 오스트리아의 대자연을 그린 것 같은 연주이다.

영국 리버풀(Liverpool)에서 태어난 사이먼 래틀 경(Sir Simon Rattle, 1955-) 지휘의 베를린 필하모닉의 연주 음반(WC, 2012, CD)과 이스라엘 출신의 요아프 탈미(Yoav Talmi, 1943-) 지휘의 오슬로 필하모닉 오케스트라의 연주 음반(Chandos, 1986, LP)은 복원된 4악장이 함께 수록되어 있다.

6 림스키코르사코프 「러시아 부활 축제 서곡 Op.36」

> "나는 부활이요 생명이다. 나를 믿는 사람은 죽더라도 살고,
> 또 살아서 나를 믿는 모든 사람은 영원히 죽지 않을 것이다." 요한 11,25-26

전 세계를 강타한 코로나바이러스 감염증-19 때문에 2020년 대학의 봄 학기는 다른 해와 무척 달랐다. 개강이 2주나 연기되었고 개학 후에는 모든 수업이 온라인으로 진행되었기 때문에 캠퍼스 안에서는 수업을 준비하는 교수들과 간혹 실험실을 지키는 대학원생들 이외에는 학생들을 볼 수가 없었다. 도서관을 비롯해서 대학의 모든 건물이 통제되었고 학생들이 사용하는 동아리 방마저 출입이 금지되었다. 그럼에도 대학 안에는 제일 먼저 진달래와 개나리가 봄 소식을 알렸고 벚꽃이 아름답게 피었다. 하지만 학생들이 보이지 않는 캠퍼스는 쓸쓸해 보였다. 예년 같으면 학생들이 사진을 찍는다고 야단이었을 테고 잔디밭에 삼삼오오 모여 앉아 이야기하는 소리와 웃음소리가 여기저기 들렸을 것이다. 건물 밖에서도 들리는 교수님의 우렁찬 강의 목소리와 수업이 끝나 건물 밖으로 우르르 몰려나오며 재잘재잘 떠드는 학생들의 목소리가 그리웠다.

사상 초유의 이런 절망적인 상황 속에서도 4월 중순이 되자 어김없이 부활절이 찾아왔다. 나는 교회의 전통대로 부활 성야 미사를 대학 성당에서 봉헌했다. 성당 안에는 수녀님들과 교목실 직원들만이 보였는데 모두 두세 자리를 건너뛰어서 널찍이 앉아 있었다. 함께 미사를 하는 사제들마저도 모두 마스크를 쓰고 있었다. 한 번도 경험해 보지 못한 이런 낯선 상황 속에서 미사를 드릴

수밖에 없었지만 나는 그날 학생들과 교직원들을 기억하며 강론 중에 이런 말을 하였다.

> 현재 우리가 코로나바이러스의 감염 확산을 막기 위한 가장 확실하고 유일한 방법은 사회적 거리두기임은 분명합니다. 이것을 실천하기 위해서는 그동안의 우리 생활 습관을 획기적으로 바꾸어야 합니다. … 우리는 대인관계에서 지나치게 다가가려 하지 말고 적당히 거리를 둘 줄 알아야 합니다. 의존적이거나 너무 가까운 인간관계는 서로를 피곤하게 하고 사랑과 우정을 파괴하지만 적당한 거리두기는 오히려 사랑과 우정을 영원하게 합니다. 부부관계, 가족관계, 친구 관계 모두 마찬가지입니다. 우리가 이 세상에 살면서 대화해야 하지만 때로는 침묵할 줄도 알아야 한다는 것입니다.…
>
> 거리두기는 우리를 고독하게 하기도 합니다. 그러나 우리 모두 고독해 보지 않으면 '나'를 찾을 수 없습니다. 거리두기와 고독과 침묵은, 자신만이 가야 할 길이 있다는 것, 그 길에서 모든 어려움을 스스로 이겨 내야만 한다는 인생의 진리를 우리에게 가르쳐 줄 것입니다. 이 세상에서 가장 완전한 사회적 거리두기는 죽음일 것입니다. 우리 각자는 하늘나라에서 고독과 침묵 속에서 혼자 하느님을 대면하게 될 것입니다. 자기 인생은 자기 자신이 책임지는 것임을 사회적 거리두기에서 배울 수 있습니다.…
>
> 마리아 막달레나를 포함한 세 명의 여자들이 빈 무덤에 도착한 시간이 "매우 이른 아침, 해가 떠오를 무렵"(마르 16,2)이었고 주님이 부활하신 시간은 깜깜한 밤이었습니다. 구약시대 이스라엘 백성이 경험했던 이집트에서의 노예 생활은 끝없는 절망과 시련, 그리고 깊은 밤의 연속이었습니다. … 우리 인생에서 어두운 밤과 시

련은 그냥 고통으로만 남아 있지 않습니다. 우리가 어떠한 상황에서도 '기쁨과 희망'을 가질 수 있는 것은 그분이 깜깜한 밤을 이기고 죽음에서 부활했기 때문입니다. 부활 성야 미사를 어두운 밤에 지내는 이유는 어두움과 침묵 속에서 희망의 빛을 볼 줄 알아야 하기 때문입니다.

다음날 부활절의 아침 해는 눈이 부셨다. 자리에서 일어난 나는 습관처럼 앰프에 스위치를 올리고 커피 물을 끓였다. 원두를 갈아서 커피를 내린 후 커피잔을 들고 오디오 앞으로 다가가 무슨 음악을 들을까 잠시 망설이던 중에 니콜라이 림스키코르사코프(Nikolai Rimsky-Korsakov, 1844-1908)의 『러시아 부활 축제 서곡』이라는 제목이 들어 있는 음반(Mercury, 1992, CD)이 눈에 들어왔다. 안탈 도라티(Antal Dorati, 1906-1988)가 지휘하는 런던 심포니 오케스트라의 연주였는데 부활절 아침에 듣기에는 안성맞춤이라고 생각하고 CD 플레이어에 스위치를 올렸다.

조용한 연주로 시작되는 도입부는 어둠을 가르고 평화로이 아침 해가 떠오르는 장면을 연상시킨다. 저음이 일품인 콘트라베이스의 피치카토와 차분하게 시작되는 현악 연주는 마리아 막달레나와 여인들이 이른 아침 조심스럽고도 설레는 마음으로 그분의 무덤으로 향하는 모습을 표현한 것 같고, 곧바로 이어지는 고졸한 바이올린 독주 연주(0:40)는 "그분께서… 되살아나셨다."(마태 28,6)는 사실을 천사가 여인들에게 말하는 것처럼 느껴지는데 천사의 설명은 진지하고도 구체적이며 자세하다. 다음으로 이른 아침의 새소리가 연상되는 클라리넷의 연주(0:58)가 이어지고 나서 나오는 첼로 독주(1:00)는 무덤 밖에서 서서 울고 있는 마리아 막달레나에게 당신의 모습을 드러내시며 "여인아 왜 우느냐?"(요한 20,13)라고 말씀하시는 순간을 묘사하는 것 같다. 서막을 연상시키는 바순과 현악 연주(1:40)는 캄캄한 무덤 속에 밝은 아침 햇살이 장엄하게 쏟아져 들어오는 것을 표현하는 것 같았다. 클라리넷과 바이올린 연주(2:34)는 여인들이 수의로 사용되었던 아마포와 함께 예수님의 얼굴을 쌌던 수건이 한곳에 개켜져 있는 것(요한 20,6-7 참조)을 하나하나 살펴보는 것을 묘사하는 것 같다.

행진곡풍의 웅장한 관현악 연주(4:35)와 함께 갑자기 속도가 빨라지면서 도입부의 주제가 관현악 연주로 반복되는데 이는 부활을 목격한 여인들이 급한 마음으로 사도들에게 달려가는 것을 묘사하는 것 같다. 이어 마리아 막달레나가 제자들에게 "제가 주님을 뵈었습니다."(요한 20,18) 하고 말하는 것을 현악 연주(6:06)가 실감나게 묘사하고 팡파르를 울리듯 트럼펫 연주(6:18)가 부활을 장엄하게 선포한다.

잠시 조용한 연주가 이어지다가 다시 속도감 있는 행진곡풍의 같은 주제가 한동안 반복된다(9:17). 이는 마리아 막달레나의 이야기를 들은 베드로와 요한이 무덤으로 달려가는 것을 묘사하는 것 같다. 다시 같은 주제의 바이올린 독주(11:50)가 이어지는데 베드로가 몸을 굽혀 무덤으로 들어가 비어 있는 무덤 즉 부활의 현장을 보는 것 같다.

물론 림스키코르사코프는 이렇게 구체적으로 부활과 관련된 성경 구절을 생각하며 작곡하지는 않았겠지만, 부활절 아침 나는 그의 작품 「러시아 부활 축제 서곡」을 들으며 복음서福音書 속의 부활 현장과 연관시켜 보았다. 음악을 들으며 성경을 묵상하는 것은 음악을 듣는 사람의 자유이니 나는 그 작품과 함께 그런 상상의 자유를 마음껏 누려 본 것이다. 이것은 부활절 아침 밝은 햇

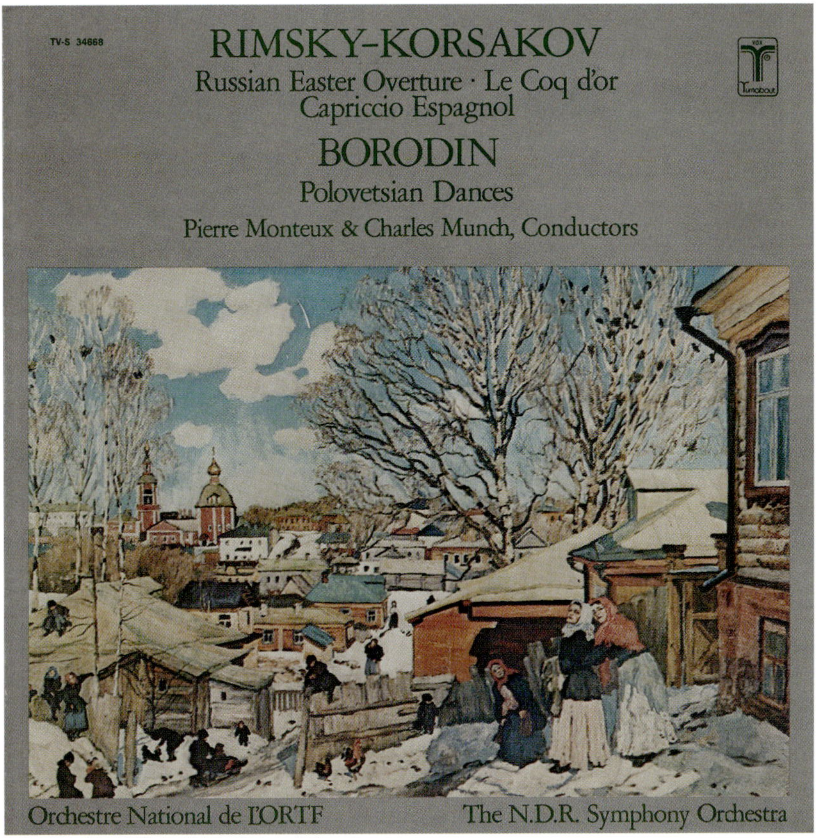

림스키코르사코프, 『러시아 부활 축제 서곡』, 뮌슈 지휘, 프랑스 국립 라디오 오케스트라(Vox/Turnabout, 1976, LP)
표지: 「화창한 봄날」, 콘스탄틴 유온(Konstantin Yuon, 1875-1958) 작, 유화, 1910, 87×131cm, 러시아 국립 미술관(State Russian Museum), 상트페테르부르크

살 속에서 이 작품을 들어 본 사람만 누릴 수 있는 자유일 것이다.

림스키코르사코프는 이 작품을 작곡할 때 러시아 정교회의 전례 음악 모음집인 오비코드(Obikhod)를 인용했다. 림스키코르사코프는 자서전 『나의 음악 인생』(My Musical Life, Faber & Faber, London, 1989)에서 이 작품의 작곡 동기를 다음과 같이 밝혔다.

"성주간 토요일 밤, 장엄하고도 신비스러우며 엄숙한 분위기에서 부활절 아침, 기쁨이 가득한 분위기로 전환되는 것을 이교도(異敎徒)의 관점에서 표현하고 싶었다."(p.295)

2천 년 전, 열두 사도들은 그분의 수난과 죽음을 목격하고 절망과 두려움에 싸여 있다가 사흘 만에 다시 살아나신 그분을 뵙고(요한 20,19-20 참조) "새 하늘과 새 땅"(묵시 21,1), 즉 새로운 시대가 왔음을 기뻐했다. 복음서에서 사도들이 경험했던 이런 상황이 극적으로 재현되는, 성주간에서 부활절로 이어지는 교회의 전례는 어두움에서 빛으로, 죽음에서 생명으로, 절망에서 희망으로 분위기가 전환된다. 림스키코르사코프는 이런 극적 변화와 반전의 분위기를 음악으로 표현하고자 했다.

러시아 정교회는 당시 그 나라의 국교國敎였기 때문에 부활절은 종교적 행사였을 뿐만 아니라 국가·사회적, 더 나아가서는 온 국민의 행사였고 따라서 부활절은 그리스도교 신자들뿐만이 아니라 모든 사람이 즐기는 축제였다. 림스키코르사코프는 신앙이 없었지만 어린 시절부터 부활절 아침, 사람들이 가족들과 함께 성당으로 향하는 모습과 미사를 마친 사람들이 물밀듯이 거리로 쏟아져 나오며 들뜬 분위기 속에서 기뻐하는 모습과 마을의 가장 큰 축제 행사인 부활 행렬을 보았을 것이다. 부활절을 전후해서 친구를 따라 교회에 가 보았을 것이고 그때 자연스레 정교회의 엄숙하고도 성스러운 전례 음악을 들어 보았을 것이다.

림스키코르사코프가 태어나 자랐던 티흐빈(Tikhvin)은 상트페테르부르크(Saint Petersburg)에서 동쪽으로 200km 떨어진 곳으로 위도상 상당히 북쪽에 위치해 있으며 겨울이 몹시 춥고 긴 내륙 안쪽의 도시이다. 눈이 많이 오는 추운 겨울의 모습은 데이비드 린 경(Sir David Lean) 감독과 오마 샤리프(Omar Sharif) 주연의 영화 『닥터 지바고』(1965)에 잘 묘사되어 있다. 그곳의 깊은 겨울에 해 뜨는 시간은 오전 10시경이며 해가 지는 시간은 오후 4시경이다. 반면 한여름에 해 뜨는 시간은 오전 4시경이며 해지는 시간은 오후 10시 반경이다. 이곳의 겨울과 여름의 계절 변화는 우리나라에서 경험하는 그것보다 그 변화의 폭이 훨씬 크고 절대적이다. 부활절이 있는 4월은 암흑의 계절 겨울에서 빛과 생명의 계절 봄으로 전환되는 획기적인 시기이다. 4월이 되면 해가 확연히 길어지면서 겨우내 쌓였던 눈이 녹아 그 속에서 아름다운 꽃들이 피어나기 시작하며 새 생명이 태어난다. 림스키코르사코프에게 있어서 부활절은 종교적 의미와 함께 생명의 계절이 시작되는 전환의 시기였다. 어린 시절 림스키코르사코프가 들었을 부활절 아침의 성당 종소리는 부활절 축제를 알리는 기쁜 소리였을 뿐만 아니라 동시에 겨울이 가고 봄의 축제가 시작되었음을 알리는 기쁨의 소리였던 것이다.

림스키코르사코프가 신앙의 동기로 이 작품을 작곡하지는 않았을지라도 이 작품에서 그린 부활은 흥분과 설렘, 도약과 약진, 승리와 희망, 희열과 기쁨으로 가득하다. 음악 안에서 그리스도교에서 말하는 부활대축일의 핵심 주제와 정신을 표현할 수 있었던 것은 그가 고향에서 어린 시절부터 경험했던 계절의 역동적 변화와 그리스도교적 문화가 그 바탕에 있었기 때문이다. 특히 그가 젊은 시절부터 쉰 살 때까지 궁정 예배당의 부악장으로 일하면서 러시아 정교회의 전례음악을 배운 경험은 「러시아 부활 축제 서곡」을 작곡하는데 가장 중요한 토대가 되었다.

림스키코르사코프, 『러시아 부활 축제 서곡』, 예르비 지휘, 고텐부르크 심포니 오케스트라(DG, 1988, CD)

이 작품을 나는 러시아의 다른 작곡가, 세르게이 라흐마니노프(Sergei Rachmaninov, 1873-1943)가 작곡한 부활 주제의 한 작품과 비교해 보았다. 어린 시절부터 러시아 정교회의 신앙 속에서 성장했던 라흐마니노프는 수도원에서 사용될 전례음악을 여럿 작곡했다. 그중에서 죽음과 부활을 주제로 작곡한 「대연도*Great Ektenia*」(『거룩한 보석들: 러시아 합창 성 음악』, Hearts of space, 1998, CD)를 들어 보면 내가 러시아 정교회 전례의 현장 안에 앉아 있는 것과 같은 착각이 들 정도로 깊이가 있다. 이 작품을 듣고 있으면 내가 순간 성스러워지는 것 같기도 하고 그 자체로 기도가 되는 것 같은 느낌이 든다. 림스키코르사코프의 작품 「러시아 부활 축제 서곡」은 라흐마니노프의 이 작품처럼 전례의 현장감과 거룩함이 느껴지지는 않지만, 대신 이 작품을 들으면 부활절 아침의 고요함과 서정성과 함께 축제에서 느낄 수 있는 통쾌함과 승리감을 느낄 수 있다. 라흐마니노프의 작품이 죽음을 수용하는 신앙의 신비에 초점을 두었다면 림스키코르사코프의 작품은 죽음을 이긴 승리의 기쁨에 초점을 두었다. 전자가 부활이 주는 저세상의 기쁨을 그렸다면 후자는 부활이 주는 이 세상의 기쁨을 그렸다. 두 작품 모두 죽음과 부활이라는 그리스도교적 주제를 모티브로 작곡되었는데 한 작품이 신앙 안에서 영적靈的인 차원으로 묘사한 죽음과 부활이라면 또 한 작품은 신앙 밖에 있는 무신론자가 묘사한 부활이라 하겠다.

얼마 후 나는 부활을 주제로 한 또 다른 작품, 구스타프 말러(Gustav Mahler, 1860-1911)의 『교향곡 2번 C단조 부활』(예르비 지휘, 프랑크푸르트 라디오 심포니 오케스트라, Virgin Classic, 2010, CD)을 들었다. 보헤미아 태생의 유대인으로 태어났지만 젊은 시절 가톨릭 교회로 귀의한 말러는 또 다른 시각으로 부활을 그렸다. 모차르트나 베토벤의 미사곡처럼 교회 전례를 위해서 작곡하지 않고 그는 부활이라는 주제를 교향곡으로 작곡했다. 5악장까지 듣는데 한 시간 반이 걸리는 이 작품은 충만함과 신비함으로 부활을 그렸다. 특히 마지막 5악장에서는 부활의 순간 즉 돌무덤의 문이 열리는 순간 그 자체를 장엄하고도 실감 나게 묘사하였고(7:35-10:10) 마지막 부분에서는 부활의 기쁨을 환희의 합창으로 마무리한다. 부활이라는 주제를 말러나 림스키코르사코프가 모두 세속 형식으로 작곡하였다는 공통점이 있다. 말러는 한 장례식장에서 들은 프리드리히 클로프슈토크(Friedrich Klopstock, 1724-1803)의 시詩에서 모티브를 얻었고 림스키코르사코프는 전례음악 오비코드에서 모티브를 얻어 작곡하였다. 전자는 정적이며 진지하고 후자는 동페테르부르크에 있는 벨리아예프의 집에서 일주일에 한 번씩 모이는 작곡가들의 사교 모임인 소위 벨리아예프 서클(Belyayev circle)에 정규적으로 참석했다. 젊은 작곡가 알렉산더 글라주노프(Alexander Glazunov, 1865-1936)의 음악과 그의 미래에 대해 상당한 흥미를 느꼈던 벨리아예프는 콘서트홀을 임대하여 글라주노프의 교향곡과 모음곡의 공연을 주선했다. 이를 계기로 그는 젊고 가능성 있는 작곡가를 발굴하는 손 큰 후원자가 되었다. 글라주노프, 아나톨리 리야도프(Anatoly Lyadov, 1855-1914), 림스키코르사코프 등 이 모임의 작곡가들은 서구 음악을 학문적으로 배운 러시아 출신으로서 서구 음악의 작곡 스타일을 적극 수용하고 있었다는 면에서 5인조와는 큰 차이가 있었다. 벨리아예프는 1886-87 시즌에 '러시아 교향곡 연주회'를 개최했는데 이때 림스키코르사코프는 이 연주회의 공동 지휘자로 위촉되었다. 이 연주회를 위해 림스키코르사코프는 무소륵스키의 「민둥산에서의 하룻밤」을 편곡했고 「스페인 기상곡 Op.34」(1887), 「세헤라자데 Op.35」(1888), 「러시아 부활 축제 서곡」(1888)을 작곡했다. 「러시아 부활 축제 서곡」은 1888년 초연되었다. 그는 자서전에서 다음과 같이 밝혔다.

> "이 세 작품에서는 작곡 당시 대위법 사용을 상당히 줄이고 작곡의 기술적 흥미를 이끌어 내는 모든 종류의 상징적 표현을 기교적으로 상당하게 발전시켰다. … 이 세 작품은 바그너의 영향은 없었지만 글린카(Mikhail Glinka, 1804-1857)가 평소 사용하던 관현악 작곡의 기교와 밝은 음색이 상당한 수준에 도달했던, 나의 관현악 작곡 활동의 대미(大尾)를 장식했다."(p.296)

1887년 11월 차이콥스키는 '러시아 교향곡 연주회'에서 공연될 예정이

림스키코르사코프, 『세헤라자데』, 라이너 지휘, 시카고 심포니 오케스트라(RCA, 1986, LP)
표지: 「로마의 개선」, 페테르 루벤스(Peter Rubens, 1577-1640) 작, 유화, 1630, 86.8×163.9cm, 국립 미술관(The National Gallery), 런던

었던 자신의 「교향곡 1번 G단조 Op.13 겨울날의 환상」을 듣기 위해 상트페테르부르크에 도착했다. 1876년부터 차이콥스키는 림스키코르사코프의 집을 정기적으로 방문했는데 두 사람의 만남은 공적으로는 우호적이었지만 한편 림스키코르사코프의 마음 한구석에는 개인적으로 작곡가에 대한 질투심이 자리 잡고 있었다. 그러면서도 그는 차이콥스키의 음악에 대해 경탄하고 있었다. 1893

각이 드는 친구 같다고나 할까. 차이콥스키의 「바이올린 협주곡」을 시작으로 모차르트, 베토벤, 멘델스존, 브람스, 브루흐, 파가니니 등의 「바이올린 협주곡」으로 나의 감상 영역을 넓혀 갔음에도 나는 한동안 시벨리우스의 「바이올린 협주곡」은 거들떠보지도 않았다.

그런데 어느 날 음악을 들으며 이것저것 음악 해설을 읽어 보던 중 시벨리우스가 귓병으로 어려움을 겪던 중에 「바이올린 협주곡」을 작곡했다는 사실을 알게 되었고 이때부터 이 작품에 관심을 두게 되었다. 『나의 문화유산답사기』(1993)의 저자 유홍준(兪弘濬, 1949-)은 "아는 만큼 보인다."고 하지 않았던가! 이처럼 시각 예술을 이해하는 안목眼目처럼 청각 예술도 아는 만큼 들리는 매력을 지니고 있다. 미지未知에 대한 호기심과 함께 탐구探究의 정신으로 「바이올린 협주곡」 속에 담긴 사연을 파악한 후 작품에 다시 귀 기울여 들어 보니 작품에 대한 명오明悟가 열리는 듯 한동안 귀에 들어오지 않던 음악이 어느 순간 귀에 들어오기 시작했고 작품을 반복해서 들을수록 나는 이 음악에 빨려들게 되었다.

서른일곱 살이던 시벨리우스는 1902년 3월 「교향곡 2번 D장조 Op.43」의 초연을 마치고 얼마 지나지 않아 귀의 통증을 호소했다. 그 고통이 얼마나 컸던지 선배 작곡가인 베토벤이나 스메타나(Bedřich Smetana, 1824-1884)처럼 작곡가로서 청력을 잃지 않을까 두려워했을 정도였다. 엎친 데 덮친 격으로 그해 가을 그는 목에 통증을 느끼기 시작했다. 그는 당시 이미 핀란드의 거장으로 인정받고 있었으며 모음곡 「쿨레르보 Op.7」(1892), 교향시 「어떤 전설*En saga* Op.9」(1892), 모음곡 「카렐리아 Op.11」(1893), 교향시 「핀란디아 Op.26」(1900), 그리고 「교향곡 1번 E단조 Op.39」(1900) 등을 발표했고 세계적인 명성을 얻기 시작한

시벨리우스, 『바이올린 협주곡』, 펄먼, 라인스도르프 지휘, 보스톤 심포니 오케스트라(RCA, 1976, LP)
표지: 「얼어붙은 운하의 겨울 풍경」, 헨드릭 아베르캄프(Hendrick Avercamp, 1585-1634) 작, 유화, 1625, 39.2×77cm, 국립미술관(National Gallery of Art), 워싱턴 D.C.

때였다. 그런 그에게 갑작스럽게 찾아온 극심한 귀와 후두의 통증은 잘 나가던 음악가에게 청천벽력이었다.

다행히 귀의 통증은 청각장애로 이어지지 않고 3-4년 후에 완치되었지만 오늘날과 같이 좋은 약이 없던 시절 귀의 통증이 불규칙적으로 찾아올 때마다 그는 엄청난 고통을 겪어야 했다. 1907년 후두암 제거 수술을 받고 완치되어 아흔두 살까지 장수하며 건강하게 살았지만, 바이올린 협주곡을 작곡하던 당시 그의 건강은 상당히 위협받고 있었다.

「바이올린 협주곡」을 작곡 중이던 1903년, 시벨리우스는 건강에 이상 징후가 있었음에도 헬싱키의 술집에서 술과 담배를 즐기며 친구들과 어울려 많은 시간을 보냈다. 아내 아이노(Aino Sibelius, 1871-1969)는 남편의 호주머니에서 술집의 외상 영수증을 자주 발견했고 집에서 남편 없이 혼자 지낼 때가 많았다. 「바이올린 협주곡」의 초연 날짜가 다가오는데도 시벨리우스가 마지막 악장을 마무리하지 않은 채 집에 돌아오지 않자 아이노는 시벨리우스 음악의 지지자였던 지휘자 로베르트 카야누스(Robert Kajanus, 1856-1933)와 함께 남편이 자주 가는 술집을 수소문해서 남편을 집으로 데려온 적도 있었다.

그는 이런 생활에서 헤어 나오지 못하고 있었기 때문에 언제나 빚을 지고 있었고 정신과 의사였던 동생 크리스티안(Christian Sibelius, 1869-1922)에게 편지를 보내 작곡가로서 생활하기가 쉽지 않다는 것을 하소연하곤 했다. 그런 상황 속에서 작곡한 작품이 「바이올린 협주곡」이다. 이 협주곡을 내가 처음 들었을 때 왜 그렇게 어둡고 무겁게 느껴졌는지 그 이유를 비로소 알 수 있을 것 같았다.

그가 앞서 작곡한 교향시 「핀란디아」는 누구라도 처음 듣고 한순간에 반해 버릴 만큼 박진감과 패기가 넘치는 리듬감이 있다. 관악기로 시작되는 도입부가 매력적일 뿐만 아니라 관현악적 집중력과 폭발력이 일품인 「핀란디아」를 듣고 있노라면, 주먹을 불끈 쥐고 자리에서 벌떡 일어나야 할 것 같은 기상과 함께 당장 뛰어나가서 독립 만세라도 외쳐야 할 것 같은 의연함이 느껴진다. 이와는 달리 그의 「바이올린 협주곡」은 처음 듣고 무척 난해하다고 느꼈다. 하지만 묘하게도 들으면 들을수록 깊고 새로운 맛이 느껴졌다.

시벨리우스 「바이올린 협주곡」은 헬싱키 음악원(오늘날의 시벨리우스 음악원)의 교수였던 빅토르 노바체크(Victor Nováček, 1875-1914)의 연주와 시벨리우스의 지휘로 1904년 2월 8일 초연되었다. 그러나 초연이 재앙에 가까울 만큼 참패로 끝나자 시벨리우스는 악보의 출판을 보류하고 「바이올린 협주곡」을 다시 작곡하기 시작했다.

시벨리우스는 도심에서의 무절제한 생활을 청산하고 새로운 삶을 살아야 할 필요성을 절감했다. 그는 헬싱키에서 북쪽으로 38km 떨어진 투술란예르비(Tuusulanjärvi) 호숫가 근처의 야르벤파(Järvenpää)에 새 보금자리를 마련하기 위해 라르스 송크(Lars Sonck, 1870-1956)에게 설계를 맡기고 1903년부터 이곳에 집을 짓기 시작했다. 그는 건축 비용을 마련하기 위해서 1904년 초 헬싱키와 바사(Vassa) 등에서, 그리고 여름에는 탈린(Tallinn), 에스토니아(Estonia), 라트비아(Latvia)에서 연주회를 개최하였다. 「바이올린 협주곡」이 초연된 지 7개월 후인 1904년 9월 24일 새집으로 이사했다. 이곳의 이름을 아내 아이노의 거처라는 뜻으로 아이놀라(Ainola)라 정하고 새로운 생활을 시작했다. 이곳은 호수와 나무만이 있는 조용한 곳으로 시벨리우스의 창작력을 불태울 수 있는 최적의 장소였다. 이사했을 때 시벨리우스의 나이 서른아홉이었고 그는 아흔두 살 때까지 이곳에 살다가 이곳에 묻혔으니 이 집은 시벨리우스의 작곡 인생 후반의 전환점이 시작된 곳이라 할 수 있다.

「바이올린 협주곡」 두 번째 버전은 아이놀라에 이사한 후 얼마 지나지 않아 다시 작곡한 작품으로 시벨리우스가 "그물을 버리고 예수님을 따랐"(마르 1,18)던 시몬과 그의 동생 안드레아처럼 미련 없이 과거를 청산한 후 새로운 인생을 선택함으로써 탄생한 역작이라 할 수 있다. 첫 번째 버전이 도심에서의 무

『폴케 그레스베크가 아이놀라 피아노로 시벨리우스를 연주하다』, 그레스베크(Bis, 2014, CD)
표지: 시벨리우스가 1904년부터 1957년까지 살던 집 아이놀라.
오늘날 시벨리우스 전문 연주자로 인정받고 있는 핀란드 태생의 피아니스트 폴케 그레스베크(Folke Gräsbeck, 1956-)가 아이놀라에 있는 시벨리우스의 피아노를 직접 연주한 것을 녹음한 음반이다. 그레스베크는 현재 2014년에 설립된 시벨리우스 원(Sibelius One)의 대표이다. 이 비영리단체는 시벨리우스 작품의 감상과 함께 그의 생애와 작품을 연구하고 교육하며 음악 잡지를 발행한다. 이 단체는 전 세계의 음악 전문가 회원들로 구성되어 있으며 현재 아이놀라에 있다.

절제와 방황과 번뇌煩惱 속에서 작곡되었다면 두 번째 버전은 아이놀라의 자연 속에서 작곡되었으니, 오늘날 우리가 알고 있는 두 번째 버전의 바이올린 협주곡은 과거 육체적 아픔과 정신적 고통이 자연 치유의 힘으로 거듭 태어난 것을 표현한 작품이라 할 수 있다.

「바이올린 협주곡」 두 번째 버전은 1년 반 후인 1905년 10월 19일 리하르트 슈트라우스(Richard Strauss, 1864-1949)의 지휘와 베를린 필하모닉의 연주로 초연되었다. 시벨리우스는 두 번째 버전의 초연을 요제프 요아힘(Joseph Joachim, 1831-1907)의 후계자로 알려진 독일의 유명한 바이올리니스트 빌리 부르메스테르(Willy Burmester, 1869-1933)에게 부탁했지만 그가 올 수 없게 되자 오케스트라의 악장이었던 카렐 할리르(Karel Halíř, 1859-1909)가 연주를 맡았다. 첫 번째 버전의 악보가 1991년에 발견되었는데, 시벨리우스는 두 번째 버전을 작곡할 때 첫 번째 버전의 상당 부분(작품의 도입부, 제2악장의 일부, 제3악장의 대부분)을 그대로 사용한 것으로 밝혀졌다.

그래서 이 작품은 과거와 현재, 어두움과 빛, 냉정함과 서정성이 공존하며 서로 멋지게 조화를 이룬다. 이 「협주곡」의 아름다움은 대조적對照的인 선율미에 있다. 전통적인 낭만주의 「바이올린 협주곡」과 달리 기발한 테크닉 연주를 요구하며, 연주자와 오케스트라가 자주 대결하는 양상을 보인다. 이 작품은 혹독하게 추운 핀란드 겨울의 긴 어두움과 고통을 이겨 내고 아름답게 피어난 야생화와 같은 작품으로서 거장의 역량을 느끼기에 충분한 작품이라 할 수 있다. 시벨리우스 전기 작가였던 에릭 타와스트스트에르나(Erik Tawaststjerna, 1916-1993)는 저서 『시벨리우스』에서 그 특징을 다음과 같이 표현하였다.

> "이 협주곡은 의심할 나위 없이 북유럽 향수(鄕愁)의 감정을 압도적으로 표현하고 있다. 협주곡의 음색은 윤택한 색채보다 가을과 겨울의 격조 있는 어두움을 강조하며 드물게 수평선에서의 빛과 서광을 나타낸다." [1)]

1악장은 겨울의 찬 바람이 연상되는 현악 연주 속에서 심오한 바이올린

1) 핀란드의 음악학자이자 교육자이며 음악비평가였으며 시벨리우스의 친구였던 에릭 타와스트스티에르나(Erik Tawaststjerna, 1916-1993)는 시벨리우스의 편지와 일기를 바탕으로 헬싱키에서 총 다섯 권으로 된 시벨리우스의 전기 『시벨리우스』(1960)를 발간하였다. 영어 번역본(1997)은 세 권으로 발간되었다. (Vol.1: 1865-1905, 15장)

바이올린 협주곡의 최정상에 있다. 시벨리우스가 마흔 살에 작곡한 이 「바이올린 협주곡」이 30여 년이 지나 일흔 살이 되어서야 세상 사람들로부터 크게 인정받기 시작했으니 이 소식을 들은 노老 작곡가는 그 작품을 작곡하던 젊은 시절을 회상하며 파안대소破顔大笑했을 것이다. 고수高手는 고수를 알아본다고 하지 않았던가! 명작名作을 알아보는 하이페츠의 심미안審美眼과 함께 시벨리우스의 「바이올린 협주곡」을 연주할 수 있는 그의 탁월한 바이올린 기교와 실력이 아니었다면 이 「바이올린 협주곡」은 사람들의 기억 속에서 사라질 뻔했다.

한편 시벨리우스는 완벽주의자에 가까우리만큼 자신의 작품에 대해서 비판적이었고 엄격했다. 1940년 어느 날 시벨리우스는 세탁 바구니에 악보를 가득 담아 거실의 벽난로에서 태웠다. 그의 아내 아이노의 증언에 따르면 이때 어떤 악보들이 불 속으로 사라졌는지 잘 모르지만 이후 시벨리우스는 상당히 편안해졌고 기분이 밝아졌다고 한다.

일흔다섯 살 때 자신의 작품 중에서 완성도가 떨어지는 것 상당수를 미련 없이 불 속에 던져버리고서야 마음의 평화를 찾았다는 것은 마치 과거 우리나라 도자기 장인들이 가마에서 갓 꺼낸 도자기를 하나하나 살펴보다가 못마땅한 것을 골라내어 깨어 버린 것과 같다고 할 수 있다. 일반 사람이 보면 멀쩡해 보이는 도자기에서 장인들이 티를 골라내듯 시벨리우스는 인생의 뒤안길에 서서 자기 작품을 다시 바라보며 엄선했던 것이다. 이것은 죽음을 앞두고 생을 정리하는 과정이기도 하지만 더 근본적으로는 그가 작품의 완성도를 얼마나 중시했는지 알 수 있다. 시벨리우스가 인생 마지막 30년 동안 작품을 발표하지 않았던 것은 노쇠老衰의 결과라고도 볼 수 있지만, 이것은 나이가 들수록 예술

시벨리우스, 『바이올린 협주곡』, 오이스트라크, 로제스트벤스키 지휘, 모스크바 라디오 심포니 오케스트라(Melodiya, 1965, LP)
표지: 「영원한 평화를 넘어」, 이삭 레비탄(Isaak Levitan, 1860-1900) 작, 유화, 1894, 150×206cm, 트레티야코프 미술관(The Tretyakov Gallery), 모스크바

에 대한 생각이 더 깊어진 결과이거나 절대성絶對性을 추구하는 구도자求道者가 자신의 부족함을 인정하는 겸손함 때문이었을 것이다. 그는 이후 아이놀라에서 17년을 더 살다가 1957년 9월 20일 뇌출혈로 세상을 떠났고 핀란드는 그를 국장으로 예우했다.

시벨리우스가 말년에 일부 악보를 태우며 주변을 정리했던 일은 김수환

(金壽煥, 1922-2009) 추기경께서 돌아가시기 2년 전 자신의 삶을 되돌아보며 쓰신 글을 생각나게 한다.

내 나이 85살. 여생이 얼마 남지 않았다. 자연히 과거를 되돌아보게 된다. 66년 전인 1941년, 일본 상지대학에 갔을 때 학생 기숙사 사감이셨던 피스터 신부님은 나를 보고 기린아(麒麟兒)라고 하셨다. 행운아라는 말씀이었다. 처음에는 그 뜻을 알아듣지 못했다. 하지만 돌아보면 그 말씀 그대로 나는 정말 많은 시련과 우여곡절에도 불구하고 다른 이들에 비해 여러 가지 의미로 행복한 인생을 살아왔다. …

이제 미구(未久)에 맞이할 죽음을 거치면—부족하고 자격도 없지만—모든 것을 용서하시는 자비 지극하신 하느님은 당신의 그 영원한 생명으로 나를 받아 주실 것이다. 하느님 안에서 하느님이 누리시는 생명, '죽음이 없고 슬픔도 울부짖음도 고통도 없는'(묵시 21,4) 그 생명으로 인도해 주실 것이다. 아, 이 얼마나 큰 은총인가! …

생각해 보면 나는 죄인이다. 허물이 많은 사람이다. 하느님 앞에서는 고개도 들 수 없는 대죄인이라 해도 과언이 아니다. 그럼에도 불구하고 하느님은 오히려 이런 죄와 허물을 통해서—사도 바오로가 죄 많은 곳에 은총도 충만히 내리셨다(로마 5,20)고 하신 대로—당신의 사랑, 당신의 자비, 당신의 그 풍성한 용서의 은총을 깨닫게 하여 주셨다. 달리 말하면 나는 죄로 말미암아 자비 지극하신 하느님 사랑을 더 깊이 깨닫고 믿게 되었다. 아니, 하느님은 죄까지도 당신 은총의 기회로 삼으셨다. 나의 하느님은 참으로 돌아온 탕자를 껴안아 주시는 어진 아버지이시다. 오, 펠릭스 꿀빠!(Oh, Felix Culpa! 오, 복된 탓이여!)

이제 나는 나를 이렇게까지 큰 은총으로 축복하여 주시는 하느님께 감사 또 감사를 드리고 또 드려야 할 것이다. 그리고 여생이 얼마일지 알 수 없으나 이제는 진실

시벨리우스,『바이올린 협주곡』, 리치, 피엘스타 지휘, 런던 심포니 오케스트라(London, 1959, LP)
표지: 「마을의 젊은 여성들」, 귀스타브 쿠르베(Gustave Courbet, 1819-1877) 작, 유화, 1851-1852, 194.9×261cm, 메트로폴리탄 미술관(Metropolitan Museum of Art), 뉴욕

로 하느님 영광을 위해 모든 것을 바치는 삶을 살아야 할 것이다. … 하느님 아버지, 진심으로 감사드립니다. 온 마음을 다해, 정성을 다하고 힘을 다해, 나의 모든 걸 바쳐서 주님께 감사와 찬미를 드립니다. 주님께 영광 있으소서. 아멘.

추기경께서 인생을 반추하여 정리하시는 모습에서 시벨리우스가 자기 작품의 악보를 선별하여 불태워 버린 그 행동을 이해할 수 있을 것 같다.

한동안 가장 많이 들었던 음반은 야샤 하이페츠가 월터 헨들(Walter Hendl, 1917-2007) 지휘의 시카고 심포니 오케스트라와 협연한 연주(RCA, 1959, LP)이다. 리투아니아 출신답게 한 치의 오차 없이 정확하며 냉정하게 북구의 정서를 잘 살린 연주이다.

야사 하이페츠가 발굴하여 세상에서 처음 음반으로 발표한 토마스 비첨 경 지휘의 런던 필하모닉과 협연한 연주 음반은 찾지 못했지만 대신 이를 녹음한 CD 음반(EMI, 1991)으로 이를 듣는다. 옛 녹음이라 음질이 약간 떨어지기는 하지만 1935년도의 연주를 들을 수 있다는 것만으로도 감동적이다. 하이페츠의 연주는 오늘날 연주자들의 것과 비교해 보아도 여전히 최고임을 느낄 수 있다.

최근에는 유튜브를 통해서 필라델피아 태생의 한국계 미국 바이올리니스트 장영주(Sarah Chang, 1980-)가 얍 판 츠베덴(Jaap van Zweden, 1960-) 지휘의 네덜란드 라디오 필하모닉 오케스트라와 협연한 공연 실황(2009)을 보았는데 큰 감동을 받았다. 그녀의 연주는 냉혹하면서도 따뜻하며 정확하고 거침이 없다. 음반으로 발매되지는 않았지만 장영주의 천재성을 느낄 수 있는 완벽하고 다이내믹한 연주를 유튜브를 통해서 생생하게 볼 수 있다는 것이 얼마나 다행인지 모른다. 그녀가 마리스 얀손스(Mariss Jansons, 1943-2019) 지휘의 베를린 필하모닉과 협연한 실황 연주(EMI, 1998, CD)보다 유튜브의 연주에서 거장으로서의 성숙함이 훨씬 더 느껴진다.

8 베토벤 「호른과 피아노를 위한 소나타 F장조 Op.17」

"눈먼 이들이 보고 다리 저는 이들이 제대로 걸으며 나병 환자들이 깨끗해지고 귀먹은 이들이 들으며 죽은 이들이 되살아나고 가난한 이들이 복음을 듣는다. 나에게 의심을 품지 않는 이는 행복하다." 마태 11,5-6

어느 날 『월간 음악』 잡지雜誌를 보던 중 "팔이 없는 호른 연주자" 펠릭스 클리저(Felix Klieser, 1991-)의 독주회 광고가 눈에 띄었다. "단순히 말해, 완벽하다." "열 개의 발가락으로 세상을 부는 남자, 두 팔 대신 열 발가락으로 연주하는 호르니스트 펠릭스 클리저의 감동적인 무대가 펼쳐진다."는 연주회 광고 문구를 보고, 팔이 없이 어떻게 호른을 연주할 수 있는지 궁금했다. 나는 바로 그 자리에서 온라인으로 음악회 표를 구매했다. 팔 대신에 발을 위로 올려 발가락으로 호른의 밸브를 눌러 연주하고 있는 그의 사진을 보고 이것이 과연 가능할까 의아했고 동시에 호기심이 발동했다.

2022년 11월 9일 저녁 7시 반에 나는 일찌감치 예술의 전당 IBK 챔버홀로 향했다. 6백 석 규모의 홀 객석은 완전히는 아니었지만 거의 차 있었다. 연주회가 시작되자 피아니스트 조재혁(Jae-hyuck Cho, 1971-)과 함께 무대 위로 걸어 나온 클리저의 모습은 양팔이 없어서 그런지 약간 왜소했지만 무대 위에 선 그의 모습에서는 어떤 긴장감도 느껴지지 않았고 오히려 자연스럽고 편해 보였다. 그에게서 속세를 떠나 수도원에서 "기도하며 일하라."는 성 베네딕도의 수도 규율을 지키며 청빈清貧·정결淨潔·순명順命의 정신에 따라 평생 자신을 수련하면서 검박하게 살아온 수도자에게서 느낄 수 있는 초연함과 함께 달관達觀의 모습마저 느껴졌다.

미국 16대 대통령이었던 에이브러햄 링컨(Abraham Lincoln, 1809-1865)이 "사십 대의 얼굴은 자신이 책임져야 한다."고 하지 않았던가! 다른 사람의 강요에 의해서가 아니라 자기 스스로 선택한 길을 고집스럽게 걸으며 오로지 진리를 찾기 위해서 평생 기도하며 살아가는 수도자修道者의 모습에는 아무도 넘볼 수 없는, 순수함과 선善함 그리고 거룩함이 드러나듯이 클리저의 모습에는 자신이 선택한 음악의 길에서 육체적 한계를 극복하며 포기하지 않고 소리의 이상理想을 찾아 호른에 투신하며 지금까지 살아온 인생의 역사가 온전히 드러나 있었다. 무대에 등장한 그의 모습에서 착한 어린이 같은 때 묻지 않은 순수함과 함께 밝은 모습이 느껴지는 것은 결코 우연이 아니고 그가 호른을 연주하며 자신을 수련하며 지금까지 살아온 결과임이 분명했다. 두 팔 없이 태어난 그가 호른 연주자로서 오늘날 이처럼 세계무대에서 연주하기까지 얼마나 피나는 노력을 했을지 생각해 보면 측은함이 느껴졌지만, 오히려 그에게서는 동정받고 싶어 하지 않는 당당함이 느껴졌다.

그는 무대 중앙의 거치대 위에 호른이 놓여 있는 자리 앞에서 청중에게 인사하고는 의자에 앉아서 우선 구두를 벗었다. 양말을 신지 않고 있었던 그의 발은 유난히 하얗고 커 보였다. 그는 능숙하게 왼발을 위로 올려 연주 자세를 잡았다. 보통 사람이, 입에 문 호른의 밸브 높이로 발을 올리려면 연주는 고사하고 다리에 쥐가 날 것 같은 특별한 자세였지만 그의 연주 자세는 일상화된 듯이 자연스러워 보였다.

피아노와 잠시 조율을 마친 후 그는 피아노 반주에 맞춰 호른 연주를 시

『몽상: 호른과 피아노를 위한 낭만적 음악』, 클리저·케이머(Berlin Classics, 2013, CD)

작했다. 그는 손을 대신해서 발가락으로 호른 밸브를 자유자재로 움직이며 연주했다. 무대 위의 이런 연주 모습과 동작이 처음에는 어색해 보였지만 시간이 흐르자 어느 순간 이것이 나에게도 익숙해졌다. 발가락으로 하는 그의 연주에 무엇인가 약간 부족함이 있지 않을까 우려했는데 그것은 기우杞憂였다. 편견을 없애기 위해 나는 그의 연주 중에 잠시 눈을 감고 들어 보았다. 그의 연주에서 부족함보다는 연주 스타일이 다른 그가 만들어 내는 특유의 음색이 느껴질 뿐이었다.

그날 공연에서 그는 각기 다른 작곡가의 여섯 작품을 연주했는데, 한 작품의 연주가 끝날 때마다 무대 뒤로 잠시 퇴장했다가 다시 등장하는 것이 다른 연주회와 차이라면 차이라 할 수 있었다. 이 연주회에 연주 시간이 길지 않은 작품을 여러 개 배열한 것은 일종의 공연 기획이었을 것이다. 그런 특별한 자세로 계속 연주하면 몸에 무리가 따를 것이기에 이는 그를 잠깐씩이라도 쉬게 하려는 특별한 배려로 보였다. 하지만 그것이 작품을 감상하는 데 조금도 불편하게 느껴지지 않았고 공연 전체의 흐름에 지장을 주지도 않았다.

클리저는 독일 괴팅겐(Göttingen)의 작은 도시에서 태어났다. 태어날 때부터 양팔이 없던 그는 일찍부터 호른에 관심을 가졌다. 집안에 악기를 연주하거나 음악과 관계된 사람이 아무도 없었을 뿐만 아니라 호른 연주자가 나오는 어떤 음악회에도 가 본 적이 없었지만, 그의 표현에 따르면, 그는 어린 시절 "호른을 연주하고 싶다는 생각을 기적처럼 하게 되었다." 그는 보무步武도 당당하게 음악학교에 가서 호른을 연주하고 싶다는 의사를 밝혔다. 어린이의 당찬 이야기를 들은 음악 교사는 "관악기를 연주하기 위해서는 악기에 공기를 충분하게 불어 넣을 수 있는 힘센 호흡이 필요한데 그렇게 하기에는 아직 나이가 어리니까 폐활량과 관계없는 피아노나 타악기를 연주하는 것이 어떻겠냐?"고 제안했다. 그때 클리저는 "호른을 배울 수 없다면 어떤 악기도 연주하지 않겠다."고 단호하게 말했다. 다행히 학교는 그의 뜻을 수용했고 네 살이던 클리저는 그때부터 호른을 배울 수 있었다.

그는 이때부터 손 대신 발을 들어 발가락으로 호른 밸브를 누르는 독특한 자세로 연주하는 방법을 익혔다. 처음에 그는 악기를 바닥에 내려놓고 연주했지만 이후 양팔 없는 신체 특성에 맞게 제작된 거치대 덕분에 의자에 앉아서 호른을 그 위에 올려놓고 연주하게 되었다. 그는 열세 살이던 2004년 하노버 음악·예술 대학(Hannover University Of Music, Drama and Media)의 예비과정에 입학했고 3년 후에는 정규과정에 입학하여 수학했다. 이렇게 해서 호른을 발가락으로 연주하는, 이 세상에 하나밖에 없는 호른 연주자가 탄생하게 되었다.

일반적으로 호른 연주자는 왼쪽 손가락으로 호른 밸브를 누르는 것 이외에도 오른손을 나팔 모양의 벨 안에 넣어 음音과 음색音色을 조절하는데, 그는 오로지 입술의 위치를 달리함으로써 이를 조절한다. 그는 호른을 연주할 때 오른손이 하는 역할을 오로지 입술로 대신함으로써 그만이 가진 독특한 음색을 구현한다. 바이올린과 피아노 연주에서는 손과 손가락의 섬세한 움직임과 강약이 악기의 소리를 좌우한다. 호른 연주에서도 손과 손가락의 역할이 중요하지만, 바이올린과 피아노 연주에서만큼 그 역할이 크지 않다. 클리저는 "호른 연주의 약 85퍼센트를 입술과 호흡의 세기와 이것의 총체적인 조절에 의존한다."고 말한다.

클리저는 대학 졸업 후 2008년부터 독일 국립 유스 오케스트라의 단원이 되어 전문 연주자의 길을 걷기 시작했다. 2013년에는 첫 앨범 『몽상: 호른과 피아노를 위한 낭만적 음악』(Berlin Classics, CD)을 출판하였고 2015년에는 뷔텐베르크 첼버 오케스트라와 협연하여 『하이든 혼 협주곡』(Berlin Classics, CD)을 선보였다. 2018년에는 독일의 뮌스터대학교 음악 교수로 임명되었고 2021년에는 영국의 본머스 심포니 오케스트라의 상주 연주자가 되었다. 2022년에는 바젤 챔버 오케스트라와 함께 처음으로 미국 순회공연을 하였다.

그날 예술의 전당에서 클리저의 연주 모습을 보면서 성경에서 예수님께서 하신 말씀을 떠올렸다. "눈먼 이들이 보고 다리 저는 이들이 제대로 걸으며 나병환자들이 깨끗해지고 귀먹은 이들이 들으며 죽은 이들이 되살아나고 가난한 이들이 복음을 듣는다. 나에게 의심을 품지 않는 이는 행복하다."(마태 11,5-6) 이 말씀은 요한의 제자들이 찾아와 "오실 분이 선생님이십니까?"(마태 11,3) 하고 질문한 것에 대해 예수님께서 하신 답변 말씀이다. 우리는 이를 통해서 그분의 나라가 어떤 세상인지 추측할 수 있다. 모두가 함께 사는 나라, "늑대가 새끼 양과 함께 살고 표범이 새끼 염소와 함께 지내"(이사 11,6)는 나라, 편견과 차별이 없는 나라, 장애와 불가능이 없는 나라, 팔 없이도 호른을 연주할 수 있는 나라가 그분의 나라임을 알 수 있다. 클리저는 그날 무대에서 눈먼 이들이 보고 나병 환자들이 깨끗해지는 세상을 보여 주었고, 나는 치유된 모습으로 연주하는 그의 모습에서 예수님께서 말씀하신 그 나라를 보고 체험했다. 과연 의심을 품지 않고 자신이 진정으로 하고 싶은 일을 하고 있는 클리저는 행복해 보였다.

그날 클리저가 연주한 여섯 작품은 모두 감동적이었지만 그중에서도 내 마음을 크게 울린 작품은 네 번째로 연주한, 루트비히 판 베토벤(Ludwig van Beethoven, 1770-1827)의 「호른과 피아노를 위한 소나타 F장조 Op.17」이었다. 베토벤의 작품을 들을 때마다 "역시 베토벤이야." 하고 생각할 때가 많은데 그날도 그의 연주를 들으며 같은 생각을 했다. 베토벤의 작품은 단순하고도 경쾌했고 다른 작곡가의 작품에 비해 화성학적 조화가 뛰어났을 뿐만 아니라 역동적인 선율미가 느껴졌다.

고대 시대에는 뿔 모양의 호른이 적의 공격을 알리는 경계 신호 용도로 사용되었고 14세기에는 금속관을 둥글게 구부려 만든 원형의 호른이 사냥이나 우편 나팔 용도로 사용되었다. 17세기부터는 호른이 연주 용도의 악기로 사용되기 시작했는데 한정된 음계音階의 소리만 낼 수 있는 내추럴 혼 형태였다.

18세기에는 독일어권에서 호른의 음을 조성調聲에 맞게 변화시킬 수 있는 크룩(crook)이 발명되었는데 이것은 호른의 관에 부가적으로 삽입할 수 있게 만든 돌돌 감긴 관으로 호른 발전에 획기적으로 기여했다. 18세기 중반에 들어서서 호른은 크룩의 사용과 함께 스토핑(stopping: 벨 안에 손을 넣어 소리를 조절하는 연주 기법)을 사용하여 반음계의 소리를 낼 수 있게 됨으로써 관악기로서는 트럼펫, 트롬본, 튜바 중에서 가장 먼저 오케스트라에서 사용되었다.

이런 악기 발전의 역사와 함께 비발디, 텔레만, 바흐, 하이든, 모차르트 등 바로크 시대와 고전음악 시대의 초기 작곡가들은 혼 협주곡이나 디베르티멘토를 작곡했고, 그 뒤를 이어 베토벤은 작곡 형식을 바꿔 「호른과 피아노를 위한 소나타 F장조 Op.17」을 작곡했다. 이로써 베토벤은 세상에 처음으로 호른 소나타를 선보였다. 이 작품은 베토벤의 하나밖에 없는 호른 소나타이기도 하다. 베토벤은 당시 스토핑 연주 기법의 대가인 보헤미아 출신의 호른 연주자 요한 벤첼 슈티히(Johann Wenzel Stich, 1746-1803)의 연주회를 앞두고 이 작품을 작곡했고, 1800년 4월 18일 오스트리아 빈에 있던 케른트네르토르 극장(Kärntnertortheater)에서 작곡가의 반주로 초연되었다. 슈티히는 이탈리아 이름 조반니 푼토(Giovanni Punto)로 더 많이 알려져 있다. 베토벤은 당시 악기 형태인 내추럴 혼을 염두에 두고 이 작품을 작곡했지만, 오늘날 연주자들은 배음뿐만 아니라 모든 음계의 소리를 낼 수 있도록 고안된, 밸브가 장착된 프렌치 호른으로 연주한다. 이 작품은 원래 「호른 소나타」로 작곡되었지만, 출판 초기 당시부터 「첼로 소나타」로도 발매되어 오늘날 첼로로도 연주된다.

그날 연주회에서 내가 베토벤 작품에 주목했던 이유는 연주자와 작곡가가 모두 육체의 장애를 극복했다는 공통점 때문이었다. 이 작품을 작곡했던 1800년 베토벤은 이미 청각장애 상태에 있었다. 스물일곱 살이던 1797년에 베토벤은 처음으로 청각에 문제가 있음을 자각했고, 「교향곡 1번 C장조 Op.21」을 작곡하던 1799년부터 1800년 사이에는 남들에게 드러내지는 않았지만 증세가 악화되고 있었다. 그 때문에 1802년 의사의 권유로 오스트리아 빈의 외곽에 있는 하일리겐슈타트(Heiligenstadt)에서 6개월간 휴양을 했던 것을 보면 작곡 당시의 증세를 짐작할 수 있다. 그럼에도 하일리겐슈타트를 떠난 후 그는 자기 고유의 세계를 구축하며 작곡을 이어 갔고 1808년에는 「피아노 협주곡 4번 G장조 Op.58」 초연을 끝으로 연주 생활을 청산했다. 그는 귀가 거의 들리지 않던 1818년에서 1823년 사이에 『장엄미사곡 D장조 Op.123』을 작곡했고 청력을 완전히 상실한 상태에 있던 1824년 「교향곡 9번 D단조 Op.125 합창」을 작곡했다.

베토벤의 「호른 소나타」는 그의 다른 초기 작품과 마찬가지로 하이든(Haydn, 1732- 1809)이나 모차르트(Mozart, 1756-1791)의 영향을 많이 받았을지라도 베토벤 작품답게 그가 가진 불굴의 정신이 살아 있는 작품이다. 고수는 고수를 알아본다고 하지 않던가! 장애의 종류는 달라도 호른 연주자 클리저가 그날 공연에서 베토벤의 「호른 소나타」를 연주한 것은 결코 우연이 아닐 것이다. 그날 연주회에서 유독 베토벤 작품이 마음에 와닿았던 이유는 내가 워낙 베토벤을 좋아하기 때문이기도 하지만 육체의 한계를 극복했던 불굴의 작곡가 작품을 클리저가 연주했기 때문에 더욱 그랬을 것이다.

1악장은 호른의 짧은 서주로 시작되며, 마치 모차르트의 「피아노와 바이

베토벤, 『호른과 피아노를 위한 소나타』, 타르야니·랑키(Hungaroton, 1983, LP)
표지: 「돌다리가 있는 풍경」, 크리스티안 게오르크 쉬츠(Christina Georg Schütz the Elder, 1718-1791) 작, 동판 위 유화, 18세기, 43.6×57.6cm, 미술관(Museum of Fine Arts), 부다페스트

올린을 위한 소나타」에서 두 악기가 속삭이며 대화하듯이 연주하는 것처럼, 호른과 피아노가 같은 선율의 주제를 주고받으며 사이좋게 연주한다. 중저음의 호른 소리가 마음을 편하게 하고 피아노는 앞서거나 뒤서면서 주인공 호른 소리를 돋보이게 한다. 느린 속도의 2악장이 서정적이며 목가적으로 잠시 연주되다가 쉬지 않고 바로 다음 악장으로 이어진다. 3악장에서는 역동적인 선율이 위아래

도인들이 어려움 속에서 희망을 잃지 않는 지혜를 갖는 것은, 어두운 이 밤에 아기 예수님께서 태어나셨기 때문입니다. …

성탄절 밤 미사를 마치고 방에 들어와 연말이나 연초에 한 번씩 듣는 루트비히 판 베토벤(Ludwig van Beethoven, 1778-1827)「교향곡 9번 D단조 Op.125 합창」을 들었다. 그런데 그날은 왠지 그 음악이 평소처럼 마음에 와닿지 않았다. 다른 음반을 찾았다. 그 순간, 성탄절 전에 자주 듣던 요한 제바스티안 바흐(Johann Sebastian Bach, 1685-1750)의 「성모 찬송*Magnificat* D장조 BWV.243」 음반이 눈에 들어왔다. 그런데 그 음악 역시 평소처럼 내 마음을 단순하고 풍성하게 해주지 못했다. 나는 또 다른 음반을 찾았다.

내가 최종적으로 선택한 음반은 드미트리 쇼스타코비치(Dmitri Shostakovich, 1906-1975)의 『교향곡 5번 D단조 Op.47』(번스타인 지휘, 뉴욕 필하모닉, Sony, 1979녹음, 2005, CD)이었다. 숙명처럼 다가온 어두움의 그림자를 어떻게 받아들이고 살아야 하는지를 이 음악은 가르쳐 주는 것 같았다. 늦은 시간까지 이 음반을 다 듣고서야 잠자리에 들었고 성탄절 아침에도 다음 날도 그리고 연말을 보내면서 이 음악을 듣고 또 들었다. 베토벤 「교향곡 5번 C단조 Op.67」의 도입부에서 "따다다 단↘" 하고 시작 선율이 교향곡의 주제를 제시하고 교향곡 전체를 대변하듯이, 쇼스타코비치 「교향곡 5번 D단조」의 도입부에서 "따단↗, 따단↘" 하는 시작 선율은 이 교향곡의 주제를 제시할 뿐 아니라 교향곡 전체를 대변하는 것 같았다. 이 작품은 어두운 길을 가면서도 무서워하거나 두려워하지 않고 내가 어떻게 평정심을 유지해야 하는지 가르쳐 주는 것 같았다.

쇼스타코비치, 『교향곡 5번』, 하이팅크 지휘, 콘세르트헤바우 오케스트라(Decca, 1982, LP)
표지: 「쇼스타코비치 교향곡 5번, Op.47」, 오브리 윌리엄스(Aubrey Williams, 1926-1990) 작, 유화, 1981, 183×274.5cm, 10월 갤러리(October Gallery), 런던

음악은 "씨뿌리는 사람의 비유"(마르 4,1-9)에서 말하는 씨와 같아서 음악을 듣는 나의 현재 마음 상태에 따라서 "어떤 것은 서른 배, 어떤 것은 예순 배, 어떤 것은 백 배의 열매를 맺"(마르 4,8)는다. 하지만 아무리 좋은 음악이라도 내가 그 음악을 들을 준비가 되어 있지 않으면 씨앗이 "돌밭에 떨어진"(마르 4,5) 것과 같아서 그 음악에 집중하지 못할 때가 있다. 그날 저녁 내가 듣기를 포기했

던 베토벤의 「교향곡 9번」과 바흐의 「성모 찬송」의 경우, 씨가 뿌려져 "싹은 곧 돋아났지만, 해가 솟아오르자 타고 말았"(마르 4,5-6)던 것처럼 그날만큼은 나에게 뿌리를 내리지 못했다.

어느 날 어떤 음악을 들어도 감동이 없는 것은 그 음악 자체가 나빠서가 아니고 내가 그 음악을 들을 준비가 되어 있지 않기 때문이다. 그날 밤 나는 쇼스타코비치의 「교향곡 5번」을 들을 준비가 되어 있었고, 결과적으로 그 작품이 내 마음에 뿌리를 내린 것이다. 이렇게 유일회적唯一回的인 기회에 동병상련同病相憐의 일체감과 충만함을 느끼는 순간, 음악은 나의 것이 되고 음악은 나의 기도가 된다. 그날 쇼스타코비치 「교향곡 5번」은 나에게 위로와 함께 감동을 주었다.

베토벤 인생 최대의 장벽이자 도전이 청각장애였다면 쇼스타코비치 인생 최대의 장벽이자 도전은 공산주의라는 정치체제였다. 베토벤이 작곡가로서 넘어서기 어려운 육체적 장벽 앞에서 고뇌하며 이를 음악의 언어로 표현한 것이 「교향곡 5번 C단조」라면, 쇼스타코비치가 작곡가로서 숙청당할지 모른다는 정치적 두려움 속에 고뇌하며 이를 음악의 언어로 표현한 것이 「교향곡 5번 D단조」이다.

두 작품 모두 작곡가로서 막다른 골목에서 작곡된 작품이라는 면에서 공통점이 있다. 베토벤은 청각장애로 진단받고 1802년 하일리겐슈타트(Heiligenstadt)에서 휴양을 하던 중 유서遺書를 쓸 만큼 정신적으로 벼랑 끝에 서 있었다. 운명처럼 다가온 어두움의 그림자 속에서 그는 과거 어느 선배 작곡가의 작품에서도 볼 수 없는 새로운 경지의 작품 「교향곡 5번 C단조」(1808)를 작곡했다. 이로써 그는 하이든과 모차르트의 영향에서 벗어나 음악가로서 진정한 '나'

를 찾았다. 쇼스타코비치 역시 운명처럼 다가온 어두움의 그림자 속에서 「교향곡 5번 D단조」를 작곡했다.

1925년 열아홉 살의 쇼스타코비치는 페트로그라드 음악원(Petrograd Conservatory)의 졸업 작품으로 「교향곡 1번 F단조 Op.10」을 작곡했는데 이 작품은 그에게 "소련이 낳은 세계적인 작곡가"라는 명성을 갖게 해주었다. 이후 그는 승승장구했고 1932년 작곡한 오페라 『므젠스크의 멕베스 부인』은 레닌그라드에서 36회, 모스크바에서 94회나 공연될 만큼 그는 음악가로서 탄탄대로를 달렸다. 그런데 1936년 1월 26일 소련의 철권통치자 스탈린(Joseph Stalin, 1879-1953)이 『므젠스크의 멕베스 부인』의 공연을 보러 온다는 소식을 듣고 그는 모든 연주회 일정을 연기하고 부랴부랴 볼쇼이 극장으로 달려갔다. 쇼스타코비치는 오페라 3악장이 끝나고 얼굴이 반쪽이 되어 객석에 있던 스탈린에게 인사를 했다. 그런데 오페라 공연 중에 관악기와 타악기가 크게 연주될 때마다 스탈린은 키득거리며 어깨를 들썩였고 오페라의 남녀 주인공이 사랑을 나누는 장면에서는 크게 웃었다. 그의 이런 행동을 옆에서 지켜본 쇼스타코비치는 공포감을 느꼈다. 스탈린과 수행원들은 공연이 끝나기도 전에 아무 말 없이 자리를 떠났다. 스탈린 시대 1936년부터 3년에 걸쳐 7백만 명 이상이 체포되었던 대숙청이 예술계에도 시작되고 있음을 알리는 신호였다.

이틀 후 공산당 기관지인 『프라우다*Pravda*』에는 "음악을 가장한 혼돈"이라는 큰 제목으로 오페라에 대한 악평이 실렸다. "의도적인 불협화음, 꽥꽥대고 우스꽝스러우며 숨 막히게 하는 쓰레기나 진흙탕 소리의 연속"이었다는 기사는 잘 나가던 쇼스타코비치에게 청천벽력青天霹靂이었다. 쇼스타코비치는 이제

청중은 눈물을 흘리며 큰 박수를 보냈고 당국자들은 소련을 찬양하는 '환희의 피날레'가 자신들의 정치적 목적에 맞는다고 박수를 쳤다. 그가 일생 교향곡 작곡에 주력했던 그 이유를 알 수 있다.

「교향곡 5번」의 초연 이후 그는 역시 언어 표현이 없는 현악 4중주를 작곡하기 시작했다. 교향곡이 작곡가의 인생을 가로지르는 큰 강이었다면 현악 4중주는 지류였다. 그는 교향곡과 현악 4중주 작품을 각각 열다섯 개씩 작곡했다. 그는 『증언』에서 「교향곡 7번 C장조 Op.60 레닌그라드」를 작곡할 당시의 심정을 이렇게 밝혔다.

> "내 교향곡 대부분은 묘비이다. 너무 많은 수의 우리 국민들이 죽었고 그들이 어디에 묻혔는지 알려지지도 않았다. … 내 친구도 여러 명 그런 일을 당했다. 이들의 묘비를 어디에 세우겠는가? 그런 일을 할 수 있는 것은 음악밖에 없다. 나는 이런 희생자 한 사람 한 사람에게 작품 하나씩 바치고 싶지만 그건 불가능하니까 그들 모두에게 내 음악을 바쳤다."(p.270)

공개적 비난 앞에서 교향곡으로 승부를 걸었던 그의 전략은 적중하여 「교향곡 5번」의 초연 이후 작곡가로서 그의 명예는 회복되었다. 이 작품은 그가 작곡한 열다섯 개 교향곡 중에서 오늘날 공연장에서 가장 많이 연주될 만큼 그의 대표적인 교향곡이 되었다. 그의 음악은 전체적으로 낭만주의 전통을 계승했지만, 바로크 시대의 바흐와 고전음악의 정점에 있는 베토벤과 함께, 러시아 작곡가인 모데스트 무소륵스키(Modest Mussorgsky, 1839-1881)의 영향을 많이 받았고 특히 교향곡의 경우 구스타프 말러(Gustav Mahler, 1860-1911)의 스타일을 계승했다. 그는 「교향곡 5번」을 통해 누구도 흉내 낼 수 없는, 팽팽한 긴장감이 살아 있는, 개성이 있는 자기만의 음악 세계를 만들었다.

쇼스타코비치 「교향곡 5번 D단조」 1악장에서 "따단⤴, 따단⤵" 하며 비장하고도 단호하게 시작되는 도입부는, "올 것이 왔구나." 하며 운명처럼 다가온 철권정치 앞에서 가슴이 "철렁" 하고 내려앉는 순간을 그린 것처럼 들린다. 도입부의 이 선율은 공산주의 독재체제 속에서 살아야 하는 작곡가의 답답한 심정을 대변하는 것 같다. 그래서인지 이 작품은 1년 가까이 팬데믹으로 인해 답답해진 내 마음을 대변해 주는 것 같아서 동병상련同病相憐의 위로를 받았다. 4악장이 웅장한 승전곡처럼 들리기도 하지만 다른 한편 "진리가 너희를 자유롭게 할 것이다."(요한 8,32) 어떤 어려움이 있어도 두려워하거나 포기하지 말라는 충언처럼 들린다.

러시아 역사상 최악의 격동 시대를 살았던 쇼스타코비치는 어쩔 수 없이 평생 동안 순응과 저항 사이에서 고민하고 갈등해야 했지만 자기 조국祖國을 떠나지 않았다. 1917년 러시아 혁명이 일어나자 세르게이 라흐마니노프(Sergei Rachmaninov, 1873-1943)는 이듬해 러시아를 탈출해 미국으로 망명했고, 세르게이 프로코피예프(Sergei Prokofiev, 1891-1953) 역시 1918년부터 18년 동안 러시아를 떠나 있었다. 쇼스타코비치의 스승이었던 알렉산드르 글라주노프(Alexandr Glazunov, 1865-1936)는 1928년 러시아를 떠나 프랑스에 정착했다. 문제는 이렇게 자기 나라를 떠난 러시아 작곡가들이 망명 생활 중에는 작곡 활동에서 그렇게 큰 결실을 거두지 못했다는 것이다. 러시아의 소설가로서 1970년 노벨 문학상을 수상한 알렉산드르 솔제니친(Aleksandr Solzhenitsyn, 1918-2008) 역시 러시아에서 추방당한 후에는 이전만큼 좋은 작품을 쓰지 못했다.

쇼스타코비치는 스탈린 치하에서 1936년과 1948년 두 차례에 걸쳐서 공개적으로 비난을 받았고 창작의 자유가 상당히 제약받았음에도 교향곡 작곡에 몰두하며 묵묵히 조국을 지켰다. 사회주의 이념과 당국의 입맛에 맞는 음악을 작곡해야 할 때도 있었지만 더 근본적으로는 자신만이 알 수 있는 풍자와 냉소의 의미가 담긴 음악을 작곡함으로써 저항운동을 했다. 결과적으로 쇼스타코비치는 러시아를 떠났던 다른 선배 작곡가들에 비해 작품 활동이 왕성했고 현대 작곡가로서 이 세상에 큰 족적足跡을 남겼다.

예술가에게 있어서 자신이 태어나고 자란 조국은 씨앗이 뿌려질 토양으로서 창조의 바탕이자 원천이다. 창조의 씨앗은 그 땅에 정치적 탄압이 클수록 더 큰 나무로 자라고 창조의 샘물은 억누를수록 더 크게 샘 솟는 모양이다. 음악가의 인생에 찾아온 역경과 시련은 창작創作의 나무를 더욱 잘 자라게 하는 자양분이자 거름이며, 고통은 이 나무의 성장에 없어서 안 되는 공기와 햇빛과 물과 같은 역할을 하는가 보다. 이렇게 예술은 한을 통해서 더 풍성해진다. 임권택(1936-) 감독의 영화 『서편제』(1993)에서 소리꾼 유봉이 수양딸 송아에게 약을 먹여 장님을 만들고 딸의 가슴에 칼로 저미는 것과 같은 한을 심어 주려 했던 것은 더 좋은 소리, 즉 동편제에서 낼 수 없는 서편제(전라도 서쪽)의 소리를 내기 위한 것이 아니었던가? 쇼스타코비치의 「교향곡 5번 D단조」는 정치적으로 불운한 시대를 살아야 했던 러시아의 한 천재 작곡가의 한을 통해서 작곡되었다 할 수 있다.

훗날 스탈린은 공산주의 체제의 우수성을 선전하기 위해 쇼스타코비치

쇼스타코비치, 『교향곡 1/2번』, 콘드라신 지휘, 모스크바 필하모닉(Melodiya, 1964, LP)
표지: 「산업화된 모스크바」, 콘스탄틴 유온(Konstantin Yuon, 1875-1958) 작, 유화, 1949, 136×185cm, 트레티야코프 미술관(Tretyakov Gallery), 모스크바

를 이용했다. 쇼스타코비치는 소련이 자랑하는 최고 지성이자 문화 예술인으로서 1949년 4월 미국 뉴욕에서 열리는 '세계 평화를 위한 문화와 과학 대회', 그리고 1950년 바르샤바(Warszawa)와 1952년 빈(Wien)에서 열린 '국제 평화 회의'의 소련 대표로 위촉되어 참석했다.

이와 관련하여 『증언』(257쪽)에는 쇼스타코비치와 스탈린 사이에 있었던 무척 인상적인 대화가 나온다. 어느 날 스탈린은 쇼스타코비치에게 전화를 걸어 미국 뉴욕에서 열리는 '세계 평화를 위한 문화와 과학 대회'에 소련 대표로 참석할 것을 권유했다. 쇼스타코비치가 거절 의사를 밝히자 스탈린은 그 이유를 물었다. 이에 쇼스타코비치는 "미국에 가면 사람들이 내 음악과 동료들의 음악이 금지된 이유를 물을 텐데, 내가 무엇이라고 대답해야 합니까?" 하고 반문했다. 스탈린은 마치 이에 대해 전혀 몰랐던 것처럼 "누가 그런 지시를 내렸소?" 하고 반문했고 쇼스타코비치로부터 그와 관련된 전후 사정을 들은 후 "우리는 그런 지시를 내린 적이 없소." 하고 말했다. 이어서 쇼스타코비치가 금지된 작품에 대해 더 자세히 이야기하려고 하자 스탈린은 "쇼스타코비치 동지, 그 문제는 우리가 알아서 처리하겠소." 하고 말했다. 대화 말미에 스탈린의 이런 결심을 들은 후 쇼스타코비치는 그 회의에 참석하기로 결정했다.

쇼스타코비치는 말년에 만성질환을 앓고 있었음에도 흡연과 보드카를 끊지 못했다. 쉰두 살이던 1958년 소아마비에 의한 오른손 장애 때문에 피아노 치는 것을 포기해야 했고 예순다섯 살이던 1971년에는 심장마비 증상으로 넘어져 두 다리에 골절상을 입기도 했다. 1975년 8월 9일 그는 심정지로 사망했고 모스크바에 있는 노보데비치 묘지(Novodevichy Cemetry)에 묻혔다.

쇼스타코비치의 여러 작품 중에서 가장 대중적인 것은 '왈츠'이다. 1999년 개봉된 장윤헌(1967-) 감독의 영화 『텔 미 섬팅』에서도 소개된 바 있는데 더 정확하게는 8악장으로 구성된 「버라이어티 오케스트라를 위한 모음곡」의 2악장 '서정적 왈츠 C단조'이다.

2020년 5월 13일 네덜란드의 남쪽에 있는 도시로서 벨기에의 수도 브뤼셀 서쪽에 위치한 도시 마스트리히트(Maastricht) 중앙광장에서 앙드레 류(André Rieu, 1949-) 지휘의 요한 슈트라우스 오케스트라가 연주하는 쇼스타코비치의 '왈츠'(유튜브)는 일품이다. 넓은 광장에 가득 찬 사람들 사이의 통로에서 남녀 무희들이 이 음악에 맞추어 왈츠를 추는 모습은 그 자체로 축제였다. 무희 중에는 휠체어를 탄 신체장애인도 보였는데 차별 없이 축제를 즐기는 그들의 모습이 보기 좋았다. 앙드레 류는 바이올린을 연주하면서 오케스트라를 지휘했고 청중은 선율에 맞추어 함께 노래를 부르기도 했다. 또한 식탁에 둘러앉아 와인을 마시며 연인과 함께 선율과 박자에 맞추어 몸을 흔드는 모습도 보였다.

러시아의 암울했던 시대를 살았던 작곡가는 이렇게 인간의 자유와 행복을 추구했다. 그가 작곡한 음악 하나로 수많은 사람이 함께 노래 부르고 춤을 즐기며 행복해하는 모습에서 음악이 가진 본질을 찾을 수 있을 것 같다. 특히 일상에 지친 사람들은 이 음악을 통해서 모든 스트레스를 날려 버리고 크게 위로를 받고 있는 것 같다. 쇼스타코비치 「교향곡 5번」만이 아니라 이렇게 신나는 '왈츠'를 통해서도 팬데믹으로 인해 어려움을 겪고 있는 우리는 위로를 받는다. 쇼스타코비치는 위대한 작곡가임이 틀림없다.

나는 2020년 성탄절 강론을 이렇게 마무리 지었다.

내 인생에서 가장 어렵고 절망적인 상황이라고 느껴질 때가 내가 '나'를 발견하는 순간이고 하느님께서 나를 가장 사랑하시는 순간입니다. 한 치 앞을 볼 수 없을 만큼 막다른 골목이라고 생각되는 그 순간이 희망의 빛이 찾아올 수 있는 순간입니다.

내가 가장 많이 들었던 음반은 앞서 언급한 뉴욕 출신의 유대계 미국인 레너드 번스타인(Leonard Bernstein, 1918-1990) 지휘의 뉴욕 필하모닉 오케스트라의 연주(Sony, 1979녹음, 2005, CD)이다. 풍성하고 단정하며 세련된 연주이다.

쇼스타코비치와 같은 시대를 살았던 러시아의 작곡가 예브게니 므라빈스키 지휘의 레닌그라드 심포니 오케스트라의 연주(Erato, 1984녹음, 1991, CD)는 실황 연주라서, 나는 1937년에 있었던 이 작품의 초연으로 간주하며 듣는다. 약간 거친 듯 야성미가 있지만 연주가 대체로 진지하고 선이 굵다.

10 포레 『레퀴엠』

> "그분께서는 죽음을 영원히 없애 버리시리라. 주 하느님께서는 모든 사람의 얼굴에서 눈물을 닦아 내시고 당신 백성의 수치를 온 세상에서 치워 주시리라." 이사 25,8

얼마 전, 나의 고등학교 시절 종교 과목을 가르치셨던 신부님께서 돌아가셨다. 황해도 사리원에서 태어나신 신부님께서는 1·4 후퇴 때 어머니가 주시는 묵주를 손에 들고 미국 군종 신부님을 따라 홀로 남하하셨다. 당시 열다섯 살이었던 소년은 그것이 잠깐의 이별일 것으로 생각했지만 그 이후 다시는 고향 땅을 밟지 못했다. 신부님께서는 수업 시간 중에 간간이 월남越南하실 때의 이야기를 들려주시곤 하셨다.

남한에는 친척이 아무도 없다는 신부님의 평소 말씀대로 장례미사 중에 유족의 모습은 보이지 않았다. 대신, 신부님을 평소 존경하던 신자들이 유족의 자리를 지키고 있었다. 장례미사의 절차대로 영성체가 끝나고 사도예절(고별식)이 거행되기 직전이었는데 가톨릭 성가 24번 「내 맘의 천주여」가 성가대에서 울려 퍼졌다. 고등학교 시절 신부님께서 종교부 학생들을 위해 미사를 집전해 주실 때마다 항상 그 성가를 선정해 주시곤 하셨기 때문에 나는 신부님께서 그 성가를 각별히 좋아하신다는 것을 알고 있었다. 고별식에 앞서 신부님께서 그렇게도 좋아하시던 성가를 이 세상에서 마지막으로 듣고 가시라고 배려한 것처럼 보였다. 은퇴하신 후 치매를 앓으시면서 한동안 세상과 단절하고 사셨던 신부님께서 이 세상과 작별을 하시는 마지막 순간, 이 음악을 들으시면서 큰 위안이 되었을 것이다.

장례미사가 끝나고 운구차가 명동대성당을 떠나는 모습을 지켜보면서 언제일지는 모르겠지만 훗날 있을 내 장례미사의 고별식에서 부르게 될 성가를 상상해 보았다. 아마데우스 모차르트(Amadeus Mozart, 1756-1791)의 『레퀴엠 D단조 K.626』 중에서 「눈물의 날*Lacrimosa*」과 가브리엘 포레(Gabriel Fauré, 1845-1924)의 『레퀴엠 D단조 Op.48』 중에서 「자비로운 예수*Pie Jesu*」, 이 두 작품 중에서 하나가 연주되었으면 좋겠다고 생각했다. 보통으로 서울대교구 소속 사제의 장례미사가 명동 주교좌 성당에서 조촐하게 거행된다는 것을 감안勘案하면 내 장례미사에서 이런 명작이 연주될 가능성은 거의 없다. 그럼에도 내 장례미사에서 연주될 작품을 선택할 수 있는 기회가 주어진다면 나는 두 작품 중에서 하나를 선택하고 싶다.

모차르트의 「눈물의 날」은 성스러우면서도 슬프다. 음악애호가였던 발제크 백작(Count von Balzeg-Stuppach, 1763-1827)은 세상을 떠난 아내를 추모하기 위해 『레퀴엠』 작곡을 의뢰했는데 불행하게도 모차르트는 이 작품을 다 완성하지 못하고 세상을 떠났다. 미사의 순서에 따라 크게 8악장으로 구성된 『레퀴엠』 중에서 모차르트가 숨을 거두기 직전, 마지막 불꽃을 태워 작곡하던 부분이 3악장 「눈물의 날」의 마지막 부분이었다. 작품의 나머지 부분은 모차르트의 제자였던 프란츠 쥐스마이어(Franz Süßmayr, 1766-1803)가 모차르트의 미완성 작품 악보를 바탕으로 완성했다. 모차르트는 자신에게 다가온 죽음을 예감하고 있었는지 「눈물의 날」은 무엇보다 영적인 긴장감과 함께 꺼져 가는 촛불의 마지막 순간이 연상될 만큼 조심스럽고 처연凄然하다. 다른 사람을 위한 장례미사

포레, 『레퀴엠』, 암스트롱·피셔디스카우, 에딘버러 페스티벌 합창단, 바렌보임 지휘, 파리 오케스트라(Angel, 1975, LP)
표지: 「피에타」, 장 푸케(Jean Fouquet, 1420-1481) 작, 목판 위 유화, 1444, 146×237cm, 생 마르탱 성당(Englise de Saint-Martin), 누앙 레 퐁텐(Nouans-les-Fontaines)(프랑스)

곡이었지만 자기 생의 마지막 순간에 작곡한 유작遺作이었다는 면에서 이 작품은 모차르트가 음표로 표현한 일종의 유언장이자 세상과의 작별 인사의 의미가 담긴 이별곡이라 할 수 있다. 그때 그의 나이 서른다섯이었으니 이 세상에서 못다 이룬 일에 대한 아쉬움과 미련이 컸을 것이고 한편 저세상에 대한 두려움도 있었을 것이다. 그래서 이 작품에는 이별의 슬픔, 죽음을 수용하는 비장함, 그리

이 세상과 단절되지 않고 영적으로 연결된다.

포레는 『레퀴엠』에서 「진노의 날*Dies irae*」을 삭제하는 대신, 4악장에 「자비로운 예수*Pie Jesu*」와 마지막 악장인 7악장에 「천국에서*In Paradisum*」를 추가하였다.

「진노의 날*Dies irae*」은 13세기부터 가톨릭 교회에서 사용해 오던 레퀴엠의 시작 부분으로서 인간이 죽은 후에 이 세상에서 살아온 결과에 따라서 심판審判받는다는 내용이다. "사람의 아들이 영광에 싸여 … 오면, … 그는 목자가 양과 염소를 가르듯이 그들을 가를 것이다."(마태 25,31-32) 이 세상에서 선善하게 살아온 사람은 지복至福의 경지인 천국으로, 악惡하게 살아온 사람은 영벌永罰의 경지인 지옥에 던져진다는 것이 가톨릭 교회의 가르침이다.

하늘 나라에서 그분을 만나는 순간, 이 세상의 기준과 전혀 다른 심판의 그 순간, 이 세상에서 한 인간이 살아온 모습이 하나도 숨김없이 드러나게 된다. 상등통회上等痛悔로 자신의 죄를 깊이 뉘우친 사람은 그분 앞에서 수치심 때문에 부끄러워하겠지만 자비로우신 예수 그리스도는 너그러우신 마음으로 그를 용서하실 것이다. 하지만 이 세상에서 악행惡行을 일삼았음에도 불구하고 뉘우침도 수치심도 없는 뻔뻔한 자에게는 진노震怒하실 것이다.

모차르트의 「진노의 날」은 심판의 이 순간을 묘사하듯 긴장감 넘친다. 2분이 넘지 않는 짧은 연주이지만, 천국을 차지할 사람들에게는 영광의 팡파르처럼 들리도록, 동시에 뉘우침이 없는 대죄인大罪人에게는 공포의 순간이 될 수 있도록 도발적이고도 강렬하게 표현했다. 주세페 베르디(Giuseppe Verdi, 1813-1901)의 『레퀴엠』에 나오는 「진노의 날」은 이 순간을 더 없이 충격적이고 극적

베르디, 『레퀴엠』, 루시네·모린·리처드, 웨스트민스터 합창단, 오르만디 지휘, 필라델피아 오케스트라(Columbia, 1964, LP)
표지: 「승천」, 조토 디 본도네(Giotto di Bondone, 1267-1337) 작, 프레스코화, 1305-1306, 스크로베니 경당(Cappella degli Scrovegni), 파두아(Padua)

으로 묘사했다. "쿵쿵" 팀파니 소리와 함께 시작되는 「진노의 날」은 상당히 위압적이고 공포스럽게 들린다. 베르디의 「진노의 날」을 들으면 심판의 날 그분을 뵙는 순간, 인간이라면 누구라도 가슴이 "쿵" 하고 내려앉는 것 같은 공포의 순간을 예감하게 된다. 이 작품을 통해 베르디는 이 세상에 살면서 하느님을 두려워할 줄 알아야 한다는 것과 착하게 살아야 한다는 가르침을 주는 것 같다.

죽은 후 하늘 나라에서 진리 자체이신 그분 앞에 서면 이 세상에서 감추고 살아온 비속함, 거짓과 위선, 욕심과 이기심 등이 숨김없이 드러나게 될 것이므로 인간에게 그분과의 만남 그 자체가 심판으로 인식될 것이다. 이 심판에서 자유롭고 마음 편할 사람이 과연 몇 명이나 있을까? 그러나 포레는 다른 관점에서 『레퀴엠』을 작곡했다. 죽음은 이 세상에서의 모든 고통을 내려놓고 편히 쉴 수 있는, 저세상에서의 영원한 안식安息임을 강조하고 싶었기 때문이다.

"그 날과 그 시간"(마태 24,36)이 오면, 우리는 그분을 만나서 이 세상에 살면서 겪었던 모든 어려움과 억울함에 대해 하소연할 것이다. 절친한 친구에게 자신의 속내를 다 드러내고 나면 마음이 한결 편해지는 것처럼, 고해성사告解聖事 중에 부끄러운 자기 죄를 사제 앞에 가서 모두 고告한 후 사죄경赦罪經을 받고 나면 마음이 하늘 위로 날아갈 것처럼 가벼워지는 것처럼, 나를 누구보다도 잘 이해하시는 그분 앞에서 이 세상에서 살아온 바를 있는 그대로 아뢰고 나면 나는 편해질 것이고 진정으로 쉴 수 있을 것이다. 그분은 돌아온 탕자를 너그럽고 따뜻하게 받아들이셨던 아버지(루카 15,11 이하 참조)처럼, 나의 나약함과 실수, 부족함과 잘못을 이해하시고 너그러이 용서하실 것이기에 우리는 영원한 생명 속에서 또한 편히 쉬게 될 것이다. 나를 구원해 주시는 "아빠! 아버지!"(마르 14,36)를 믿고 그분께 용서를 청하면서 나를 온전히 그분께 의탁하고 맡기면 되는 것이다. "그분께서는 죽음을 영원히 없애 버리시리라. 주 하느님께서는 모든 사람의 얼굴에서 눈물을 닦아 내시고 당신 백성의 수치를 온 세상에서 치워 주시리라."(이사 25,8)는 믿음을 마음 깊이 간직하고 있던 포레는 이런 신앙의 관점에서 『레퀴엠』을 작곡했고 여기서 「자비로운 예수」는 그 정점에 있다.

> 자비로우신 주 예수님
>
> 그들에게 안식을 주소서.
>
> 그들에게 안식을, 영원한 안식을 주소서.

「자비로운 예수」는 오늘날 주로 소프라노가 노래하지만 본래 보이소프라노(boy soprano)가 독창하도록 작곡되었다. 당시 여성 성악가는 성당에서 노래하는 것이 허락되지 않았기 때문에 포레는 보이소프라노의 음역을 염두에 두고 「자비로운 예수」를 작곡했다. 합창으로 연주되는 「거룩하시다*Santus*」와 「하느님의 어린양*Agnus Dei*」 사이에서 보이소프라노가 독창하도록 함으로써 「자비로운 예수」를 통해서 작곡가가 드러내고자 했던 의도를 엿볼 수 있다. 보이소프라노의 맑고 투명하면서도 단순한 목소리, 차분하면서도 기도하는 듯한 절제된 노랫소리는, 아버지 앞에 선 아들, 특히 이 세상에 살면서 겪었던 모든 어려움과 억울함을 모두 말씀드리는 아들의 모습을 연상시킨다. 이해심 많고 너그러우신 아버지 앞에서 이제는 쉬게 해 달라고 하소연하는 인간의 심정을 나타내는 데는 성인 소프라노보다는 보이소프라노의 목소리가 오히려 더 적합했을 것이다. 아버지 앞에 서면 우리는 모두 어린이가 된다.

아버지가 돌아가신 지 사십여 년이 지났음에도 아직도 아버지 생각이 날 때가 많다. 어려운 일이 생겼을 때도 그렇지만 기쁜 일이 생겼을 때 더욱 그렇다. 특히 뭔가 자랑하고 싶은 일이 생겼을 때 아버지를 찾아뵙고 너스레를 떨면서 자랑을 하고 싶다는 생각을 하게 된다. 누구보다도 대화가 잘 통했던 아버지께서는 내 이야기를 귀담아들으신 후 "잘했다."고 크게 칭찬하실 것 같다는 상상을 하곤 한다. 이와는 차원이 다르겠지만 하늘 나라에서 하느님을 뵙는 순간 내가 어린이처럼 기쁜 일이든 슬픈 일이든 세상에서 살아온 바를 모두 내려놓고 드러낸다는 면에서는 같을 것이다.

요즘도 그때 그 일을 생각하며 혼자 웃을 때가 있다. 논산 훈련소에서 4주간의 신병 교육을 마치고 군악대의 요란한 연주 속에 군용 열차를 탔는데 내리고 보니 그곳은 용산역 옆에 위치한 '용사의 집'이었다. 그곳에 내린 시간은 어두컴컴한 이른 새벽이었는데 얼마 지나지 않아서 여러 부대의 하사관들이 와서 자대自隊로 데려갈 신병들의 이름을 불렀고 불려 나간 신병들은 작별인사를 할 시간도 없이 순식간에 떠나 버렸다. 같이 내린, 이삼백 명의 신병들은 이렇게 거의 다 떠났는데 아무리 기다려도 내 이름을 부르러 온 사람은 없었다. 아침 9시가 넘었는데도 나처럼 자대에서 아직 데려가지 않은 신병들이 족히 열 명이 넘었다. 할 일 없이 '용사의 집' 내부를 두리번거리던 중에 나는 훈련소에서는 볼 수 없던 공중전화기를 발견하고 잠시 망설였다. 그곳에 나를 통제하는 상관이 아무도 없다는 사실을 확인하고는 나는 얼른 동전을 넣고 다이얼을 돌렸다. 아버지가 전화를 받으셨다.

"여보세요?"

"아버지 저예요."

"종철이가?"

"네"

"거기가 어디가?"

당시의 내 목소리는 훈련소에서 워낙 크게 내지른 구호 때문에 많이 쉬어 있었음에도 아버지께서는 "아버지" 하는 나의 단 한마디 전화 목소리만으로 나를 알아보셨다. 자대 배치를 받기 위해서 현재 '용사의 집'에서 잠시 대기 중이라고 말씀드리자 아버지께서는 "알았다. 내가 지금 그리로 가마." 하시고는 급하게 전화를 끊으셨다.

친가가 있는 북한남동이 그곳에서 그리 멀지 않다는 것을 알고 있었지만 아버지께서 그렇게 빨리 오실 줄은 몰랐다. 우리가 대기하고 있던 '용사의 집' 이 층으로 올라오신 아버지께서는 나를 복도 끝 한적한 곳으로 데리고 가셨다. 아버지를 마주한 순간, 나는 내 오른발을 가리키며 말했다.

"아버지, 내 발"

아버지는 한쪽 발에는 군화를, 다른 한쪽 발에는 운동화를 신고 있는 내 모습, 그리고 운동화를 신고 있는 오른발이 붕대에 칭칭 감겨 있는 모습을 보시고는 깜짝 놀라시며 왜 그렇게 되었느냐고 물으셨다. 나는 훈련소에서 배급받은 군화가 너무 작아서 발뒤꿈치에 큰 물집이 잡혔는데 터진 물집 자리가 감염되어 발등이 곪는 바람에 염증 부위를 째고 고름을 짜내는 수술을 받았다고 순식간에 말씀드렸다. 내 이야기를 들으신 아버지께서는 속상해하시면서도 "고생 많았구나. 이제는 됐다. 자대에 가면 치료받을 수 있을 것"이라며 나를 안심시키셨다. 정식으로 허락된 면회가 아니었기 때문에 시간이 별로 많지 않음을 알고 있던 나는 아버지의 말씀이 끝나기를 기다려 손을 내밀며 아버지께 말씀드렸다.

"아버지, 돈"

아버지는 얼른 지갑에서 돈을 꺼내 내 손에 쥐여 주시고는 그곳을 황급히 떠나셨다. 10분 정도도 안 되는 짧은 시간이었지만 아버지의 사랑과 든든함을 느끼기에 충분한 시간이었고 아마도 아버지께서는 아들이 훈련을 무사히(?) 마치고 살아서 돌아왔음을 확인하기에 충분한 시간이었을 것이다.

훈련소에서 발에 문제가 있음을 느낀 것은 훈련소 생활 중 2주차 중반이 지나고부터였다. 발뒤꿈치에 생긴 큰 물집이 터진 후 상처 부위에 아무 문제가 없는 줄 알았는데 며칠 후부터 발뒤꿈치의 상처 부위와는 아무 상관없어 보이는 발등이 부어오르기 시작했다. 괜찮으려니 생각하며 거의 일주일을 참았는데 발등이 더 크게 부풀어 올랐을 뿐만이 아니라 그 부위가 퍼렇게 변해갔다. 쉬는 시간에 용기를 내어 호랑이 내무반장에게 환부를 보여 주었더니 의무실로 가 보라고 했다. 의무실에서는 나를 즉시 그곳에 입원시켰다. 다음 날 아침 나는 부대 구급차를 타고 부대 밖의 큰 병원으로 이송되었다. 내 발등의 환부를 본 군의관은 나를 침대에 눕히고 수술을 시작했다. 마취제를 일체 사용하지 않고 군의관이 환부를 칼로 짼 후 내 발등의 고름을 짜내는 동안, 나는 통증 때문에 소리를 엄청나게 질렀고 두 명의 의무병은 내가 움직일 수 없도록 붙들고 있었다.

수술을 마치고 갑자기 절뚝발이 환자가 된 나는 한동안 의무실에서 지

포레, 『피아노 4중주 1번/2번』, 콜라드·뒤메이·코세·페나슈(EMI, 1983, LP)
표지: 「생타드레스 해변」, 라울 뒤피(Raoul Dufy, 1877-1953) 작, 유화, 1902, 65×81cm, 국립현대미술관(Musée national d'Art moderne), 파리

내야 했다. 이렇게 의무실에서 생활하는 중에도 소위 국방부의 시계는 계속 돌아갔다. 훈련소의 네 번째 주는 사격 측정을 받는 주였는데 나는 절뚝거리면서도 측정에 참여했다. 군인은 사격과 구보만 할 줄 알면 된다는 중대장의 이야기를 귀담아들었던 나는 사격 측정이 있기 전날 의무실에 찾아오신 중대장님을 보자마자 침상에서 벌떡 일어나 군기 있게 거수경례를 붙이고 나서, 사격은 자

신 있으니 반드시 사격 측정을 받게 해 달라고 씩씩하게 말씀드렸다. 사격측정이 있던 날 아침, 훈련병들이 군가를 부르며 뛰어서 사격장으로 모두 출발한 후에 중대장은 나를 사격장에 데려다주기 위해 오토바이를 타고 오셨다. 나는 큰 나무 밑에 앉아 대기하고 있다가 중대장의 안내로 사격장 내 자리로 가서 사격했다. 나는 한발도 놓치지 않고 명중시켰다. 당시 중대장의 도움이 없었더라면 나는 사격 측정을 통과하지 못했을 것이다.

가장 큰 문제는 구보 측정이었다. 구보의 측정 기준은 개인의 완주가 아니라 내무반 전체의 완주였다. 즉 내무반원 중에서 단 한 명이라도 낙오하면 내무반 전체가 낙오되는 그런 독특한 측정 기준이었다. 구보 측정 날 아침, 동료들이 군화를 신고 단독 군장을 하는 동안 나는 한쪽 발에는 군화를 신고 다른 발에는 운동화를 신었다. 발을 싸맨 붕대 때문에 운동화 끈을 묶을 수 없었던 나는 운동화가 벗겨지지 않게 아래쪽과 위쪽을 꽁꽁 묶었다. 구보가 시작되고 코스의 중간까지는 괜찮았는데 후반부터는 발에 통증이 오기 시작해서 절뚝거리기 시작했다. 옆에서 같이 뛰던 동료들이 내 총을 들어 주었다. 마지막 순간에는 동료들의 부축을 받으면서 나는 완주했고 우리 내무반은 합격했다.

'용사의 집'에서 아버지를 만났을 때 "아버지, 내 발" 하며 다친 발을 보여 드린 것은, 내가 훈련소에서 발을 다치고 나서 겪었던 그 어려움을 모두 다 말씀드리고 싶었던 것이다. 하늘 나라에서 하느님 앞에 서면 나는 성경에서 말하는 어린이(마태 18,1-5 참조)처럼 "아버지, 발" 하며 용사의 집에서 아버지를 마주했던 그 심정으로, 그분께 세상에서 살면서 있었던 일, 특히 이 세상에 살면서 어렵고 힘들었던 일들을 하나도 빠짐없이 말씀드릴 것 같다. 그러고 나서 "주 예수님, 저에게 영원한 안식을 주소서." 하고 청할 것 같다.

변호사이셨던 아버지께서는 어린 시절 나에게 "이다음에 내가 죽은 후 하늘 나라에 가면 이 세상에서 내가 법관으로서 판결한 사건들은 모두 하느님께 심판받을 거야." 하고 말씀하신 적이 있다. 이 말씀을 하시면서 아버지께서는 6·25 전쟁 중 군법무관 시절에 판결하셨던 한 사건을 회상하셨다. 당시 어느 부대의 한 내무반 아궁이에서 수류탄이 터져서 병사 여러 명이 사망하거나 부상당했는데 이 범인에 대한 재판이 아버지에게 배당된 것이다. 아버지는 범인을 만나보고 사건 현장을 확인했을 뿐만 아니라 사건 당시의 목격자들을 일일이 만나 보셨다. 내무반 목격자들 대부분이 그 병사를 범인으로 지목하고 있었고 사건의 정황으로 보아 그 병사가 범인인 것은 거의 확실했지만 범인은 범행을 부인했고 범행을 자백하지도 않았다. 아버지는 범인에게 혹시 억울한 점이 없는지를 살펴야 했다. 범행 내용이 사실이라면 당시의 군법에 따라 법정 최고형인 사형 선고를 내려야 했는데 한 인간의 생명이 달린 문제이고 혹시라도 사건의 감추어진 사실이 있는지 알 수 없는 일이었기 때문에 재판관으로서 아버지는 심사숙고深思熟考하지 않을 수 없었다.

그런데 그 범인이 천주교 신자라는 사실을 알게 된 아버지는 군종 신부님께 부탁을 드려 범인이 고해성사를 볼 수 있도록 주선했다. 고해성사가 끝나기를 기다려 아버지는 군종 신부에게 달려가 그 병사가 정말 범행을 저질렀는지 여쭈어보았다. 하지만 군종 신부님께서는 아무 말씀을 하지 않으셨다. 아버지 역시 천주교 신자로서 사제는 고해성사의 내용을 결코 누설할 수 없다는 것을 누구보다도 잘 알고 계셨을 텐데도 아버지께서는 판결을 앞두고 마음이 다

포레, 『피아노 5중주』, 로마 포레 5중주단(Claves, 1986, LP)
표지: 「수련」, 클로드 모네(Claude Monet, 1840-1926) 작, 유화

급하셨던 것 같다. 결국 재판에서 그 병사에게 사형이 선고되었고 그는 형장의 이슬로 사라졌다. 전시戰時에는 단심 재판으로 형량이 결정되기 때문에 혹시라도 모를 잘못된 판결을 바로 잡을 기회가 없기 때문에 당시 재판관이셨던 아버지는 상당한 부담감을 느끼셨다. 이 사건을 두고 아버지는 당시에 혹시 잘못된 판결을 한 것이 아닐까, 그래서 한 사람의 억울한 생명을 잃게 한 것이 아닐까,

평생 부담스러워하셨다. 하늘 나라에서 하느님 앞에서는 세상의 모든 진실이 밝혀진다는 것을 아버지께서는 잘 알고 계셨던 것이다.

우리가 죽은 후 만나는 하느님은 이 세상의 재판정에서 볼 수 있는 판사의 모습은 아닐 것이다. 그런 식의 심판은 결코 없을 것이다. 그 대신 내가 죽은 후 거룩하시고 진리 자체이신 그분을 만나는 순간 나를 바라보는 내 눈이 열릴 것이다. 그러면 내 스스로 판단하여 내 안에 있는 악惡을 단죄斷罪할 것이다. 그래서 하느님과의 만남 자체가 나에게는 심판이 되는 것이다. 독일 신학자인 게르하르트 로핑크(Gerhard Lohfink, 1934-) 신부는 저서 『죽음·부활·영원한 생명 바로알기』(김혁태 옮김, 생활성서사, 2022)에서 인간이 죽음으로써 경험하게 될 심판에 대해서 이렇게 표현하였다.

> "내가 도울 수 있었음에도 돕지 않았던 수많은 이들, 내가 위로할 수 있었음에도 위로하지 않았던 이들, … 내가 무시하고 실망시키고 부끄럽게 하거나 경멸했던 이들, 내가 오류와 잘못으로 이끌었던 수많은 이들, … 그들 모두가 내가 죽은 후 내 앞에 모여와 나를 바라볼 것이다. 그것이 나에게 심판이 될 것이다. … 나 때문에 '희생된 이들' 을 만나게 되면, 내가 그들에게 가했던 모든 고통을 나 역시 그때 비로소 겪게 될 것이다. 이처럼 우리가 죽은 후에 이뤄지는 하느님과의 만남은 진리와의 만남이 될 것이다."(pp.222-223)

2009년 김수환 추기경님께서 돌아가시기 거의 한 달 전, 나는 다른 신부들과 함께 서울성모병원으로 병문안을 하러 갔다. 병실에 들어서자 추기경님께서는 곤히 주무시고 계셨는데 옆에서 앉아 조용히 기다리자 눈을 뜨시고 우리를 보고 반가워하셨다. 우리의 부축으로 소파에 앉으신 추기경님께서는 노환으로 병색이 완연했음에도 이런저런 말씀을 하시며 우리와의 대화를 이어 가셨다. 다른 것은 못 먹고 미음만 약간 드시고 기운이 없어서 잠을 많이 주무신다고 하셨다. 누가 뭐랄 것도 없이 그때가 멀지 않았음을 알 수 있었다. 추기경님께서 "그 날과 그 시간"(마태 24,36)을 준비하고 계시다는 것은 대화 중 하신 말씀을 통해서 짐작할 수 있었다.

"실존적으로 두렵네."

한 30분 정도 대화를 마친 후 인사를 드리고 병실을 나왔는데 그것이 그분과의 마지막 만남이자 마지막 인사였다. 병실을 떠나면서 그분이 하신 말씀이 내내 머릿속에 맴돌았다.

우리에게는 목자이셨지만 그분도 하느님 앞에 서면 오로지 한 인간으로서 이 세상에서 자유와 선택을 통해서 어떻게 살아왔는지 하느님 앞에서 온전히 심판을 받아야 한다는 사실 앞에서 두렵다는 뜻이었을 것이다. 주교이자 추기경으로서 한국 천주교회를 대표하셨던 분이시고 그야말로 격동과 혼돈의 시대를 사셨던 분으로서, 과연 행동하고 느끼며 살아가는 한 주체자로서 책임을 다했는지, 다른 사람들과 어떤 관계를 맺고 살아왔는지에 대해 철학적 성찰을 하고 계시다는 말씀으로 들렸다. 우리에게는 언제나 큰 어른이시며 영적인 지도자이셨지만, 그분 역시 신앙인으로서 하느님 아버지 앞에서는 어린이이자 그저 한낱 죄인일 뿐이라는 뜻의, 그분의 솔직한 말씀이 내 마음을 크게 울렸다.

김수환 추기경님께서는 “고맙습니다. 사랑하세요.”라는 말씀을 남기시고 2009년 2월 16일 오후 6시 12분경 여든여섯에 선종善終하셨다. 그분의 뜻에 따라 돌아가신 후 안구는 적출되어 두 맹인에게 전해졌다.

포레의 『레퀴엠』은 그가 마흔세 살이던 1888년 1월 16일, 자신이 음악 감독으로 재직하고 있던 파리(Paris)의 마들렌 성당(Église de la Madeleine)에서 거행된 한 건축가의 장례미사에서 작곡가의 지휘로 초연되었다. 그 후 포레는 5악장으로 구성된 첫 번째 버전의 『레퀴엠』에 「봉헌송 *Offertoire*」과 「나를 구하소 *Libera Me*」를 추가하여, 7악장으로 구성된 두 번째 버전을 1893년 1월 21일 자신의 지휘로 같은 성당에서 발표했다. 포레는 1899-1900년 『레퀴엠』을 오케스트라로 연주할 수 있도록 개작한 후 1900년 7월 12일 파리의 트로카데로(Trocadéro) 궁전에서 최종 버전을 발표했다. 포레의 『레퀴엠』은 이렇게 1887년부터 1900년까지, 마흔두 살 때부터 쉰다섯 살 때까지 총 13년에 걸쳐 작곡된, 포레의 정성과 신앙이 결집된 그의 대작이다.

아홉 살 때 파리의 니데르메이에르 음악학교(École Niedermeyer)에 입학하여 교회음악 이론으로 무장한 포레는 교장으로 부임한 카미유 생상스(Camille Saint-Saëns, 1835-1921)로부터 근대의 여러 음악가의 음악 이론을 배운 후, 11년 동안의 음악 수업을 마치고 뛰어난 성적으로 졸업했다. 20대 초반 프랑스의 시골 작은 교회에서 오르간 연주자로 음악 인생의 첫발을 내디딘 포레는 1877년 서른두 살 때 마들렌 성당의 음악 감독으로, 그리고 1896년에는 생상스의 뒤를 이어 마들렌 성당의 수석 오르간 연주자로 임명되었다. 얼마 후 파리 음악원(Conservatoire de musique et de déclamation) 교수가 된 포레는 그곳에서 작곡과 대위법을 가르쳤고 1905년 예순 살 때는 파리 음악원 원장으로 임명되었다. 1920년 음악원에서 은퇴했고 1924년 11월 4일 일흔아홉 살에 영면하였다. 그의 장례는 국장으로 치러졌는데 장례미사는 자신이 수석 오르간 연주자로 일하던 마들렌 성당에서 거행되었고 이 미사 중에는 자신이 작곡한 세 번째 버전의『레퀴엠』이 연주되었다. 그는 파리의 파시 묘지(Passy Cemetery)에 묻혔다.

1862년 열일곱 살 때 처음으로 피아노 소품을 작곡했던 포레는 마흔 살 때부터 작품을 발표하기 시작했고 특히 파리음악원 교수 시절부터 본격적으로 작품을 발표했다. 그리고 음악원 원장으로 재직할 때도 작품 발표를 게을리하지 않았다. 평생 총 마흔여섯 편의 피아노 독주곡을 작곡했고 백여 편의 가곡을 발표했을 뿐만 아니라 현악 4중주 등 수많은 소품을 발표했다. 그의 작품 중에서 관현악 작품인「파반느 Op.50」와 모음곡「멜리아스와 멜리장드 Op.80」는 내가 자주 듣는 작품 중의 하나이다. 포레는 베를리오즈와 구노, 생상스 등의 프랑스 음악 전통을 계승하면서도 자신만의 절제되고 세련된 음악 세계를 구현함으로써 드뷔시와 함께 프랑스 근대 음악 발전에 기여하였다.

내가 가장 많이 들어본 음반은 스위스 지휘자 미셸 코르보즈(Michel Corboz, 1934-2021)가 지휘하는 베른 심포니 오케스트라와 성 피에르 오리엥 성가대의 연주(Erato, 1972, LP)이다. 포레가 지향했던 '영원한 안식'의 의미를 가장 잘 살린, 서정적이며 편안하고 종교적 품위를 드러낸 연주이다. 합창도 풍요롭고 성스러우며, 소프라노 알랭 클레망(Alain Clément)이 부르는「자비로운 예수」는 아버지 앞에서 선 소년의 심정을 잘 드러냈다.

영국의 지휘자 존 엘리엇 가디너(John Eliot Gardiner, 1943-)가 지휘하는 혁명

포레, 『모음곡 펠리아스와 멜리장드』, 조단 지휘, 로잔 쳄버 오케스트라(Erato, 1983, LP)
표지: 「목욕하는 여자들」, 앙리 팡탱라투르(Henri Fantin-Latour, 1836-1904) 작, 유화, 1880-1885, 디에프성 미술관(Château-musée de Dieppe), 디에프(프랑스 노르망디)

과 낭만 오케스트라와 몬테베르디 합창단의 연주(Philips, 1994, CD)는 전체적으로 종교적 기품이 살아 있는, 세련된 연주이다. 저음이 풍부한 오르간 연주가 인상적이고 솔즈베리 대성당(Salisbury Cathedral) 소년 합창단의 합창 소리가 작품 전체의 종교적 성격을 드높혔다.

벨기에 출신의 프랑스 지휘자 앙드레 클뤼탕스(André Cluytens, 1905-1967)

가 지휘하는 파리 음악원 오케스트라와 엘리자베스 브라쇠르 합창단의 연주(Angel, 62, LP)는 교향곡이 연상되는 웅장한 연주이다.

11 베를리오즈 「환상 교향곡 Op.14」

"왜 자고 있느냐? 유혹에 빠지지 않도록 일어나 기도하여라." 루카 22,46

음악을 좋아하는 나에게 음악을 듣는 통로인 오디오 기기는 평생 화두였다. 이상적인 소리를 내는 오디오 시스템을 갖추고자 오랜 세월 천로역정天路歷程의 외로운 항해를 하던 끝에 내린 결론은, 내가 원하는 소리는 트랜지스터 앰프나 디지털 음원의 소리가 아니라 진공관 앰프와 아날로그 음원의 소리라는 사실이었다. 나는 앰프와 스피커를 선택할 때뿐만 아니라 CD 플레이어 더 나아가서는 오디오 연결선을 선택할 때도 일일이 내 귀로 직접 소리를 들은 후 비교해 보고 나서 결정했다. 한도 끝도 없는 이런 청음 과정을 통해 내 오디오 시스템을 구축해 나갔는데 그때 청음을 위해 들어 본 여러 음악 중에서 엑토르 베를리오즈(Hector Berlioz, 1803-1869)의 「환상 교향곡 Op.14」은 빠지지 않았다. 특히 마지막 악장의 종소리에 주목했다. 이 종소리는 좋은 소리를 내는 오디오인지 구별하는 중요한 기준이 되었다. 스피커에서 깨진 종소리가 나면 그 오디오 조합에 실망했지만 맑고 따뜻하며 깊이 있는 종소리가 나면 만족했다.

오디오 시스템의 소리를 점검하면서 「환상 교향곡」의 종소리에 주목했던 이유는 내가 평생 종소리를 많이 들어 보았기 때문이다. 어린 시절, 주일 아침 성당으로 걸어가는 길에서 성당 종소리가 들리면 그때부터 아버지의 걸음은 빨라지셨고 아버지보다 보폭이 작았던 우리는 뛰어야 했다. 미사 시작을 알리는 그 종소리는 성당으로 향하는 우리 가족의 발걸음을 재촉했고 미사에 앞서 내 마음을 단정하게 준비시켰다. 미사 중에 울리는 종소리는 미사의 핵심으로서 빵이 '주님의 몸'이 되는 성변화聖變化의 순간임을 알리는 소리였다.

신학교에 입학하고부터는 아침 여섯 시에 기상을 알리는 종소리에 잠을 깼다. 여섯 시 반, 성당 안의 종지기가 종을 치면 삼종기도를 시작으로 해서 아침기도 성무일도를 함께 바쳤다. 정오와 저녁 6시에 종소리가 울리면 삼종기도를 바치고 나서 식당으로 향했다. 저녁 7시 15분에 종이 울리면 누가 뭐랄 것도 없이 삼삼오오 운동장을 걸으며 묵주신공을 했고 이어서 성당으로 들어가 저녁 성무일도를 함께 바쳤다. 신학교의 종소리는 생활의 일부이자 공동체를 움직이는 원동력이었고 무엇보다 기도 시간을 알리는 소리였다.

신학교에서 가장 감동적인 종소리는 성체강복聖體降福 때 울리는 종소리였다. 주일 저녁이면 신학생들은 신학교 성당 제대 위에 현시顯示된 성체聖體 앞에서 한동안 침묵 속에서 무릎을 꿇고 성체조배聖體朝拜를 하는데, 침묵 끝에 성가 「딴뚬 에르고*Tantum ergo*」(지존하신 성체)를 함께 노래하고 나면, 사제는 성체가 현시된 제대 앞에서 무릎을 꿇고 강복降福을 청하는 기도를 바친 다음 홀로 일어나 성체가 모셔진 성광聖光을 들어 모두에게 강복한다. 강복의 순간, 작은 종이 여러 개 달린 종이 동시에 제대 쪽에서 울리는 데 이 종소리는 거룩함 그 자체였고 축복을 알리는 신비로운 소리였다. 그래서 그 종소리는 강복받는 사람들의 마음을 울려 누구라도 예수님처럼 거룩하게 살아야겠다는 결심을 하게 된다. 내가 오디오 기기의 소리를 점검할 때 「환상 교향곡」의 종소리를 판단 기준으로 삼았던 것은, 종소리와 함께 생활했던 긴 세월의 경험이 자연스럽게 좋은 종소리를 구별할 수 있게 해 주었기 때문이다.

베를리오즈, 『환상 교향곡』, 데이비스 지휘, 런던 심포니 오케스트라(Philips, 1966, LP)
표지: 「반란 천사들의 몰락」, 피터르 브뤼헐 더 아우더(Pieter Bruegel the Elder, 1526/1530-1569) 작, 유화, 1562, 117×162cm, 벨기에 왕립미술관(Royal Museums of Fine Arts of Belgium), 브뤼셀

「환상 교향곡」은 초기 낭만주의 시대의 대표 작품으로서 젊은 음악가 베를리오즈의 이루지 못한 사랑의 아픔에 대한 이야기가 담겨 있다. 아버지의 반대에도 불구하고 1826년 파리 음악원에 입학하여 작곡을 배우고 있던 베를리오즈는 오데온 극장(Odeon Theatre)에서 영국 극단의 셰익스피어 원작 『햄릿』과 『로미오와 줄리엣』을 관람한 후 셰익스피어 문학에 빠졌다. 동시에 그는 연극

에 출연했던 아일랜드 출신의 여배우 해리엇 스미스슨(Harriet Smithson, 1800-1854)을 흠모하게 되었는데 이는 오늘날의 기준으로 보면 스토킹에 가까우리만치 집요했다. 그는 몇 년에 걸쳐 편지를 수없이 보내며 구애했지만 그녀는 무명의 작곡가에게 눈길조차 주지 않았고 1829년 파리를 떠나 버림으로써 이들의 만남은 미제謎題로 남게 되었다.

베를리오즈는 마음의 상처를 다스리며 당시 겪었던 방황과 지옥 같았던 체험을 모티브로 하여 「환상 교향곡」을 작곡했고 '젊은 예술가의 생애'라는 부제를 붙였다. 그리고 문학적 상상력을 동원하여 악장마다 소제목과 함께 상당한 내용의 자전적 이야기를 써 두었다. 이룰 수 없는 사랑 때문에 번민하고 있던 한 젊은이가 아편을 먹고 자살을 시도한 후, 죽음의 문턱에서 본 꿈과 환상의 내용을 음악으로 표현한 것이다.

1악장 몽상-열정: 한 젊은 음악가는 매력 넘치는 한 여인을 보자마자 사랑에 빠진다. 그녀에 대한 사랑과 열정을 그린, 빠른 템포의 알레그로(Allegro)가 관현악으로 거칠게 연주되는데 이 주제 선율은 고정 악상(idée fixe 이데이 픽스)이 되어 전 악장에서 반복된다. 사랑의 기쁨과 열정, 분노와 질투, 눈물과 종교적 위안 등의 각 악장 주제들은 1악장의 고정 악상을 기반으로 하여 여러 다른 방식으로 표현된다. 때가 오기를 기다리는 그의 마음은 고독하다. 폭풍 같은 열정이 지나가고 조용한 선율로 끝을 맺는다.

2악장 무도회: 젊은 예술가는 축제의 소란함과 함께 자연의 아름다움을 동시에 체험한다. 왈츠가 울려 퍼지는 무도회에서 그녀를 만나서 한편 기쁘지만 또 한편으로는 그녀를 잃지 않을까 몹시 불안하다.

3악장 전원의 풍경: 여름 해 질 무렵, 목동의 피리 소리가 조용하게 울리는 가운데 전원에서 평화롭게 그녀와의 밝은 미래를 꿈꾼다.

4악장 단두대로의 행진: 그녀로부터 거절당한 그는 질투심 때문에 사랑하는 여인을 죽이고 형장으로 끌려간다.

5악장 깊은 밤 마녀의 꿈: 마녀들의 잔치에서 웃음소리와 탄식 소리가 기이하게 들려온다. 꿈에 그리던 그 여인이 마녀의 모습으로 나타난다. 이 세상의 꿈이 모두 끝났음을 알리는 장례미사의 종소리가 울리고 난 후 저세상에서 겪게 될 '진노의 날' 선율이 고조되다가 끝을 맺는다.

이렇게 해서, 음악과 함께 마치 오페라나 영화를 보는 것과 같은 내용을 머릿속에 떠올릴 수 있는, 표제 음악(Program music)이 세상에 처음으로 선보이게 되었다. 베를리오즈의 이런 자전적 이야기가 담긴 텍스트는 「환상 교향곡」의 1845년 버전과 1855년 버전에 그대로 남아 있다.

1830년 12월 이 교향곡이 파리 음악원에서 초연되었을 때 고정관념을 깨는 작품의 파격성 때문에 언론의 반응은 크게 두 가지로 갈렸다. 충격적이라는 부정적인 반응도 있었지만 한편 근대 관현악 발전에 큰 이정표가 될 훌륭한 작품이라는 극찬도 있었다. 이 연주회에 참석했던 프란츠 리스트(Franz Liszt, 1811-1886)는 이후 그와 평생 우정을 이어 갔고 이 교향곡을 피아노 작품(S.470)으로 편곡했다.

이 작품을 발표한 후인 1831년 3월 베를리오즈는 로마 대상(Grand Prix de Rom)의 수상자에게 주어지는 부상으로 로마 유학을 떠났다. 하지만 그곳에서 별다른 흥미를 느끼지 못하고 1832년 귀국한 그는 얼마 후 파리 음악원에서 다른 작품과 함께 새로운 버전의 「환상 교향곡」을 발표했다. 그는 이 음악회에 당대의 내로라하는 거장들을 초대했다. 작곡가 리스트, 쇼팽, 파가니니, 문학가 뒤마, 유고, 상드뿐만 아니라 그가 꿈에도 그리던 해리엇 스미스슨도 음악회에 참석하여 그의 연주를 지켜보았다. 해리엇은 이 작품이 자신에 대한 사랑을 모티브로 작곡되었다는 사실을 뒤늦게 알고 작곡가에게 축하 편지를 보냈다. 이를 계기로 베를리오즈는 그녀와 만나는 꿈을 실현할 수 있었다.

당시 해리엇은 공연의 거듭된 실패 때문에 인기가 하락하고 있었고 경제적으로 어려움을 겪고 있었다. 하지만 베를리오즈는 이에 개의치 않고 양가의 반대에도 불구하고 1833년 10월 3일 그녀와 결혼했다. 파리(Paris)에서 결혼 생활을 시작한 이들은 얼마 지나지 않아서 몽마르트르로 이사했고 여기서 아들이 태어났다. 해리엇이 언어 장벽 때문에 개인적으로 사회생활에서 어려움을 겪고 있었지만 그럼에도 이들의 결혼 생활은 행복했다. 그러나 베를리오즈가 프랑스 밖에서 활동하기 시작한 1840년경부터 이들의 관계는 금이 가기 시작했다. 1842년부터 브뤼셀(Bruxelles)과 독일의 12개 도시에서 순회 연주회를 열었던 베를리오즈는 연주 여행에 오페라 가수인 마리 레치오(Marie Recio, 1814-1862)와 동행했고 해리엇은 이들의 관계를 의심했다. 결국 이들의 결혼 생활은 돌이킬 수 없을 만큼 파경을 맞았고 1843년 겨울 해리엇은 몽마르트르의 집을 떠났다. 결혼 10년 만의 일이었다. 이후 해리엇은 알코올 중독에 빠졌고 심장병을 앓다가 1854년 세상을 떠났다. 해리엇과 별거 후 베를리오즈는 마리와 동거를 시작했고 해리엇이 세상을 떠난 후 정식으로 결혼했다. 마리는 베를리오즈와 결혼한 지 8년 후 세상을 떠났다.

베를리오즈가 젊은 시절 사랑 때문에 얼마나 무모하고 좌충우돌했는

베를리오즈, 『이탈리아의 해럴드』, 이마이, 데이비스 지휘, 런던 필하모닉 오케스트라(Philips, 1975, LP)
표지: 「현대의 이탈리아: 피페라리」, 조세프 터너(Joseph Turner, 1775-1851) 작, 유화, 1838, 92.6×123.2cm, 켈빙그로브 미술관(Art Gallery & Museum Kelvingrove), 글래스고(영국)
이 작품의 제목으로 사용된 피레라리(Pifferari)는 오보에와 비슷한 악기의 이름이다. 그림 왼쪽의 하단에 백파이프와 피레라리를 연주하는 사람들이 보이고 그 밑에는 한 수도승 앞에 무릎을 꿇고 있는 사람이 있다. 영국의 화가 터너는 이탈리아를 이런 모습으로 그렸다.

지는 로마 유학 당시의 한 일화에서도 드러난다. 로마에 도착한 후 얼마 지나지 않아 그는 숙소였던 빌라 메디치(Villa Medici)의 방구석에 틀어박혀 고민에 빠졌다. 자신과 미래를 약속했던 벨기에 출신의 피아니스트 마리 모크(Marie Moke, 1811-1875)가 약혼을 파기하고 나이 많고 부유한 프랑스 피아노 제작회사의 계승

사가 명동대성당에서 김수환(金壽煥, 1922-2009) 추기경의 주례로 시작될 때 성당의 종소리가 크게 울려 퍼졌다. 이때 종소리는 세상에 민주화를 기원하는 기도이자 이를 호소하는 외침이었다.

일반 본당에서는 시끄럽다는 이웃 주민들의 민원 때문에 종을 더 칠 수 없는 경우가 많아졌다. 도심의 성당들은 하나 같이 아파트에 둘러싸여 있어서 성당의 종소리가 멀리 퍼져 나가기보다는 고층 아파트 벽을 타고 공명이 되어서 아파트 사는 주민들의 귀를 피곤하게 하기 때문이다. 어릴 때 듣던 성당의 종소리를 자주 들을 수 없게 된 것이 아쉽다. 그래서 그런지 유럽 여행을 가서 성당의 종소리를 들으면 그렇게 반가울 수가 없다. 우리나라에서는 들을 수 없는 크고 작은 여러 개의 종이 한꺼번에 울려 고음과 저음이 화음을 이루어 내는 종소리는 그 자체로 아름다운 음악이다.

2009년 사제평생교육원에 부임했을 때 그곳 경당經堂에서 미사 때 쓰는 종이 도대체 마음에 들지 않았다. 우선 종이 너무 작아서 소리가 잘 들리지 않았을뿐더러 가볍고 깨지는 소리가 났기 때문이다. 나는 종을 새로 구입하기 위해 명동대성당 앞의 가톨릭회관에 있는 여러 성물 센터를 돌아다녔다. 성물 매장에서 수녀님들이 보여 주는 종을 하나하나 흔들어 보고 종소리를 확인했지만 어린 시절 듣던 그 옛날의 묵직하면서도 고운 소리가 나는 종은 없었다. 매장에서 파는 종들은 하나 같이 금도금金鍍金되어 깔끔해 보였지만 운치가 없어 보였고 종의 두께가 너무 얇아서 소리 역시 가볍고 깊이가 없었다. 그래서 결국 종을 구매하지 못했다.

그 후 지인들과 함께 스위스의 명산 마터호른(Matterhorn, 4,478m)을 오르

베를리오즈, 『환상 교향곡』, 뮌슈 지휘, 파리 오케스트라(EMI, 1967, LP)
표지: 「해저의 환영」, 오딜롱 르동(Odilon Redon, 1840-1916) 작, 파스텔화, 1904, 60.5×49.9cm, 소재 미상

기 위해 체르마트(Zermatt)에 머물렀다. 마터호른 정상으로 가는 케이블카를 타기 위해 길을 가는 중에 골동품 가게가 있었는데 그 가게에 종이 많이 있었다. 나는 하나하나 쳐 보면서 어린 시절 미사 중에 들었던 그런 묵직하면서도 깨끗하고 울림이 좋은 소리가 나는 종을 선택하여 구매했고 그 종을 사제평생교육원 경당 안에 두고 미사 때마다 치도록 했다.

내가 최근 많이 들은 음반은 이탈리아 밀라노 출신의 클라우디오 아바도(Claudio Abbado, 1933-2014)가 지휘하는 시카고 심포니 오케스트라의 연주(DG, 1984, LP)이다. 부족함이 없고 명쾌한 연주로서 중후하고 품위 있는 종소리가 좋다.

레너드 번스타인(Leonard Bernstein, 1918-1990)이 지휘하는 프랑스 국립 오케스트라의 연주(EMI, 1977, LP)는 현대적 세련미가 있으면서도 낭만주의 정신을 잘 살린 연주로서 박진감이 넘친다. 이 연주에서의 종소리는 신학교에서 많이 들었던 작은 종소리처럼 예스럽다.

프랑스 스트라스부르 출신의 샤를 뮌슈(Charles Munch, 1891-1968)가 지휘하는 파리 오케스트라의 연주(EMI, 1967, LP)는 화려하면서도 지나침이 없는 품위 있는 연주이다. 이 연주의 종소리는 프랑스 시골 성당의 전형적인 종소리처럼 성스럽고 마음을 크게 울린다.

12 힌데미트 「교향곡 화가 마티스」

"보라, 세상의 죄를 없애시는 하느님의 어린양이시다." 요한 1,29

어느 여름, 프랑스 동부 알자스(Alsace) 지방의 스트라스부르(Strasbourg)를 찾았다. 그곳에는 나의 오랜 친구인 이탈리아 신부 비토가 살고 있었기 때문이다. 당시 그는 스트라스부르에 있는 유럽 의회의 옵서버 자격으로 교황청 대표로 일하고 있었다. 1987년 그가 한국에서 일할 때부터 맺어 온 우리의 우정은 내가 한국에서 그 먼 곳까지 날아갈 만큼 견고했다. 벗이 먼 곳에서 찾아오니 또한 기쁘지 아니한가(有朋自遠方來, 不亦說乎: 유붕자원방래 불역열호), 『논어 論語』 「학이 學而」 첫머리의 공자 말씀처럼 비토는 나를 따뜻하고 반갑게 맞아 주었다.

독일의 바덴바덴이 지척 거리에 있는 국경 도시 스트라스부르가 속한 알자스 지방은 지난 역사에서 독일과 프랑스가 번갈아 가며 통치했고, 제1차 세계대전 이후에는 프랑스의 영토가 되었다가 1940년 나치 독일에 잠시 합병되었지만 제2차 세계대전 이후 프랑스의 영토가 되어 오늘에 이르고 있다.

그곳은 생각보다 관광객이 많았다. 사전 정보도 없었고 아무런 기대도 하지 않았는데 고맙게도 그곳은 프랑스의 숨은 보석으로서 프랑스에 가면 반드시 가 보아야 할, 볼거리가 넘치는 도시였다. 운하와 함께 나무 장식의 고색창연한 건축물의 아름다움과 예스러움을 고스란히 간직하고 있는 쁘띠뜨 프랑스(le quartier de la Petite France)는 1988년 유네스코 세계문화유산으로 등재되었는데 세계의 어느 도시에서도 볼 수 없는 독특한 분위기를 연출하고 있었다.

스트라스부르에서 남쪽으로 64km 떨어진 콜마르(Colmar)는 스트라스부르보다 규모가 더 큰 운하 도시였다. 관광 지도에 의존해 비토와 나는 운하의 전경이 아름답다고 알려진 쁘띠 베니스(La Petite Venise)를 중심으로 옛 도시를 걸어 다녔다.

오후에는 북쪽으로 난 길을 따라 13-14세기에 지어진, 그 도시의 중심에 있는 성 마르티노 성당과 도미니코 성당을 모두 둘러보고 밖으로 나왔는데 또 하나의 성당이 보였다. 가까이 가서 보니 그곳은 미술관이었다. 1262-1269년에 건축된 그 성당은 과거 도미니코회 수녀원에서 사용했지만 지금은 운테린데르 미술관(Untelinder Museum)으로 사용되고 있었다. 우리는 자연스레 그 미술관 안으로 들어갔다. 이 미술관을 대표하는 가장 중요한 작품은 마티아스 그뤼네발트(Matthias Grünewald, 1470-1528)가 그린 「이젠하임 *Isenheim* 제대화」였다. '십자가에 매달리신 예수님'을 묘사한 이 작품은 원래 콜마르에서 가까운 이젠하임에 있던 성 안토니오 수도원의 성당 안 제대를 중심으로 그려진 그림이었다.

비토는 불어로 된 미술관 안내서에 있는 작품 해설을 한참 읽더니, 이 그림이 독일의 현대 작곡가인 파울 힌데미트(Paul Hindemith, 1895-1963)의 「교향곡 화가 마티스 *Mathis der Maler*」라는 작품의 작곡에 영감을 준 「이젠하임 제대화」라고 알려 주었다. 그 순간 나는 내 음반 서고에 있는, 헤르베르트 폰 카라얀(Herbert von Karajan, 1908-1989)이 지휘하는 베를린 필하모닉이 연주하는 이 작품의 음반(EMI, 1962녹음, 1988, CD)을 기억했다. 구매한 후 몇 번 듣고 서고에 꽂아 두었던 음반이다.

힌데미트는 이 미술관에서 「이젠하임 제대화」를 감상한 후 화가 마티아

힌데미트 『교향곡 화가 마티스』, 오르만디 지휘, 필라델피아 오케스트라(Colombia, 1964, LP)
표지: 「이젠하임 제대화」, 마티아스 그뤼네발트(Matthias Grünewald, 1470-1528) 작, 유화, 1512-1516, 운테린데르 미술관(Untelinder Museum), 콜마르(프랑스)

스 그뤼네발트의 생애를 주제로 하여 자신이 직접 쓴 7막의 대본을 바탕으로 오페라 『화가 마티스』(1935)를 작곡했다. 이 오페라는 독일 농민 전쟁(1524-1525)을 배경으로 화가 마티아스의 '표현의 자유'를 주제로 한 것이었다. 농민전쟁 당시 궁중 화가 마티아스 그뤼네발트는 「이젠하임 제대화」를 그리고 있었는데 농민군을 지지했다는 이유로 궁중의 재정 지원이 끊겼다. 이 오페라는 마티아스가 이런 정치적 탄압과 경제적 어려움 속에서도 굴하지 않고 「제대화」를 완성한다는 내용이다.

힌데미트의 「교향곡 화가 마티스」는 이 오페라를 중심으로 작곡되었다. 베를린 필하모닉의 콘서트 투어를 계획하고 있던 상임 지휘자 빌헬름 푸르트벵글러(Wilhelm Furtwängler, 1886-1954)가 교향곡 작곡을 요청하자 힌데미트는 당시 작곡 중이던 오페라에서 서곡과 함께, 간주곡과 여러 장면을 묘사한 주제 음악을 엮어 3악장으로 구성된 「교향곡 화가 마티스」를 작곡했다. 이 교향곡은 오페라 『화가 마티스』가 발표되기 전인 1934년 3월 12일 베를린에서 초연되었다.

문제는 초연 이후 이 작품은 나치 정권의 혹독한 비판을 받아야 했다. 나치 정권은 이 작품의 선율이 퇴폐적일 뿐 아니라 유대인 색채를 띠고 있다고 비판했다. 특히 교향곡의 작곡 배경이 되는 오페라 주제를 못마땅하게 여기던 나치 정권은 이후 교향곡뿐만 아니라 오페라의 독일 내 공연을 허락하지 않았다. 그래서 오페라 『화가 마티스』 초연은 작곡이 완성된 후 3년이나 지난 1938년 스위스의 취리히 오페라 하우스에서 이루어졌다. 이렇게 독일 내에서 박해를 받던 힌데미트의 이 교향곡과 오페라는 제2차 세계대전 이후에는 독일뿐 아니라 세계 여러 도시에서 공연되었다. 「교향곡 화가 마티스」는 오늘날 힌데미트의 작품 중에서 가장 자주 연주되고 있다.

여행을 마치고 귀국하던 날 나는 방에 들어서서 여행 가방을 내려놓자마자 오디오 기기의 스위치를 올리고 힌데미트의 「교향곡 화가 마티스」 음반을 들어보았다. 여행 중 콜마르에서 보았던 「이젠하임 제대화」를 머릿속에 하나하나 떠올리며 음반 뒤의 교향곡 해설을 읽고 나니 과거에는 귀에 들어오지 않던 선율이 친숙하게 들어오기 시작했다. 그 순간부터 이 교향곡은 더 이상 현대 작곡가의 난해하고 낯선 음악이 아닌 내가 사랑하는 고전음악 목록에 추가되었다.

1악장 '천사의 합주'는 원래 오페라 『화가 마티스』의 서곡으로 작곡되었다. 트롬본의 조용한 연주로 시작된 후 농민전쟁 당시의 민요 주제가 연주되다가 웅장한 오케스트라 연주로 마무리된다. 신약성경의 복음서福音書에는 예수님 탄생과 관련하여 여러 군데서 천사가 등장한다. 제일 먼저 가브리엘 천사가 처녀 마리아에게 조용히 다가와 "두려워하지 마라, 마리아야. … 이제 네가 잉태하여 아들을 낳을 터이니…"(루카 1,30-31) 하며 주님의 잉태 사실을 알린다. 「이젠하임 제대화」의 두 번째 그림 중앙 부분은 이 순간을 묘사한 것이다. 아기 예수가 베들레헴의 한 마구간에서 태어나실 때 양 떼를 지키던 목동들에게 천사들은 소리를 모아 "하느님께 영광, … 사람들에게 평화"(루카 2,14)를 외치며 함께 찬미하였다. 1악장은 이렇게 천사의 말씀과 찬미의 합창으로 구원의 역사가 시작되었음을 묘사하고 있다.

2악장 '매장'은 원래 오페라 7막의 간주곡으로 작곡되었다. 이 간주곡은 오페라 주인공인 농민 지도자 슈발브의 딸 레지나가 죽은 다음 날 아침 전경을 그린 것으로서 탄식과 슬픔의 주제가 차분하고 서정적으로 연주된다. 2악장이 '매장'을 주제로 하고 있으니 이 음악을 들으며 나는 당연히 「이젠하임 제대화」의 첫 번째 그림인 '십자가에 매달리신 예수님'에 주목한다. 이 장면을 묘사한 다른 그림들과 달리 이 그림에는 맨발의 세례자 요한이 십자가 오른쪽 밑에 서 있다.

세례자 요한은 헤로데에 의해 억울하게 참수형을 당해 순교했고(마르 6,17-29 참조) 이는 역사적으로 십자가 위에서 예수님께서 돌아가신 것보다 앞선다. 그런데 '십자가에 매달리신 예수님'을 묘사한 그림에 세례자 요한을 등장시킨 것은 구세주의 탄생에 앞서 그분의 길을 준비한 세례자 요한의 역할이 중요했음을 상징적으로 전하기 위함이었을 것이다. 예수님을 처음 본 세례자 요한은 "보라, 세상의 죄를 없애시는 하느님의 어린양이시다. … 내가 나기 전부터 계셨다."(요한 1,29-30)고 고백한 바 있는데, 요한의 이 예언과 고백이 십자가 위에서 '지금 이 순간' 이루어지고 있음을 화가 마티아스 그뤼네발트는 이렇게 표현했다. 그림에서 예수님을 가리키고 있는 세례자 요한 뒤에 "그분은 커지셔야 하고 나는 작아져야 합니다."(요한 3,30) 하고 세례자 요한이 예수님을 두고 했던 표현을 적시함으로써 화가는 그분의 사명과 세례자 요한의 신원을 밝히고 있다. 그림 밑에는 죽은 예수를 품에 안고 슬퍼하는 성모님과 그 옆에 예수님의 시신을 안치할 관이 보인다.

3악장 '성 안토니오의 유혹'은 원래 오페라 6막의 내용을 다룬 주제음악이다. 오페라 6막은 마티아스 그뤼네발트가 농민군 편에 선 후에 당국의 감시와 궁핍한 생활 속에서 사탄으로부터 받았던 온갖 유혹을 그렸다. 오페라 6막에서 화가 마티아스 그뤼네발트는 박해와 유혹을 이겨 내고 「이젠하임 제대화」의 '성 안토니오의 유혹'을 완성한다. 교향곡 3악장에서는 유혹에 해당하는 바이올린과 비올라의 선율이 매혹적으로 연주되고 나서, 마티아스가 사탄의 유혹을 이겨 냈음을 승리의 알렐루야로 노래한 후 관현악 연주가 장대하게 울려 퍼지며 마무리된다.

「이젠하임 제대화」(첫 번째 그림의 중앙 부분), 마티아스 그뤼네발트(Matthias Grünewald, 1470-1528) 작, 유화, 1512-1516, 269×307cm, 운테린데르 미술관(Untelinder Museum), 콜마르(프랑스)
이 그림에서 십자가에 매달리신 예수님의 몸에 피부 발진 증상이 보이는 것과 예수님보다 먼저 세상을 떠난 세례자 요한이 십자가 밑에 서 있는 것이 특이하다. 예수님께서는 세례자 요한이 예언한 대로 하느님의 희생양(요한 1,36)으로서 우리 죄를 대신하여 십자가에서 돌아가셨고 특히 이때 피부병 환자들의 고통을 함께 짊어지고 가셨음을 화가는 이렇게 묘사하였다.

251년 부유한 가정에서 태어난 성 안토니오는 자신의 재산을 팔아서 가난한 사람들에게 모두 나누어 준 후에 수덕修德 생활에 전념하기 위해 사막에 들어가 평생 은수자隱修者의 길을 걸었다. 그는 세상에서의 편안함을 버리고 스스로 극기克己와 희생의 삶을 이어 갔는데, 그를 따르는 많은 사람과 함께 교회 역사 안에서 처음으로 수도생활을 시작했다. 오늘날 교회 안에 존재하는 수많은 수도원은 근본적으로 모두 이분에게 그 기원을 두고 있다 해도 과언이 아니다. 예수님께서 공생활公生活을 시작하기에 앞서 광야에서 사탄의 유혹(마태 4,1-11 참조)을 받으셨듯이, 성인께서도 은수 생활 중에 사탄의 유혹을 받으셨다. 성인께서 기도와 수덕 생활에 전념하려고 노력하면 할수록 사탄의 유혹은 더욱 거세졌는데 괴물에서부터 나체의 여인에 이르기까지 수많은 모습으로 달려드는 사탄의 유혹을 받으셨다. 「이젠하임 제대화」 세 번째 그림의 오른쪽 날개 그림이 이를 묘사한 것이다. 「이젠하임 제대화」에 성 안토니오의 그림이 이렇게 배치된 것은 이 그림이 본래 있던 이젠하임의 수도원이 성 안토니오를 주보성인主保聖人으로 모시고 있었기 때문이었다.

성 안토니오 수도원(Hospital Brothers of Saint Anthony)은 중세시대의 대표적인 피부 질환이었던 맥각중독증에 걸린 사람들을 치료하기 위해 1095년 콜마르 남쪽 도피네(Dauphiné) 지역(프랑스의 알프스 지역)에 처음으로 세워졌다. 중세시대의 주식主食이었던 호밀과 귀리로 만든 빵에 있는 독성 곰팡이가 원인균이었는데 이런 빵을 먹고 감염된 환자들은 피부 발진 증상을 보이다가 마치 나병이나 흑사병처럼 손발이 썩는 피부병에 고통받아야 했고 심한 경우 손발을 잘라 내야 했을 뿐만 아니라 최후에는 죽음에 이르렀다. 성 안토니오 수도원과 병원은 이런 환자들을 돌보고 치료하는 것을 목적으로 설립되었는데 교황 우르바노 2세(Urbanus PP. II, 재위: 1088-1099)가 설립을 승인한 이후 유럽으로 퍼져나가 15세기경에는 이탈리아, 스페인, 독일 등의 유럽 여러 도시에 370개나 세워졌다. 도피네 지역에서 가까운 이젠하임 수도원은 이런 수도원 역사 속에 세워졌다. 자원自願해서 수도원에 입회한 수도자들은 공동생활을 하며 성 안토니오의 모범에 따라 성당 안에서 규칙적으로 하느님께 기도하고 낮에는 병자들을 돌보았다.

「성 안토니오의 유혹」(이젠하임 제대화의 세 번째 그림 중 오른쪽 날개), 마티아스 그뤼네발트(Matthias Grünewald, 1470-1528) 작, 유화, 1512-1516, 265×141cm, 운테린데르 미술관(Untelinder Museum), 콜마르(프랑스)
이 그림은 성인께서 은수 생활 중에 온갖 유혹에 시달리시는 모습을 묘사하고 있다. 그 순간을 마치 지옥과도 같은 모습으로 묘사한 이 그림을 보고 있으면 모골이 송연해진다.

그림 '성 안토니오의 유혹' 아랫부분의 왼쪽에 피부병 환자가 보이는 것은 수도원 자체가 이 환자들을 위해서 존재하고 있음을 상징적으로 드러낸 것이라 할 수 있다. 「이젠하임 제대화」의 첫 번째 그림인 '십자가에 매달리신 예수님'이 피부병에 걸린 듯 온몸에 피부발진의 반점이 보이는 것은 맥각중독증에 걸려 고통받는 환자들의 고통을 예수님께서 짊어지고 가신다는 은유적 표현일 것이다. 십자가에서 고통당하시는 예수님을 생생하게 그린 이 작품을 통해서 당시 맥각중독증 때문에 고통받던 환자들은 그분과 함께 부활할 것을 믿으며 크게 위로받았을 것이다.

파울 힌데미트는 독일 프랑크푸르트에서 가까운 하나우(Hanau)에서 화가였던 아버지 로베르트 힌데미트(Robert Hindemith, 1870-1915)와 어머니 마리(Marie, 1868-1949) 사이에서 태어났다. 어린 시절부터 바이올린을 배웠던 힌데미트는 프랑크푸르트(Frankfurt)에 있던 호흐 음악원(Hoch Conservatory)에서 바이올린과 지휘와 작곡을 배웠다. 음악원을 졸업한 후 1914년부터 프랑크푸르트 오페라 오케스트라와 레브네르 현악 4중주단(Rebner String Quartet)에서 바이올린을 연주하다가 1921년에는 아마르 4중주단(Amar Quartet)을 창단한 후 연주 활동에 전념했는데 그는 여기서 비올라를 연주했다.

1920년대부터 작곡을 본격적으로 시작한 힌데미트는 1924년 배우이자 성악가였던 게르트루드(Gertrud, 1900-1967)와 결혼했지만 자녀는 없었다. 1927년에는 베를린 예술대학교(Berlin University of the Arts)의 음악대학 교수로 임명되어 학생들을 가르쳤다. 그는 1935년 터키(현 튀르키예) 정부로부터 초대되어 이스탄불에 음악학교를 설립했고 터키의 국립 오페라와 발레단(Turkish State Opera and Ballet)과 앙카라 국립 음악원(Ankara State Conservatory)을 창립하는 등 터키의 음악 발전에 크게 기여했고 터키에서 존경받았다. 1938년에는 유대인 피를 물려받은 아내 때문에 가족과 함께 스위스로 이주했고 1940년부터 미국에서 활동하던 그는 1946년 미국 시민권을 얻었지만 1953년 스위스 취리히로 돌아왔다. 마지막 순간까지 작곡에 전념하던 그는 예순여덟 살이던 1963년 프랑크푸르트에서 췌장염으로 사망했고 스위스의 라치에사즈(La Chiésaz)에 있는 공동묘지(Cimetière La Chiésaz)에 묻혔다.

힌데미트의 「교향곡 마티스」를 들으면 나는 어린 시절 가족들과 함께 덕수궁 석조전에서 여러 미술 작품을 보던 생각이 난다. 초등학생 시절, 매년 가을이 되면 아버지께서는 주일날 식구들을 데리고 덕수궁에 가셨다. 덕수궁 입구 오른쪽에서는 국화전시회가 열렸고 석조전에서는 '대한민국미술대전'이 열리고 있었기 때문이었다. 가을 색이 찬연한 덕수궁 안에서 각 전각殿閣의 해설을 읽으며 궁궐을 보는 것도 재미있었지만 석조전에 전시된 여러 미술 작품을 보는 것도 좋았다. 석조전에서 동양화와 서예 작품, 서양화와 조각 작품, 그리고 사진 작품까지 다 보고 나오면 날이 어두워지기 시작했다. 덕수궁 근처 어디선가 함께 저녁 식사를 하는 중에 아버지께서는 미술관에서 본 작품 중에 어느 것이 제일 좋았는지, 그리고 왜 좋았는지 식구들에게 물어보셨다. 초등학생 시절 아버지 질문에 제대로 답하지 못했던 나는 셋째 누나가 답하는 것을 주의 깊게 듣고 그다음 해부터는 전시회에서 작품을 건성건성 보지 않고 더 열심히 보았다. 힌데미트의 「교향곡 마티스」를 들으면, 1악장에서는 전시회에서 미술 작품을 볼 때 느끼는 설렘과 호기심과 자극이, 2악장에서는 진지함과 신선함이, 그리고 마지막 3악장에서는 도전성과 미美의 예찬禮讚과 감동이 느껴진다.

내가 고등학생 시절 미대에 재학 중이던 셋째 누나 방에는 화집이 많았다. 누나 방의 책꽂이에는 『한국현대미술대표작가 100인선집』과 일본말 책이었던 『세계의 미술』이 있었다. 이 화집은 이미 검증된 좋은 작가들의 작품만 모아 놓았기 때문에 덕수궁에서 열리는 국전의 작품을 감상할 때와는 다른 또 다 연주회를 마치고 불과 두 달 반 만에 세상을 떠났다. 리파티의 이른 죽음에 대한 안타까움 때문이었는지 이 음반은 처음 출판될 당시부터 음반계에 크게 회자될 만큼 유명세를 탔던 음반이었다.

나는, 리파티의 처지를 잘 알고 있던 당시 연주회의 청중이 된 듯이, 그 음반을 듣고 또 들었다. 그가 연주한 여러 작품 중에서 두 번째로 연주한 볼프강 아마데우스 모차르트(Wolfgang Amadeus Mozart, 1756-1791)의 「피아노 소나타 8번 A단조 K.310」이 가장 크게 내 마음을 울렸다.

모차르트는 열일곱 살이던 1773년 잘츠부르크의 궁정 음악가로 임명되었지만 4년 후에 사직하고 1777년 9월부터 더 좋은 일자리를 찾아 부모와 함께 유럽의 여러 도시를 찾아다녔다. 파리(Paris)에 도착한 것은 1778년 3월이었고 베르사유(Versailles) 궁전의 오르간 연주자로 초빙되었지만 모차르트는 이 제안에 관심을 보이지 않았다. 그런데 같은 해 7월 3일, 여행에 동행했던 어머니가 갑작스럽게 세상을 떠나셨고 「피아노 소나타 8번」은 이즈음에 작곡되었다. 이 작품을 작곡할 당시 모차르트는 어머니의 죽음을 예감하고 슬픔에 잠겨 있었던지, 이보다 앞서 작곡했던 일곱 개의 「피아노 소나타」를 장조長調로 작곡했던 것과는 다르게, 「피아노 소나타 8번」은 단조短調로 작곡했다. 이 작품은 그의 18개 「피아노 소나타」 중에서 첫 번째로 작곡된 단조 작품이고, 「소나타 14번 C단조 K.457」과 함께 단 두 개밖에 되지 않는 단조 작품이다.

1악장 알레그로(Allegro)를 들으면, 발을 동동 구르는 아들의 다급한 심정이 느껴진다. 전혀 예상하지 못했던, 어머니 상실에 대한 두려움과 근심, 그리고 전혀 손써 볼 수 없는 불가항력적 상황에 대한 답답한 마음을 거장은 이렇게

『디누 리파티 마지막 공연: 브장송 국제 음악제』(EMI, 1950, 모노LP)

표현했다. 분위기가 바뀌어 2악장 안단테(Andante)는 차분하고 서정적이다. 어머니의 죽음을 받아들이고 신앙인으로서 하느님께 모든 것을 맡기고 기도하는 것처럼 평화롭다.

3악장 프레스토(Presto)는 다시 현실을 직시한 듯 마음이 바빠진다. 신앙과 체념과 수용으로 마음의 평화를 얻었을지라도 어머니의 죽음을 현실적으로 받아들여야만 하는 청년 모차르트에게 그것은 충격 그 자체였다. 모차르트는는 것, 그래서 그분께 모든 것을 맡겨야 한다는 신앙의 내용이 함축된 이 앙코르곡을 통해서 리파티는 이 세상에서의 마지막 공연을 그분께 바쳤다. 이 곡은 오늘날 『가톨릭 성가』(180장)에서 「주님의 작은 그릇」으로 번안되어 불린다.

> 예수님은 내 기쁨의 원천이시며
> 내 마음의 본질이고 희망입니다.
>
> 예수님은 모든 근심에서 나를 보호하시며
> 내 생명의 근원입니다.
>
> 내 눈에는 태양이자 기쁨이며
> 내 영혼의 기쁨이며 보물입니다.
>
> 그래서 나는 내 마음과 눈에서
> 예수님을 멀리하지 않으렵니다.

디누 리파티(1917-1950)는 루마니아 수도 부쿠레슈티(Bucharest)에서, 루마니아의 동방 정교회 신앙을 가진, 음악 집안에서 태어났다. 아버지 테오도르 리파티는 파블로 사라사테(Pablo de Sarasate, 1844-1908)와 함께 수학한 바이올리니스트였고 어머니는 피아니스트였다. 동방 정교회의 신자 가정에서는 아기가 태어나면 보통 며칠 안에 성당에 가서 세례를 주는데, 리파티는 피아노를 칠 수 있는 나이가 되어 세례를 받았다. 리파티 아버지의 부탁으로 루마니아의 피아니

쇼팽, 『월츠』, 리파티(Odyssey, 1967, LP)

스트이자 작곡가인 제오르제 에네스쿠(George Enescu, 1881-1955)가 대부代父를 섰다. 리파티는 세 살 때 요한 제바스티안 바흐의 「평균율 클라비어곡집」 1번 전주곡(Prelude)를 일주일 정도 익힌 후 연주했고, 세례식 후에는 모차르트의 「미뉴에트」를 연주했다고 하니 그의 천재성은 이미 어린 시절부터 드러났다.

열한 살 때 왕립 부쿠레슈티 음악원(Royal Academy of Music and Dramatic Art)에 입학한 리파티는, 음악원의 7년 과정을 단 4년 만에 끝마치고 1932년 졸업했다. 1934년 열일곱 살이 되던 해 그의 천재성을 눈여겨보던 프랑스의 피아니스트 알프레드 코르토(Alfred Cortot, 1877-1962)의 초청으로, 리파티는 파리 보통 음악원('École normale de musique de Paris)에서 다시 수학할 수 있었다. 그리고 얼마 후 제오르제 에네스쿠 작곡 대회에서 「교향적 모음곡 치간*Les Tzigane*」으로 우승했다. 1938년부터는 코르토의 도움으로 개최된 독주회에서 바흐, 모차르트, 쇼팽, 브람스, 에네스쿠 등 여러 작곡가의 작품을 연주했다. 1941년부터 리파티는 부쿠레슈티 필하모닉과 함께 빈(Wien)과 프라하(Prague)뿐만 아니라 독일의 여러 도시와 불가리아의 수도 소피아에서 순회공연을 했다. 1943년 스물여섯 살이 되던 해, 여러 연주회를 앞두고 있던 그는 원인을 알 수 없는 증세 때문에 아파서 예정된 연주회를 처음으로 포기했다. 이듬해 제네바 음악원의 교수로 임명된 후 학생들을 가르쳤고, 스위스의 여러 도시를 다니며 순회공연을 했다.

이렇게 피아니스트로 승승장구하던 그는 1947년 서른 살이 되던 해, 호지킨병이라고 불리는 혈액암의 일종인 '악성 림프 육아종증'이라는 진단을 받았다. 그 후 그는 1950년 세상을 떠나기 전까지 3년 동안 인생에서 가장 바쁘고 열심히, 그리고 의미 있게 살았다. 우선 그는 1948년 건강이 급격하게 악화되고 있는 중에 마들렌 칸타쿠지노(Madeleine Cantacuzino, 1908-1982)와 결혼했다. 리파티는 스물두 살이던 1939년 피아니스트였던 마들렌을 처음 만났고 이듬해 루마니아 라디오에 함께 출연한 후 그녀와 가까워졌다. 두 사람은 1943년 제네바(Geneva)에 정착했다. 호지킨병으로 진단받고 서둘러 결혼식을 올렸던 것은 두 사람이 진정으로 서로 사랑하고 있었고 두 사람의 인생에서 가장 중요한 일을 더 이상 미룰 수가 없었기 때문이었을 것이다. 그는 1948년 방사선 치료를 위해 제네바의 한 병원에 입원했던 기간을 빼고는, 건강이 악화일로에 있었음에도 세상을 떠나기 전까지 영국, 포루투갈, 스페인, 벨지움, 네덜란드, 이탈리아를 여행하며 총 60회의 연주회를 해냈다. 또한 그가 이 세상에 남긴 레코드 음반의 대부분도 1947년부터 1950년 사이에 녹음되었다. 그가 남긴 음반은 스물세 개인데 그중에서 열여섯 개가 이 기간에 녹음된 것이다.

호지킨병의 발병發病 후에 고열과 통증에 시달리고 있었음에도 그는 피아니스트로서 오히려 건강할 때보다 더 열심히 연주했고, 마지막 시간이 다가옴에 따라 점점 쇠약衰弱해져 가고 있었음에도 생의 마지막 순간까지 포기하지 않고 최선을 다했다. 그가 일생 중에 음악에 바친 노력, 특히 호지킨병 진단을 받은 이후 음악에 보여 준 투지鬪志는, 그가 음악에 대해서 평소 자주 했던 말에 그 의미가 함축되어 있다.

> "음악은 나의 종이 아닙니다. 오히려 음악의 종이 되어야 하는 사람은 나입니다." [2)]

피아니스트였던 그에게서 음악은 단순히 즐길 대상이 아니라 오히려 봉사해야 할 절대적 대상이었다. 음악에 대한 그의 가치관은 "사람의 아들은 섬김을 받으러 온 것이 아니라 섬기러 왔고, 또 많은 이들의 몸값으로 자기 목숨을 바치러 왔다."(마르 10,45)는 복음 말씀과 맥을 같이한다. 음악가로서 세상의 봉사자가 되어야 한다는 생각, 음악의 종이 되어야 한다는 신념은 그가 어릴 때부터 생활화해 오던 복음 정신에서 온 것임에 틀림없다. 디누 리파티가 이 세상에 남

2) Bargauanu, Grigore, 『Lipatti』, www.dinulipatti.org/biography-life, 2023.12.8.

긴 1950년 9월 16일 브장송에서의 고별 연주회와 그 실황 음반은, 섬기러 왔다는 그분의 뜻을 따라서 음악에 봉사하려는 그의 숭고한 정신과 신앙 속에서 탄생한 것이다.

나는 이 음반을 들을 때, 특히 모차르트 「피아노 소나타 8번」을 들을 때마다 1985년 9월 10일 예순네 살에 돌아가신 아버지 생각이 난다. 사제품을 반년 정도 앞두고 있던 여름방학 때였다. 당시 나는 급성 간염 때문에 병원에 입원해 있었고 아버지는 매일 퇴근길에 병원에 들르셨다. 그런데 병실에 들어서시는 아버지의 배가 마치 만삭의 여인처럼 불러 있었다. 나는 병원에 가 보셔야 한다고 아버지께 말씀드렸다. 다음날 한의원에 다녀오신 아버지께서는 배에 가스가 찬 것이 원인이라고 하시며 한약을 먹기로 했다고 말씀하셨다. 며칠 후 내가 퇴원하고 집에 왔는데도 아버지의 배는 여전히 만삭의 여인 같아 보였다.

다음날 아버지는 대학병원에 다녀오셨는데 배가 부른 이유는 복수腹水 때문이며 간암肝癌이 의심된다는 진단을 받으셨다. 며칠 후 아버지는 병원에 입원하셨는데 보름 정도 지나자 간암 말기 환자의 전형적인 증상인 식도정맥이 터진 후 기력이 급격하게 떨어지셨다. 그리고 마지막 일주일 동안은 의식이 없는 간성혼수 상태에 계시다가 그대로 돌아가셨다. 집안의 대들보가 송두리째 무너지는 것 같은 충격이었다. 집안의 누구도 아버지의 빈 자리를 채울 수 없었다. 그저 아버지의 빈 자리만 크게 보일 뿐이었다. 무엇보다도 개인적으로 정서적 상실감이 컸고 미래의 불확실성에 대한 두려움도 컸다. 그리고 무엇보다 아버지의 부재를 현실적으로 받아들이는 것이 어려웠지만 그것은 현실이었다.

모차르트 「피아노 소나타 8번」을 들으면 아버지가 입원하시고 돌아가시

모차르트, 『피아노 소나타』, 피르스(Erato, 1976, LP)
표지: 「봄」, 니콜라 랑크레(Nicolas Lancret, 1690-1743) 작, 유화, 1783, 69×89cm, 루브르 미술관(Musée du Louvre), 파리

기까지 한 달 사이에 있었던 당혹스러웠던 경험이 주마등처럼 떠오른다. 아버지 때문에 발을 동동 구르며 근심 걱정이 많았던 당시의 생각에 빠지다 보면 음악은 순식간에 끝난다. 나는 카트리지를 음반의 시작 부분에 다시 올려놓고 내 자리로 돌아오는 일을 반복하곤 한다. 내가 모차르트의 「피아노 소나타 8번」을 자주 듣는 이유는 모차르트가 이 작품을 작곡할 당시의 경험과 사정을 동병상

은 꼭두각시의 사랑을 그린 러시아 민속 동화를 주제로 한 것이었다. 이 발레 작품은 스트라빈스키를 더욱 유명하게 했다. 댜길레프가 스트라빈스키에게 세 번째로 작곡을 의뢰한 발레 음악이 「봄의 제전 Op.15」이다. 이 발레 작품은 화가이자 발레 디자이너인 니콜라스 레리히(Nicholas Roerich, 1874-1947)가 제공한 이교 신화를 바탕으로 한 작품으로서, 봄에 바치는 원시적 제사 의식을 그린 작품이다. 제사를 위해서 젊은 처녀가 희생 제물로 선택되고 결국 죽음에 이르게 된다는 내용이다.

이 작품은 1913년 5월 29일 샹젤리제 극장(Théâtre des Champs-Elysées)에서 초연되었는데 관객의 반응은 거의 폭동에 가까웠다. 러시아 발레라고 하면 차이콥스키(Tchaikovsky, 1840-1893)의 「백조의 호수 Op.20」이나 「잠자는 숲속의 공주 Op.66」과 같은 고전적 발레에 익숙해 있던 청중은 「봄의 제전」 공연에서 무희들이 보여 주는 원시적 동작과 무대의상, 그리고 너무도 낯선 발레 음악을 받아들일 수 없었다. 얼마 후 웅성거리던 청중은 분노하며 야유를 보냈고 일부 사람들은 자리를 떠났다. 안무도 파격적이었지만 무엇보다도 스트라빈스키가 발레에서 들려준 야성적이고도 원시적인 음색은 당시의 기준으로 보면 상상을 초월할 만큼 파격적이었다. 스트라빈스키는 이날 고전음악 역사상 한 번도 시도된 적이 없는 실험적인 리듬과 조성, 불협화음을 선보임으로써 청중을 온통 흔들어 놓았다. 이 발레 음악은 고전음악의 고정관념을 깨고 전통과 관습을 거부한 일종의 혁명이었다. 발레의 내용 역시 원시적이고 반문명적이며 인간의 야만성을 주제로 한 것이어서 예술과 교양을 중시하던 파리지앵에게는 큰 충격이었다.

스트라빈스키가 살던 19세기 말과 20세기 초의 러시아는 정치·경제·

스트라빈스키, 발레 음악 『봄의 제전』, 도라티 지휘, 디트로이트 심포니 오케스트라(Decca, 1982, LP)
표지: 발레리노 피터 브루어(Peter Breuer, 1946-). 독일 태생의 발레 무용수로서 15살 때 발레 무대에 데뷔한 후 1970년대 세계 여러 도시의 무대를 누리며 전성기를 누렸고 1980년대 들어서부터는 발레를 가르치는 일을 하고 있다. 현재 오스트리아 장크트푈텐(St. Pölten)의 공연예술 극장 유로파발레(Europaballett)의 안무가로 일하고 있다.

사회적으로 그리고 문명사적으로 엄청난 도전과 변화의 시기였다. 18세기 중반에 영국에서 시작된 산업혁명은 농업 중심의 전통 사회를 온통 흔들어 놓았다. 이 작품이 초연되고 1년 후인 1914년 제1차 세계대전이 일어났고 그로부터 3년 후인 1917년 러시아 역사에서 그 유래를 찾아볼 수 없는 '2월 혁명'과 '10월 혁명'이 일어났으며 '2월 혁명' 때 러시아 황제 니콜라이 2세(Nicholas II of

명하고 독보적인 족적足跡을 남긴 걸작으로서 혁신적인 현대 음악으로 인정받아 오늘날 내로라하는 지휘자들은 누구라도 이 작품에 도전했고 이 작품을 음반으로 남겼다.

스트라빈스키는 1906년 1월 23일 예카테리나 노센코(Yekaterina Nossenko, 1880-1939, 카탸 Katya라고도 불림)와 결혼하여 슬하에 2남 2녀를 두었는데, 카탸는 막내아들을 낳았던 1914년에 결핵에 걸려 평생 헤어나지 못했고 스트라빈스키는 아픈 아내를 평생 돌보아야 했다. 1917년 러시아 혁명이 발발한 후 러시아로 돌아갈 수 없게 된 스트라빈스키는 스위스의 여러 도시를 전전하다가 1920년부터는 프랑스에 정착해서 1939년까지 살았다. 영화 『샤넬과 스트라빈스키』는 스트라빈스키가 프랑스 이주 초기에 코코 샤넬(Gabrielle Bonheur "Coco" Chanel, 1883-1971)의 도움을 받았고 이들의 관계가 연인관계로 발전한 것으로 그렸다. 그러나 스트라빈스키가 결혼 생활 중에 정작 사랑에 빠진 여인은 베라 드 보세(Vera de Bosset, 1889-1982)였다. 그녀는 러시아 출신 독일계 발레 무용수로서 러시아 화가이자 발레 뤼스의 무대 디자이너였던 세르게이 수데이킨(Sergey Sudeikin, 1882-1946)의 아내였다. 스트라빈스키는 1921년경 몽마르트르(Montmartre) 언덕의 한 식당에서 댜길레프와 식사하던 자리에서 그녀 부부를 만났다. 니스(Nice)에서는 아픈 아내와 가족을 부양하기 위해 호화 주택인 장미의 집(Villa des Rose)을 구입하는 등 최선을 다했지만, 파리에서는 음악가로서 여러 활동을 하면서 아픈 아내에게서 찾을 수 없는 사랑을 베라에게서 찾았다. 베라는 결국 전 남편과 헤어졌다. 스트라빈스키의 아내 카탸는 남편의 이런 생활에 대해 눈치를 채고 불만을 토로했고 부부 사이에는 전에 없던 불화가 생겼다. 이런 불화는 아내

스트라빈스키, 발레 음악 『페트루슈카』, 도라티 지휘, 디트로이트 심포니 오케스트라(Decca, 1981, LP)
표지: 「페트루슈카 의상」, 알렉산드르 브누아(Alexandre Benois, 1870-1960) 작, 빅토리아와 앨버트 미술관(Victoria and Albert Museum), 런던
브누아는 러시아 출신 화가였는데 발레 뤼스의 무대 디자이너로서 댜길레프와 함께 일했고 현대 발레의 무대 디자인과 의상 제작에 지대한 영향을 끼쳤다. 그의 이름을 기려 유네스코가 후원하는 브누아 무용 대회(Benois de la Danse)가 1992년 모스크바 볼쇼이 극장에서 개최된 이래 오늘에 이르고 있다.

가 세상을 떠날 때까지 지속되었다. 1939년 카탸가 세상을 떠난 후 스트라빈스키는 베라와 결혼했고 미국으로 이주하여 30여 년을 그녀와 해로偕老했다.

스트라빈스키는 원래 러시아 정교회의 모태신앙을 가진 독실한 신자였다. 그는 태어난 지 두 달 후인 1882년 8월 10일 상트페테르부르크 니콜라스

주교좌 성당(St. Nicholas Naval Cathedral)에서 세례를 받았고 신앙 속에서 성장했다. 열네 살 때부터 신앙생활에 소홀하다가 40대 초반 스트라빈스키가 신앙을 되찾은 것은 1924년 니스로 이사한 직후였는데 그가 니스와 파리를 오가며 이중생활을 할 때였다. 스트라빈스키는 두 여인 사이를 오가며 신앙인으로서 양심의 가책을 느꼈을 것이다.

「봄의 제전」을 작곡하던 젊은 시절, 즉 신앙생활에 소홀하던 때에도 그는 종교 서적이나 이콘 등의 성물을 수집할 정도로 신앙의 끈을 놓지 않고 있었다. 니스로 이사 온 후 그는 그곳에 살던 러시아인들의 안식처였던 동방 정교회 니콜라스 대성당(St. Nicholas Russian Orthodox Cathedral)을 찾았고 이곳에서 만난 니콜라스 신부(Fr. Nicholas)와 가깝게 지내면서 신앙을 되찾았다. 그는 그때부터 성당에 열심히 다녔고 죽을 때까지 신앙생활에 최선을 다했다.

그는 댜길레프에게 동방 정교회의 20여 개 수도원의 발상지가 모여 있는 그리스 성지 아토스산(Mt. Athos)을 순례하자고 여러 차례 제안했지만 1929년 댜길레프가 세상을 떠남으로써 이 꿈은 이루어지지 못했다. 대신 그는 아토스의 고위 성직자 제라심과 서신을 주고받으며 그곳에 기부금을 정기적으로 보냈고 니스의 니콜라스 대성당에도 종교 서적과 성물을 기부했다. 스트라빈스키가 미국에 살던 시절 그와 가깝게 지냈던 미국의 지휘자 로버트 크래프트(Robert Craft, 1923-2015)에 의하면, 스트라빈스키는 매일 기도했는데 작곡을 시작하기 전과 후에 반드시 기도했고 특히 작곡 중에 어려움을 느낄 때는 더 열심히 기도했다고 한다. 스트라빈스키는 신앙에서 음악의 역할을 이렇게 표현했다.

"음악은 하느님을 찬미한다. 음악은 성당을 건축하고 장식하는 것보다 그분을 더

욱 잘 찬미할 수 있게 한다. 음악은 교회의 최고 장신구이다." [3]

1930년에 완성된 「시편 교향곡」은 스트라빈스키가 신앙을 되찾은 후 작곡한 첫 번째 종교작품으로 회개하고 신앙을 찾은 당시의 심경을 가장 잘 표현한 작품이다. 보스턴 심포니 오케스트라의 창단 50주년을 맞이해서 지휘자 세르게이 쿠세비츠키(Serge Koussevitzky, 1874-1951)가 작곡을 의뢰하자 스트라빈스키는 구약성경의 『시편』을 주제로 하여 3악장으로 구성된 교향곡을 작곡하였는데, 악보의 표지에 "신의 영광을 위하여" 이 작품을 작곡했다고 밝혔다. 그는 이 작품에서 『시편』 38장, 39장, 40장, 150장을 주제로 삼았다.

"주님, 당신 진노로 저를 꾸짖지 마소서.
당신 분노로 저를 벌하지 마소서."(시편 38,2)

"제 기도를 들으소서, 주님.
제 부르짖음에 귀 기울이소서."(시편 39,13)

"주님, 저를 기꺼이 구하여 주소서."(시편 40,14)

"할렐루야! 하느님을 찬양하여라. 그분의 성소에서."(시편 150,1)

이 작품은 『시편』의 주제인 회개와 참회, 하느님께 대한 믿음과 기도, 하느님께 영광과 찬미를 드리려는 신앙의 뜻이 고스란히 담긴 교향곡으로서 음악으로 표현한 그의 기도이다. 이 작품은 교향곡으로 표현한 시편 노래로서 스

3) https://www.brainyquote.com/quotes/igor-stravinsky, 2023.12.2.

스트라빈스키, 『시편 교향곡』, 앙세르메 지휘, 스위스 로망드 오케스트라(Decca, 1971, LP)

트라빈스키가 자신의 잘못에 대해 절대자 하느님 앞에서 참회하면서 용서를 청하는 간절함과 애절함이 전체를 관통한다. 「봄의 제전」 작곡을 통해서 당시 고전음악계에 '혁명적'이라는 파문을 일으켰던 스트라빈스키는 이번에는 그와 성격이 완전히 다른 「시편 교향곡」을 작곡함으로써 고전음악으로의 회귀라는 뜻의 '신고전주의' 시대를 열었다고 당시 회자되었다.

스트라빈스키는 「시편 교향곡」 작곡을 전후해서 다수의 종교작품을 작곡했다. 그는 미사 전례의 일부인 「주의 기도」(1926)와 「사도신경」(1932) 그리고 「아베 마리아」(1934)를 작곡했고, 종교 대작으로 『미사곡』(1948), 『칸티쿰 사크룸 *Canticum Sacrum*』(1955) 등을 작곡했다. 죽음을 5년 앞둔 1966년 그는 작곡 인생의 마지막 대작인 『레퀴엠 칸티클 *Requiem Canticles*』을 작곡함으로써 자기 죽음을 대비했다. 1971년 여든아홉 살의 나이로 세상을 떠난 그는 베네치아(Venezia)에 있는 산 미켈레 묘지(San Michele Cemetery)의 러시아 묘역에 묻혔다. 장례미사는 베네치아의 성 요한과 성 바오로 바실리카에서 거행되었는데 동방 정교회 사제가 사도 예절을 거행하는 중에 제대 뒤쪽의 성가대가 『레퀴엠 칸티클』을 부르고 있는 모습을 유튜브를 통해서 확인할 수 있었다. 장례미사가 끝난 후 향로를 든 사제가 앞선 가운데 곤돌라에 그의 관이 실려 산 미켈레 묘지로 향하는 모습과 행렬이 무척 인상적이었다. 스트라빈스키는 현대 음악 작곡가로서 신앙이 무척 깊었던 인물이었다.

스트라빈스키는 미국 뉴욕에서 세상을 떠났지만 그의 유해가 베네치아까지 먼 길을 와서 묻히게 된 것은 그 자신이 댜길레프의 무덤 가까운 곳에 묻히고 싶다는 뜻을 생전에 밝혔기 때문이다. 이로써 그의 음악 인생에서 댜길레프가 얼마나 중요한 역할을 했으며 댜길레프를 얼마나 존경했는지 가늠할 수 있다.

「봄의 제전」이 초연될 당시 그 작품이 상당히 파격적이었다고 논란이 많았지만, 오늘날 그 작품을 들어 보면 그렇게 파격적일 것도 없다. 아마도 그것은 내가 이미 구스타프 말러(Gustav Mahler, 1860-1911)의 교향곡들이 들려주는 저돌성과 저음의 충격, 그리고 드미트리 쇼스타코비치(Dmitri Shostakovich, 1906-1975)

교향곡의 파격성, 그리고 여러 현대 음악 작곡가들의 작품에서 들려주는 불협화음에 익숙해져 있기 때문일는지 모르겠다. 그러나 더 근본적인 이유는 내가 이 작품을 하도 여러 번 들어서 귀에 익숙해져 있기 때문일 것이다.「봄의 제전」을 들으면 다른 어떤 작품에서 느낄 수 없는, 속을 시원하게 해 주는 후련함과 통쾌함 그리고 카타르시스를 느끼게 된다.

내가 즐겨 듣는 음반은 헝가리 출신의 미국 지휘자 안탈 도라티(Antal Doráti, 1906-1988) 지휘의 디트로이트 심포니 오케스트라의 연주(Decca, 1982, LP)이다. 관악기의 야성적 리듬이 처음에는 충격적으로 들렸지만 들을수록 매력이 느껴지는, 역동적이며 음악적 색채감이 살아 있는 감동적인 연주이다. 이 작품을 이보다 더 잘 연주하기는 쉽지 않을 것이라는 생각이 들 만큼 독보적이고 멋진 연주이다.

이에 못지않게 자주 듣는 음반은 러시아 작곡가들의 작품을 매우 잘 연주하는 발레리 게르기예프(Valery Gergiev, 1953-) 지휘의 키로프 오케스트라의 연주(Decca, 2001, CD)인데 박진감이 넘치는 현대적이고 세련된 연주이다.

15 R. 슈트라우스 「알프스 교향곡 Op.64」

"보시니 좋았다." 창세 1,10

턴테이블을 마련하고 아날로그 방식의 LP 음악에 빠진 나는 한동안 주말이 되면 회현동 지하에 있는 중고 LP 가게를 자주 찾았다. 어느 날 음반 진열대에서 음반을 고르던 중 루돌프 켐페(Rudolf Kempe, 1910-1976) 지휘의 로열 필하모닉 오케스트라가 연주하는 리하르트 슈트라우스(Richard Strauss, 1864-1949)의 『알프스 교향곡』(RCA, 1967, LP)이 눈에 띄었다. 당시 내가 그 음반을 선택한 이유는 그 작품에 대한 청각적 호기심이나 지휘자 혹은 오케스트라의 연주가 마음에 들어서라기보다는, 오래전 어느 여름방학 중에 동창 신부 L과 함께 가 본 적이 있는, 스위스의 명산 마터호른(Matterhorn) 전경의 음반 표지가 마음에 들었기 때문이었다.

마터호른을 알게 된 것은 1980년대 TV에서 리콜라(Ricola)라는 허브 캔디의 광고 때문이었다. 그 캔디의 원산지가 스위스이기 때문이었는지 이 광고의 배경에는 언제나 마터호른이 등장했다. 피라미드처럼 사각뿔 모양의 산이 인상적이었고 그 돌산에 눈이 살짝 덮인 모습의 광고를 볼 때마다 그 산의 신비로운 모습에 반해 기회가 되면 그곳에 꼭 가 보아야겠다는 생각을 하곤 했다. 오스트리아 그라츠(Graz)에서 유학 중이었던 친구 L을 방문했을 때 이번 여행 중 어디에 가 보고 싶으냐는 그의 질문을 받고 나는 한순간의 망설임도 없이 마터호른이라고 답했다.

며칠 후 우리는 그의 차를 타고 스위스로 향했다. 마터호른을 볼 수 있다는 체르마트(Zermatt)를 목표로 정하고 지도에 의지해 스위스 국경을 넘어 먼 길을 달려간 우리는 태쉬(Täsch)에서부터 체르마트까지는 자동차 길이 없다는 것을 현지에 도착해서야 알았다. 어쩔 수 없이 태쉬에 숙소를 정한 우리는 다음 날 아침 기차를 타고 체르마트역에 도착했고, 마터호른을 가장 가까이서 볼 수 있다는 클라인 마터호른(Klein Matterhorn, 3,883m) 정상으로 가는 곤돌라를 타기 위해 역 앞을 가로지르는 반호프(Banhof) 길을 걸었다.

몇 분 지나지 않아서 길 왼쪽에 있는 성 마우리시오 성당(Pfarrkirche St. Mauritius)을 마주친 우리는, 참새가 방앗간을 그냥 지나칠 수 없듯이, 누가 뭐랄 것도 없이 그곳에 들어가 제대 앞에서 기도를 드린 후 성당 안 이곳저곳을 둘러보았다. 밖으로 나와 건물 뒤편의 하천 쪽에 있는 성당 공동묘지를 둘러보는데 개별 고인을 기억할 수 있는 묘석의 장식물들이 인상적이었다. 어느 묘석은 실제 고인이 사용하던 것으로 보이는 피켈(pickel: 경사진 곳이나 빙벽을 오를 때 사용하는 ㄱ자 모양의 알프스 등산 장비)이 장식되어 있었는데, 고인이 이곳 마터호른을 등반하다 사고를 당해 세상을 떠난 산악인이었음을 짐작할 수 있었다. 히말라야에서 가장 높은 에베레스트(8,850m)의 정상에 도전하다가 수많은 산악인이 조난하여 세상을 떠난 것처럼 이 지역에서도 신비의 명산 마터호른(4,478m)에 도전했던 산악인들이 많이 죽었던 것 같다. 이 성당은 마치 이런 산악인들을 기억하고 이들의 영혼을 위로하기 위해 지어진 것처럼 보였다.

1285년 이 자리에 본당이 설립되었고 1587년 이탈리아식의 아름다운 성당이 지어졌는데, 신자 수가 늘고 성당이 비좁아지자 옛 성당을 사랑하던 사람들의 반대에도 불구하고 주민투표를 거쳐 1916년 새 성당이 건축되었다. 이

R. 슈트라우스, 『알프스 교향곡』, 켐페 지휘, 로열 필하모닉 오케스트라(RCA, 1967, LP)
표지: 「마터호른」, 한스 후베르(Hans Huber, 1852-1921) 작, 사진

성당은 본당 설립 700주년을 맞아 1980년 새 단장을 마치고 오늘의 모습이 되었다. 공동묘지 앞에 지어진 작은 경당經堂은 1651년에 건축되어 옛 모습을 그대로 간직하고 있다고 하니 이곳 공동묘지의 역사가 얼마나 오래되었는지 알 수 있었다.

성당 순례를 마치고 우리는 체르마트에서 가장 높이 올라가는 곤돌라를 타고 클라인 마터호른의 정상에 도착했다. 그곳에는 또 다른 이름 마터호른 빙하 파라다이스(Matterhorn Glacier Paradise)의 눈 덮인 평원이 펼쳐져 있었고 꽤 많은 사람이 한여름임에도 저 멀리 빙원의 경사에서 스키를 타고 있었다. 하얀 빙원 뒤에 우뚝 선 마터호른은 과연 TV에서 수없이 보았던 그대로 매혹적인 자태를 뽐내고 있었다.

내가 마터호른 전경의 음반 표지를 보고 무조건 「알프스 교향곡」 음반을 선택한 이유는, 그 당시 그곳에서 보았던 마터호른의 장관壯觀과 그때의 감동을 마음속 깊이 간직하고 있었기 때문이었다. R. 슈트라우스는 과연 알프스를 음악으로 어떻게 표현했을까 궁금했다. 화가는 붓으로 물감을 사용하여 시각적으로 산을 묘사하지만, 작곡가는 음표를 사용하여 청각적으로 어떻게 산을 표현할까 자못 궁금했다. 음반을 구입한 날은 항상 그렇듯이, 방에 들어서자마자 앰프에 스위치를 올리고 설레는 마음으로 음반 위에 카트리지를 올렸다. R. 슈트라우스는 마치 한 폭의 그림을 그리듯 교향악 선율로 알프스를 묘사했다.

서주序奏는 밤의 어둠을 이기고 아침 해를 받으며 당당하게 자신의 모습을 드러내기 시작하는 알프스를 그린다. 내가 곤돌라를 타고 마터호른 빙하 파라다이스에 처음 도착했을 때 마터호른 앞에서 절대성을 느꼈던 것처럼 알프스를 묘사한 이 교향악 선율에서는 긴장감과 웅장함이 느껴졌다. 이어서 제1부는 산에 오르다 길을 잃고 방황하는 내용을 묘사한다. 힘든 과정을 거쳐 정상에 도달한다. 제2부는 정상에서 느낄 수 있는 감동과 기쁨을 그린다. 어느덧 해가 저물기 시작한다. 제3부는 산을 내려올 때 어두움 속에서 경험하게 되는 두려움과 공포를 그린다. 제4부는 등산을 마치고 나서 느끼는 만감萬感의 교차를 그린다. 산을 오르기 시작할 때의 설렘, 정상에서 느껴지는 경외심, 하산 때의 조급함, 등산을 마쳤을 때의 성취감 등 등산 중의 모든 경험과 느낌을 회상한다.

알프스 북쪽 이자르(Isar) 강가에 위치한 바이에른의 주도州都 뮌헨(München)에서 태어난 R. 슈트라우스는 도시 남쪽 저 멀리 아스라이 보이는, 동서로 길게 뻗어 있는 알프스산맥을 보면서 자랐고 산과 자연을 사랑했다. R. 슈트라우스는 열다섯 살 때인 1879년 어느 날, 지인知人들과 함께 뮌헨 남서쪽에 위치한 무르나우어 무스(Murnauer Moos)의 동쪽 도시 올슈타트(Ohlstadt) 근처의 하임가르텐(Heimgarten, 1,790m)을 등반했다. 이 산은 독일 남쪽 끝에 있는 바이에른 주州 동쪽에 있는 바바리아 알프스(Bayerische Alpen)산맥을 구성하고 있는 여러 산 중의 하나이다.

그들은 산에 오르던 중 길을 잃어버려 늦은 오후가 돼서야 정상에 도착할 수 있었다. 그리고 하산하던 중에 날이 저물어 어둠 속에서 또다시 길을 잃었고 비바람 속에서 여러 시간 동안 헤매다가 다행히 오두막을 만나 죽을 고비를 넘길 수 있었다. 훗날 그는 평생 잊을 수 없을 만큼 뇌리에 깊게 새겨진, 그때 그곳에서의 열한 시간 동안의 혹독한 경험을 바탕으로 쉰한 살이던 1915년 「알프스 교향곡」을 작곡했다.

R. 슈트라우스는 이때의 경험을 22개의 소주제로 나눠서 여기에 각각 표제를 붙여 작곡했고 이를 모아 악장 구별 없이 이어서 50분간 연주하도록 했다. R. 슈트라우스는 1899년 스위스 화가 카를 스타우퍼베른(Karl Stauffer-Bern, 1857-1891)을 추모하기 위해 이 작품의 초안이 된 「예술가의 비극」을 작곡했다. 하지만 작품 결과에 만족하지 못했던 그는 이를 바탕으로 4악장으로 구성된 「알프스」를 작곡했다. 그러나 또 만족하지 못하고 「알프스」의 1악장을 주제로 삼아

교향곡을 다시 작곡했지만 미완성으로 남겨 두었다. 1911년 가까운 친구였던 구스타프 말러(Gustav Mahler, 1860-1911)가 세상을 떠나자 그는 이 작품에 다시 손을 댔고 이때 작곡 형식을 교향시로, 제목을 「알프스 교향곡」으로 정했다. 그 후 R. 슈트라우스는 틈틈이 이 작품을 손질하다가 1914년 11월 1일부터 본격적으로 작곡에 전념하여 석 달 후인 1915년 2월 8일 「알프스 교향곡」을 완성했다. 이 작품은 같은 해 10월 28일 베를린에서 R. 슈트라우스의 지휘와 드레스덴 국립 관현악단 연주로 초연되었다.

이 작품은, R. 슈트라우스가 서른다섯 살 때 작곡을 시작한 이후 작곡의 주제와 형식을 고쳐 가며 수정에 수정을 거듭한 끝에, 16년이 지난 쉰한 살 때 완성되었다. 즉 이 작품은 젊은 시절의 등산 경험이 작곡가의 음악적 상상력과 합쳐져 장년의 노련함과 원숙함을 통해서 청각예술로 새롭게 태어난 햄릿형의 걸작이다. R. 슈트라우스는 이 작품에 20개의 호른, 6개의 트럼펫, 6개의 트롬본, 오르간, 바람 소리 기계, 천둥소리 기계 등의 연주자를 포함하여 130명의 연주자를 동원하였다.

1. 밤
2. 일출(日出)
3. 산에 오르다
4. 숲속으로 들어가다
5. 개울가에서의 방황
6. 폭포 앞에서
7. 환영(幻影)

8. 꽃이 만발한 들판

9. 알프스의 초원

10. 풀숲과 덤불 속을 지나다 길을 잃다

11. 빙하 위에서

12. 위험한 순간

13. 정상에서

14. 조망(眺望)하다

15. 안개

16. 날이 저물다

17. 비가(悲歌)

18. 폭풍우 전의 고요

19. 천둥과 폭풍우

20. 일몰(日沒)

21. 에필로그

22. 밤

R. 슈트라우스는 1905년 드레스덴(Dresden)에서 세 번째 오페라 『살로메』의 초연으로 음악 인생 최고의 성공을 거둠으로써 오페라 작곡가로 크게 인정받게 되었다. 이후 그는 「알프스 교향곡」 작곡의 영감을 주었던 하임가르텐의 남서쪽 22km 지점에 있는 바이에른주州의 작은 도시 가르미슈-파르텐키르헨(Garmisch-Partenkirchen)에 집을 짓기로 결심하고 건축가 에마누엘 폰 사이들(Emanuel Seidl, 1856-1919)에게 설계를 의뢰했다. 오늘날 슈트라우스 빌라(Strauss villa)라고 불리는 이 집은 1906년에 완공되었고 R. 슈트라우스는 1908년 이사한 후 41년 동안 이 집에 살다가 1949년 세상을 떠났다.

슈트라우스 빌라가 지어진 도시 가르미슈-파르텐키르헨은 독일에서 가장 높은 추크슈피체산(Zugspitze, 2,962m)의 자락에 위치하고 있다. 이 산은 독일 남부 바이에른주와 오스트리아 티롤주 사이에 있는 알프스산맥 일부로서 여름에도 만년설을 볼 수 있다. 그가 선택한 집터에서 산과 자연을 사랑했던 작곡가 R. 슈트라우스의 취향이 드러난다. 작품의 초안을 작곡한 후 수정을 거듭한 끝에 1911년 작곡 형식을 교향시로 정하고 제목을 「알프스 교향곡」으로 결심한 곳도 이 집이요 석 달간 작곡에 전념하여 1915년 작품을 완성한 곳도 이 집에서였으니, 이 집은 「알프스 교향곡」의 산실인 셈이다. 「알프스 교향곡」은 우연히 탄생한 것이 아니라 작곡가의 산 사랑의 결과이다. 내가 이 작품을 사랑하게 된 것 또한 우연偶然이 아니라 음악 사랑과 산 사랑 때문이라고 할 수 있으니, 작품에 숨겨진 작곡 의도는 작곡가와 음악 감상자의 취향이 같을 때 더 잘 이해되는 것 같다.

나 역시도 산을 지척에 두고 살았다. 내가 태어나고 자란 북한남동이 남산 자락에 있었기 때문이다. 초등학교 시절 주일날 한가한 오후가 되면 부모님은 가끔 우리를 남산에 데려가셨다. 어느 여름 남산 팔각정 앞의 막바지 가파른 언덕길을 올라갈 때 앞서가던 연인戀人이 가위바위보를 한 후 이긴 사람이 손에 들고 있던 아카시아 가지에서 잎을 하나씩 떼어 내는 게임을 하며 깔깔거리는 모습을 보고 우리 가족도 짝을 지어 따라 했는데 그렇게 재미있을 수가 없었다. 아무도 가르쳐 주지 않아도 되는 그 게임을 하며 웃느라 우리는 힘든 줄 모

R. 슈트라우스, 『알프스 교향곡』, 켐페 지휘, 로열 필하모닉 오케스트라(London, 1967, 릴 테이프)
표지: 「베르너 오베르란트 Berner Oberland」, 토니 스톤(Tony Stone) 영화사, 사진

르고 팔각정이 있는 정상에 오를 수 있었다. 정상에서 아버지는 손으로 가리키며 우리에게 인왕산, 북악산, 북한산, 도봉산의 이름과 서울 시내의 여러 길 이름을 알려 주셨지만 나는 솔직히 아버지의 설명에 별로 관심이 없었다. 나는 그저 그곳에서 아무 생각 없이 멀리 있는 산을 바라보는 것이 좋았다.

남산은 해발 262m의 낮은 산이지만 정상에 오르면 도심과 그를 둘러싼

으로 마터호른이 나를 반겨 주었다.

스위스의 최고봉인 몬테로사(Monte Rosa, 4,634m)가 왼쪽에 인왕산을 닮은 둥근 모습으로 엄마처럼 자리를 지키고 있었고 그 옆 서쪽으로 리스캄(Liskamm, 4,533)과 브라이트호른(Breithorn, 4,164m)이 형제처럼 나란히 서 있었다. 동쪽의 몬테로사를 기점으로 해서 두 봉우리로 이어지는 산맥의 서쪽 끝자리에 마터호른(4,478m)이 서 있었다. 클라인 마터호른에서 볼 때 마터호른은 혼자 외롭게 서 있는 산봉우리라고 생각했는데 이곳 전망대에서 보니 마터호른은 파노라마처럼 이어진 산맥 일부였다. 마터호른은 다른 여러 산봉우리와 비교해도 매력적인 주인공으로서 손색이 없었고 다른 산들과 함께 있어서 더욱 아름답게 보였다. 봉우리들은 산의 높이 때문인지 나무가 자라지 않고 바위로 장식되어 있었는데 특히 피라미드 모양의 마터호른은 주변의 다른 산봉우리와 비교해도 탁월했다. 몬테로사나 다른 봉우리들은 마치 마터호른을 위해서 존재하는 것처럼 보였다. 마터호른은 세상 어디에도 없는 유일한 모습, 독특한 모습으로 다른 봉우리들을 압도하는 아우라를 지니고 있었다. 나는 주인공 봉우리를 멍하니 바라보며 말없이 머릿속으로 「알프스 교향곡」을 들었다.

R. 슈트라우스가 이 교향곡에서 많이 사용한 관악기는 마터호른의 기백과 기상을 알려 주는 것 같았고, 130명의 오케스트라 단원을 동원하여 이 교향곡을 연주하도록 한 것은 몬테로사에서 마터호른까지 이어지는 산맥의 웅장함을 드러내고자 한 의도처럼 느껴졌다. 교향곡 마지막 부분에서 현악기의 서정적인 연주가 있고 나서 울려 퍼지는 파이프 오르간 소리는 마터호른에서 드러나는 절대성과 신성神聖을 표현하고자 한 것 같았다. 머릿속에서 울려 퍼지는 교향곡을 들으며 바라보는 마터호른은 과거에 본 것보다 훨씬 더 마음속 깊이

각인되었다. 그 순간 R. 슈트라우스가 「알프스 교향곡」에서 표현하고자 했던 것이 이심전심以心傳心으로 모두 이해되는 것 같았다. 나는 한동안 멍하니 마터호른을 바라보며 혼자 머리를 끄덕였다.

시간이 한참 지난 후 나는 전망대의 몇 안 되는 벤치를 차지할 수 있었고 그 자리에서 준비해 온 점심을 먹었다. 한동안 앉아서 벤치를 지키다가 나는 고르너그라트 전망대에서 동쪽으로 길게 뻗어 있는 산등성이 길을 걸었다. 이십여 분밖에 걸어오지 않았는데도 몬테로사가 훨씬 가까이 보였다. 마터호른은 높이와 거리와 각도에 따라서 시시각각 달라 보였다. 머릿속으로는 「알프스 교향곡」을 들으며 눈으로는 알프스산맥을 감상하면서 산등성이 길을 한동안 걸었다. 돌아갈 시간이 되어 나는 방향을 바꿔서 오던 길을 되돌아가야 했다. 길을 돌아서는 그 순간 마터호른이 정면에 길 한가득 꽉 찬 모습으로 서 있었다. 그야말로 숨이 막힐 것과 같은 감동이었다. 그 순간 떠오른 성경 구절은 하느님께서 세상을 창조하시며 하신 말씀 "보시니 좋았다."(창세 1,10)였다. 하느님의 작품 마터호른은 정말 보기에 좋았다.

또한 그 순간 과거 청와대로를 지날 때 길 한가득 꽉 찬 모습으로 나를 감동케 했던 인왕산과 이를 그림으로 묘사한 겸재의 「인왕제색도」가 떠올랐다. 각자의 예술 방식으로 새롭게 태어난 「알프스 교향곡」과 「인왕제색도」를 머릿속에 떠올리며 산등성이 길을 걷다 보니 어느새 전망대에 도착했다. 음악으로 산을 묘사한 최고의 작곡가가 R. 슈트라우스라면 그림으로 산을 묘사한 최고의 화가는 조선 시대 화가 겸재 정선이라고 생각한다. 산을 사랑한 겸재는 서른여섯 살 때 친구들과 함께 금강산을 유람하고 돌아왔다. 그리고 22년이 지난 쉰여덟 살 때 그의 기념비적인 최고 명작 「금강전도金剛全圖」(1734)를 그렸다. 젊은 시절 경험과 추억을 더듬고 눈으로 보았던 금강산을 오랫동안 마음에 담아 두었다가 그것을 「금강전도」에 표현한 것이다. 세월이 너무 흘러 그때 본 것에 대한 기억은 희미했지만 그때의 감동을 마음으로 그렸을 것이다. 그는 화가로서 타고난 공간 감각을 살려 지리적 사실을 바탕으로 그림을 그리면서도 22년이 지난 그 시점에서는 그것을 뛰어넘는 눈에 보이지 않는 이데아(Idea)를 추상적으로 표현할 수밖에 없었을 것이다. 그 그림의 구도가 지상에서 본 금강산의 이미지가 아니라 하늘 높이 나는 매의 눈으로 위쪽에서 내려다본 금강산의 이미지를 바탕으로 한 것은 이런 차원이다.

R. 슈트라우스 「알프스 교향곡」의 작곡 과정 역시 겸재가 「금강전도」를 그릴 때와 사정이 같다. 이 작품 역시 「금강전도」와 같이 과거에 본 것을 현재의 시각으로 표현했다는 특징이 있다. R. 슈트라우스도 젊은 시절 눈으로 보고 경험한 알프스를 오랫동안 마음에 담아 두었다가 35년이 지난 그 시점에서 과거 경험하고 본 것을 뛰어넘어서 알프스의 이데아를 음악으로 표현할 수밖에 없었을 것이다. 「알프스 교향곡」을 머릿속으로 들으며 마터호른 앞에서 겸재의 「금강전도」가 떠오른 것은 두 작가가 모두 산을 사랑하는 예술가이고 이들이 각자의 분야에서 산을 너무 멋지고 예술적 이데아로 표현했기 때문이다.

R. 슈트라우스는 총 여덟 편의 「교향시」를 썼다. 교향시의 창시자 프란츠 리스트(Franz Liszt, 1811-1886)는 여러 악장으로 구성된 교향곡의 형식을 과감하게 없애고 문학이나 철학, 어떤 사상이나 주제 등을 음악으로 자유롭게 표현하였다. 교향시는 이런 다양한 주제를 바탕으로 한 표제標題 음악으로서 단악장 형식의 관현악 작품이다. 교향시는 성악처럼 가사로 뜻을 전하는 것도 아니고 오페

R.슈트라우스, 『돈 후안/살로메』, 라이너 지휘, 시카고 심포니(RCA, 1968, LP)
표지: 「헤로데의 향연」, 페테르 루벤스(Peter Rubens, 1577-1640) 작, 펜화, 1630, 27.2x47.2cm, 클리블랜드 미술관(Cleveland Museum of Art), 클리블랜드

라처럼 시각적으로 무엇인가 보여 주지 않지만 오로지 순수 음악인 관현악 선율로만 인간 내면의 세계와 주제와 이야기를 전한다는 면에서 다른 음악 형식과 다르다고 할 수 있다. R. 슈트라우스는 리스트의 이런 작곡 형식을 이어받아 시詩를 바탕으로는 「돈 후안 Op.20」을, 소설을 바탕으로 「돈키호테 Op.35」를, 죽음에 대한 성찰을 바탕으로 「죽음과 변용 Op.24」를, 자전적인 이야기를 바

탕으로 「영웅의 생애 Op.40」을 작곡했다. 「알프스 교향곡」의 경우 작품의 제목으로 볼 때는 교향곡의 범주에 속하지만, 작곡의 형식과 내용으로는 교향시의 범주에 속한다. 젊은 시절 알프스 등산 경험의 이야기를 차례차례 들려주듯이 자전적 내용을 단악장의 관현악으로 표현했다는 면에서 교향시이다.

내가 가장 많이 들어 본 음반은 음반 가게에서 처음으로 구입했던, 독일 드레스덴(Dresden) 출신인 켐페 지휘의 로열 필하모닉 오케스트라의 연주(RCA, 1967, LP)이다. 알프스의 웅장함과 등산에서의 다양한 경험을 회화적으로 섬세하게 연주했다. 특히 관악기 연주는 알프스의 위용을 유감없이 표현했다. 무엇보다 이 음반은 녹음 상태가 좋다.

인도 태생의 유대계인 주빈 메타(Zubin Mehta, 1936-)가 지휘하는 로스앤젤레스 필하모닉 오케스트라의 연주(Decca, 1976, LP)도 알프스의 장엄함을 잘 묘사했다. 특히 뇌성雷聲의 순간을 사실적으로 그렸다. 카라얀 지휘의 베를린 필하모닉의 연주(DG, 1981, LP)는 화려하면서도 전체적으로 조화롭다.

16 벨리니 오페라 『노르마』

"일어나 저 큰 성읍 니네베로 가서, 내가 너에게 이르는 말을 그 성읍에 외쳐라." 요나 3,2

어떤 사람이 나에게 소프라노가 부르는 오페라 아리아 중에서 가장 좋아하는 곡이 무엇이냐고 물어본다면 나는 한순간의 망설임도 없이 빈첸초 벨리니(Vincenzo Bellini, 1801-1835)의 오페라 『노르마*Norma*』에 나오는 「정결한 여신*Casta diva*」이라고 대답할 것이다. 그것도 마리아 칼라스(Maria Callas, 1923-1977)가 노래하는 것이라야 한다고.

1990년경 어느 날 이탈리아 친구 비토가 운전하는 차를 타게 되었는데 스피커에서 칼라스 노래가 흘러나오고 있었다. 여러 곡 중에서 내 귀에 번쩍 뜨인 곡은 「정결한 여신」이었다. 칼라스가 부르는 이 곡을 듣는 순간, 품위 있고 우아하면서도 깊이 있는 아름다운 선율에 매료되었다.

비토는 나에게 기회 있을 때마다 오페라를 들어 보라고 권했지만 나는 오페라를 보지 않고 듣기만 하는 것은 오페라에 대한 예의가 아니라고, 그것은 마치 사운드트랙만 듣고 영화를 감상했다고 할 수 없는 것과 같은 이치라고 생각했다. 나는 비토에게 오페라를 감상하지 못하는 이런저런 핑계를 대 왔는데 그날 처음 들은 「정결한 여신」은 그런 핑계를 한순간에 불식시키기에 충분했다. 오페라를 보지 않고 거기에 나오는 아리아 하나를 듣는 것만으로도 그것의 예술적 깊이와 완성도를 충분히 느낄 수 있고 얼마든지 즐길 수 있다는 것을 알게 되었다. 「정결한 여신」에 대한 관심은 내가 오페라 『노르마』에 대한 호기심을 가지게 하는 자연스러운 계기契機가 되었다. 그날 비토와 헤어진 후 명동 사제관으로 돌아오는 길에 나는 음반 가게에 들러 칼라스의 오페라 아리아 모음집을 하나 구매했다. 그 음반의 여러 아리아 중에서 「정결한 여신」의 빼어남을 넘어서는 것은 없었다.

「정결한 여신」은 『노르마』의 1막에 나오는 아리아이다. 로마 총독과의 금지된 사랑에 빠진 갈리아 지방의 드루이드교 여사제 노르마가 밤하늘에 떠 있는 달 앞에서 바치는 기도이다. 자기 민족의 땅 갈리아를 정복한 로마군과 싸우기 위해 전쟁터로 떠나기 앞서서 사람들은 제사장 노르마 앞에 모여 있다. 달이 떠오르면 계시를 받아서 이들에게 출정 시간을 알려 줄 권한을 가진 사람이 노르마이기 때문이다. 노르마는 '정결한 여신'인 달에게 먼저 격앙된 사람들의 분노가 가라앉기를 기원하며 이율배반적으로 점령군 책임자인 로마 총독 폴리오네를 사랑하는 사람으로서 그가 자신에게 다시 돌아오기를 간절하게 기도한다.

정결한 여신이여

거룩하고 오래된 이 숲을

은빛으로 덮으신 분

구름 걷힌 당신의 투명한 얼굴을

우리에게 비추소서.

오 여신이여

사람들의 불같은 마음과 분노를

다스려 주소서.

대지 위에
당신께서 하늘에서 다스리는
그런 평화를 주소서.

예식을 완성하시어
거룩한 숲에서 불경함이 사라지게 하소서.
격노한 영혼이 로마인들의 피를 요구하면
드루이드 성전에서
내 목소리가 천둥 칠 것입니다.
그는 무너질 것이고 나는 그를 벌할 수 있습니다.
그러나 내 마음이 그를 벌할지는 모르겠습니다.

아, 내게로 돌아와요
당신의 아름답고 충직한 첫사랑으로
나는 이 세상에서 당신의 방패가 되겠어요.
아, 내게로 돌아와요
당신의 아름답고 평화로운 빛과 함께
태중의 생명과 함께.
그러면 나는 조국과 천국을 가질 거예요.
아, 내게로 돌아와요 그때처럼
아, 내게로 돌아와요
내가 당신에게 마음을 주었을 때처럼.

아리아의 노랫말을 살펴보면 그녀는 조국과 사랑 사이에서 이미 사랑에 기울어져 있음을 알 수 있다. 그녀는 갈리아의 독립을 위해서 점령군 장수인 폴리오네를 벌할 뜻을 보이면서도 동시에 그를 사랑하는 한 여인으로서 차마 그렇게 할 수 없는 복잡한 속내를 드러낸다. 오히려 방패가 되어 갈리아 사람들의 공격에서 그를 구하겠다는 의지를 보일 만큼 그녀는 폴리오네를 사랑하고 있다. 사실 노르마는 사제로서 순결을 지켜야 하는 계율을 어기고 폴리오네와 사랑에 빠져서 이미 아이를 둘이나 낳은 상태에 있었다. 그런데 문제는 폴리오네가 노르마를 버리고 다른 여사제 아달지사와 사랑에 빠져있다는 데 있다. 사랑하는 사람을 잃어버릴지도 모르는, 이런 가련한 처지에 놓여 있는 노르마는 사람들에게 출정 시간을 알려 주어야 할 책임을 잊은 채 오히려 자신에게서 점점 멀어져 가는 폴리오네가 자기에게 다시 돌아오게 해 달라고 간절하게 기도하고 있는 것이다.

비토 덕분에 마리아 칼라스와 오페라 『노르마』, 특히 「정결한 여신」은 나에게 깊이 각인되었다. 한 음악을 사랑하게 되는 데는 이렇게 어떤 계기가 있고 이는 마치 운명 같은 인연이다. 그날 이후 음반 가게에 가게 되면 마치 습관처럼 칼라스의 음반을 유심히 살펴보게 되었다. 그녀의 음반 중에는 오페라 전집이 많았고 오페라 아리아 모음집도 많았다. 모음집에는 두세 명 작곡가의 오페라 아리아를 모아 놓은 것이 많았고 아예 옴니버스 형식으로 여러 작곡가의 알 만한 아리아를 모아 놓은 음반도 많았다. 그런데 옴니버스 형식의 음반에는 대부분 「정결한 여신」이 맨 앞에 나와 있었다. 「정결한 여신」은 그야말로 칼라스를 대표하는 작품임을 알 수 있었다.

벨리니, 오페라 『노르마』, 칼라스·코렐리·자카리아·루트비히, 세라핀 지휘, 라 스칼라 오케스트라(EMI, 1960, LP)

근엄하면서도 애틋하고 풍성하면서도 가련함으로 마음을 울리는 그녀의 목소리는 누구도 흉내 낼 수 없는 탁월함이 넘치며 그야말로 오페라 『노르마』를 위해 타고난 것이라 해도 과언이 아니다. 오페라에서 그녀의 뛰어난 연기력과 목소리에 담긴 극적인 표현력은 그 누구도 넘볼 수 없을 만큼 독보적이다. 인간의 슬픔과 그리움을 그녀만큼 아름답고 서정성 있게 표현한 소프라노는 없다 해도 과언이 아니다. 칼라스는 고난도의 고음을 아름답고 화려하게

도한 끝에 체중을 30kg이나 줄이는 데 성공함으로써 목소리와 함께 아름다운 몸매를 가진 오페라의 여신으로 거듭나게 되었다.

1954년에는 EMI와 계약을 맺고 음반을 녹음하기 시작했는데 음반이 큰 인기를 끌면서 그녀의 이름은 세상에 널리 알려지게 되었다. 1956년에는 미국 메트로폴리탄 오페라에서 한 시즌 중 10월부터 12월까지 『노르마』 6회, 자코모 푸치니(Giacomo Puccini, 1858-1924)의 오페라 『토스카』 2회, 가에타노 도니제티(Gaetano Donizetti, 1797-1848)의 오페라 『루치아 람메르무어』 4회에 출연함으로써 세계 최고 소프라노의 기염을 토했다. 두 달 동안 세 개의 다른 오페라에 총 12회나 출연한 것은 오페라 역사에 길이 남을 일이었다.

이렇게 최고의 전성기를 누리던 칼라스는 1957년 한 파티에서 그리스의 부호이자 선박 사업가인 애리스토틀 오나시스(Aristotle Onassis, 1906-1975)를 만나게 되었고 그의 열렬한 애정 공세를 받고 그와 사랑에 빠지게 되었다. 이때부터 이들의 사랑은 전 세계의 언론에 크게 보도되었다. 얼마 후 칼라스는 메네기니와 살던 집을 떠났다. 1951년 주세페 베르디(Giuseppe Verdi, 1813-1901)의 오페라 『시칠리아의 저녁기도』로 라 스칼라에 출연한 후 거의 10년 동안 눈부신 발전을 거듭해 오던 그녀는 오나시스와 사랑에 빠진 후 쇠락하기 시작했고 오페라 공연 횟수도 확연히 줄어들었다. 그녀는 영화감독 프랑코 체피렐리에게 이렇게 고백한 바 있다.

> "이제 나는 한 여자로서 내 인생에 충실하게 살고 싶어요." [5)]

두 사람 사이에 태어난 아들은 태어난 지 몇 시간 만에 사망했다. 다른

벨리니, 오페라 『청교도』, 서덜랜드·파바로티·카푸칠리·기아우로프, 로열 오페라 합창단, 보닝 지휘, 런던 심포니 오케스트라 (Decca, 1975, LP)
표지: 「마스톤 무어 전투에서의 크롬웰」, 에이브러햄 쿠퍼(Abraham Cooper, 1787-1868) 작, 유화, 1820-1830, 32.5×43.5cm, 런던 미술관(Museum of London), 런던

전기 작가에 따르면 그녀는 임신했지만 오나시스의 뜻에 따라 유산했다고 한다. 1960년 오나시스는 전부인 티나(Tina, 1929-1974)와 이혼했고 칼라스 역시 1966년 메네기니와 법적으로 이혼하기 위해 미국 시민권을 포기했다. 당시 그

5) 『Callas: A Documentary』, The Bel Canto Society, DVD, 1978.

리스 법에 따르면 그리스인은 그리스 정교회에서 한 결혼만 인정되었는데 메네기니와 결혼할 때 정교회에서 결혼하지 않았던 칼라스는 미국 국적을 포기함으로써 메네기니와의 결혼 관계로부터 자유로워졌다. 그러나 오나시스는 칼라스와 결혼하지 않았다. 1966년부터 오페라에 전혀 출연하지 않고 있던 칼라스는 1968년 어느 날 오나시스와 J.F.케네디 대통령의 미망인 재클린(Jacqueline Kennedy, 1929-1994)이 결혼한다는 사실을 언론을 통해서 듣고 분노했음은 물론 큰 충격을 받았다. 얼마 후 칼라스는 이미 돌아선 오나시스의 마음을 되돌릴 수 없음을 알고 오나시스 곁을 쓸쓸히 떠났다. 그런데 오나시스는 재클린과 결혼한 후에도 파리에 사는 칼라스를 자주 찾아왔고 이들의 은밀한 관계가 지속되었다고, 열일곱 살 때부터 평생을 오나시스의 개인 비서로 일했던 키키 모우싸쏘스(Kiki Moutsatsos)가 증언한 바 있다. 자신을 헌신짝처럼 버리고도 다시 찾아오는 '배신자' 오나시스를 칼라스가 만났던 것을 보면 일편단심 그를 향한 그녀의 마음은 변치 않았던 모양이다.

오나시스와 헤어진 후 그녀는 1969년부터 음반 녹음에 전념했고 영화에도 출연했다. 그 후 그녀는 미국 뉴욕으로 건너가 1971년부터 줄리아드 음악학교(Juilliard School)의 마스터 클래스에서 학생을 가르쳤고 1973년부터는 테너 주세페 디 스테파노(Giuseppe Di Stefano, 1921-2008)와 함께 독일을 시작으로 스페인, 영국 등 유럽과 미국의 여러 도시를 다니며 세계 순회공연을 다녔다. 그녀의 목소리는 예전 같지 않았지만 최고 소프라노의 아우라는 여전히 남아 있었고 그녀와 스테파노의 공연을 보기 위해 구름 같은 인파가 몰려들었다. 칼라스와 스테파노는 1974년 우리나라 이화여대 강당에서 10월 5일과 8일 두 차례 공연했다. 일본 공연을 마지막으로 1차 공연을 마무리하고 2차 순회공연을 준비하고 있던 그녀는 1975년 오나시스의 갑작스런 사망 소식을 듣고 모든 계획을 포기한 채 파리의 아파트에 칩거했다. 그리고 2년 후인 1977년 9월 16일 쉰세 살에 심장마비로 세상을 떠났다. 장례미사는 파리의 성 스테파노 그리스 정교회 주교좌 성당에서 거행되었고 칼라스의 유해는 화장되어 파리에 있는 페르 라셰즈 묘지(Père Lachaise Cemetery)에 안치되었다가 그녀의 뜻에 따라 1979년 그리스 연안의 에게해에 뿌려졌다.

칼라스의 인생에서 오나시스를 향한 마음과 사랑은 오페라 『노르마』의 아리아 「정결한 여신」의 노랫말에 표현된 그대로 폴리오네를 향한 노르마의 마음이나 사랑과 같다 할 수 있다. 오늘날까지 오페라 『노르마』의 프리마돈나로서 칼라스를 넘어서는 소프라노가 없는 것은 우연이 아니고 그것은 한 시대를 풍미했던 소프라노로서 노르마처럼 살았던 그녀의 인생에서 온 결과라고 볼 수 있다.

영화감독 프랑코 체피렐리가 2002년에 발표한 영화 『칼라스 포에버』는 1975년 그녀가 은둔 생활을 시작한 이후 2년간의 시점을 영화의 소재로 삼았다. 그녀의 오랜 친구이자 공연기획자로서 전 매니저였던 래리 켈리가 칼라스를 찾아와서 조르주 비제(Georges Bizet, 1838-1875)의 오페라 『카르멘』을 영화화하자고 제안하고 칼라스는 이를 계기로 다시 일어서 영화제작에 참여한다는 내용이다. 어느 날 래리는 그녀의 아파트를 찾아와 그녀가 사는 방으로 안내되는데 방문을 열고 본의 아니게 그녀를 훔쳐보게 된다. 방에서는 푸치니의 오페라 『나비 부인*Madama Butterfly*』에서 초초상이 부르는 아리아 「어느 갠 날*Un bel di vedremo*」이 그녀의 음성으로 LP 플레이어를 통해서 흘러나오고 있었고 그녀는

『칼라스: 세기의 목소리』(EMI, 1958-65, CD)

이 아리아에 맞추어 마치 실제로 오페라에서 공연하듯 연기를 하고 있었다. 칼라스가 오페라에 몰입되어 「어느 갠 날」을 부르는 모습은 오페라와 현실이 하나가 된 듯 당시 칼라스의 처지를 가장 잘 대변해 주고 있었다. 이 오페라에서 주인공 초초상은 핀커톤의 귀환을 기다리지만 정작 핀커톤은 본국으로 돌아가 이미 다른 여자와 결혼했으니 닭 쫓던 개가 지붕만 쳐다보게 된 격이 된 그녀의 처지는 칼라스와 다르지 않았다. 오페라 연출가로서 그녀를 옆에서 가까이 지켜보았던 체피렐리 감독은 영화에서 이렇게 초초상의 아리아 「어느 갠 날」을 칼라스의 처지에 대비시켰다.

『비교할 수 없는 칼라스: 가장 좋아하는 아리아 모음』(EMI, 1987, CD)

칼라스가 라 페니체 극장에서 지휘자 세라핀으로터 『청교도』의 출연 제안을 받고 처음에는 거절했지만 거듭된 그의 제안을 수용하여 그 오페라에 출연하게 되었던 일과 이로써 벨칸토의 여왕으로 태어날 수 있었던 일은, 구약성경에서 주님께서 요나를 예언자로 쓰시는 과정과 비슷하다.

요나는 "일어나 저 큰 성읍 니네베로 가"(요나 1,2)서 그들을 회개시키라는 주님의 말씀을 들었지만 이를 거역하고 도망가기 위해 배를 탔다. 그런데 폭풍우가 몰아쳐 배가 침몰할 위기에 처하자 사람들은 제비를 뽑아 재앙의 원인이 요나에게 있음을 알아내고 그를 바다에 던졌다.(요나 1,4-15 참조) 그 후 큰 물고기가 요나를 삼켰고 요나는 물고기 배 속에서 사흘 동안 회개의 기도를 바치고 있었는데 물고기는 주님의 뜻에 따라 요나를 육지에 뱉어 냈다. 주님은 요나에게 다시 말씀하셨다. "일어나 저 큰 성읍 니네베로 가서, 내가 너에게 이르는 말을 그 성읍에 외쳐라."(요나 3,2) 처음에는 주님의 말씀을 거절했던 요나였지만 주님의 거듭된 요청 말씀을 받아들여 결국에는 니네베로 가서 주님의 말씀을 선포하였다.

하느님이 우리 각자에게 주시는 소명召命은 절대적이어서 인간의 입장에서 거절하거나 아무리 도망치려 해도 결코 거기에서 헤어날 방법이 없는, 숙명宿命과도 같은 것이다. 예언자 요나에게 니네베로 가라는 주님 말씀이 거부할 수 없는 주님의 뜻이었던 것처럼 성악가 칼라스에게 세라핀의 『청교도』 출연 제안 역시 거부할 수 없는 숙명이었고 그것이 칼라스가 가야 할 길이었다.

돌이켜보면 사제 성소聖召를 포함해서 교육자의 길은 하느님께서 나에게 주신 소명이자 숙명이었음을 깨닫게 된다. 사실 나는 학창 시절 교육에 그렇게 큰 관심이 없었다. 신학대학 2학년 때 교직과정 선택을 신청하는 시기에 나는 그것을 차일피일 미루다 선택하지 않았다. 교직 선택을 두고 생각이 너무 많았던 것이다. 사제가 되는데 중등교사 자격은 필수조건이 아니었기 때문에 나는 굳이 이것을 선택하지 않고 오히려 신학 공부에 집중하는 것이 좋겠다고 생각했다. 그러나 한편 생각해 보면 사제 생활은 근본적으로 사람들을 가르치는 일을 포함하기 때문에 교육학을 배워 두면 사제 생활에 도움이 되면 되지 나쁘지 않을 것이라는 결론에 이르게 되었다. 뒤늦게 결심을 굳히고 교학과로 갔는데 신청 마감 시간이 지나서 신청을 받아 줄 수 없다는 것이었다. 나는 담당 교수님을 찾아가서 결심을 말씀드리고 뒤늦은 신청을 받아 달라고 말씀드렸고 나의 청은 받아들여졌다. 그렇게 해서 나는 신학대학을 졸업할 때 중등교사 자격을 갖추게 되었다. 사제 서품을 몇 개월 앞둔 때였는데 같은 천주교 재단의 동성고등학교 교장 신부님께서 나를 찾는다는 소식을 듣고 교장실로 갔다. 신부님께서는 나에게 동성고등학교 교사 임용에 필요한 서류를 주시며 쓰라고 하셨다. 나는 그것이 사제서품을 받고 나면 고등학교에서 교사로 일해야 한다는 뜻임을 알아차리고 강하게 거절했다. 이 길에 한 번 들어서면 다시는 빠져나오지 못할 것 같은 예감이 들었기 때문이다.

며칠 후 교장 신부님께서는 나를 다시 부르셔서 주교님께 다 말씀드렸으니까 이력서를 쓰라고 하셨다. 나는 교장 신부님께 그 많은 신부 중에서 왜 하필 내가 선택되었느냐 하고 감히 반문했다. 당시 고등학교에서 교사로 일하고 계시던 신부님께서 유학을 떠나시게 되어 있었기 때문에 교장 신부님께서는 그 빈자리를 채울 후보자를 물색하셔야 했는데 서품 예정자 중에서 교사 자격이 있는 사람을 찾아보니 내가 유일하다는 것이었다. 더 이상 도망갈 구멍이 없다는 것을 알게 된 순간 나는 교직 이수한 것을 후회했지만 이미 소용없는 일이었다. 나는 울며 겨자 먹는 것과 같은 심정으로 이력서를 써서 교장 신부님께 드렸다.

사제품을 받고 다른 신부들처럼 평범하게 본당에 가서 일하고 싶었는데 내 뜻과는 상관없이 나는 그렇게 동성고등학교에서 학생들을 가르치는 일로 사제 생활을 시작했다. 해가 갈수록 학생을 가르치는 일에서 한계를 느낀 나는 전문성을 갖추기 위해 더 큰 공부가 필요하다는 것을 절감했다. 나는 학생들을 가르치며 틈틈이 영어를 공부하며 유학을 꿈꾸었다. "뜻이 있으면 길이 있다."

고 했던가? 어느 날 주교님께서는 나를 부르시어 미국 템플대학교에서 교육학을 공부하라고 말씀하셨다. 그렇게 해서 필라델피아에서 유학 생활을 하게 되었고 박사학위를 마치고 돌아오니 주교님께서는 이번에는 나에게 가톨릭대학교에서 학생을 가르치라고 하셨다.

학창 시절 교직을 굳이 선택하지 않았다면 사제가 되고 나서 내 인생이 크게 바뀌었을 것 같다는 생각을 가끔 하곤 한다. 동성고등학교 이력서를 쓰지 않겠다고 버텼지만 소용없었다. 지금 생각해 보면 사제가 되고 학생을 가르치는 일은 내 소명이었음이 분명하다. 요나가 주님 말씀을 처음에 거절했고 칼라스가 세라핀의 『청교도』 출연 제안을 거절했듯이, 나도 동성고등학교 교사 이력서 쓰는 것을 완강히 거절했다. 하지만 나는 평생 교육자의 길을 걷게 되었다. 그 길은 내가 선택한 길이 아니라 그분께서 정해 주신 길임이 분명하다. 올해로 대학에서 일한 지가 27년이니 동성고등학교에서 일하던 3년을 포함하면 내가 교육계에 종사한 지 30년이 넘었다. 이것이 주님이 정해 놓은 길이고 소명이 아니었다면 어떻게 가능했겠는가? 주님의 뜻을 이길 수 있는 인간은 없다.

1막: 드루이드 종파의 성지에서 노르마의 아버지이자 고승 오로베소는 갈리아 백성들이 로마인을 용감하게 무찌르게 해 달라고 기도한다. 갈리아 총독 폴리오네는 대장 플라비오에게 노르마가 자기 애를 둘이나 낳았지만 자신은 현재 아달지사를 사랑하고 있다고 고백한다. 사람들이 성지로 모여들자 노르마는 「정결한 여신 *Casta diva*」을 부른다. 사람들이 모두 떠나고 조용해진 후 폴리오네는 아달지사를 로마로 데려갈 뜻을 밝히고 아달지사는 동의한다.

2막: 노르마의 방에서 아달지사는 노르마에게 자신이 사랑에 빠졌음을

벨리니, 오페라 『청교도』, 칼라스·스테파노·로씨레메니·파네라이, 세라핀 지휘, 라 스칼라 합창단/오케스트라(Angel, 1953, 모노LP)

고백한다. 이때 두 사람은 이중창 「혼자 신전에 있었을 때 *Sola, furiva, al tempio*」를 부르며 서로의 처지를 동정하고 노르마는 아달지사에게 용기를 가지라고 한다. 그러나 노르마는 나중에 아달지사의 애인이 폴리오네임을 알고 격분한다.

3막: 노르마는 잠자고 있는 자기 자식들을 바라보고 있다가 아달지사에게 자신은 죽음을 결심했으니 자식들을 로마로 데려가 폴리오네와 함께 잘 키워 달라고 부탁한다. 그러자 아달지사는 폴리오네가 아이들의 엄마인 노르마에게 돌아가라고 설득하겠다고 말한다. 두 여사제는 한 남자를 사이에 둔 연적戀敵 관계이지만 서로에게 그 남자를 양보하려는 진심 어린 마음을 전하며 감동적인 이중창 「들어보세요, 노르마 *Mira Normo*」를 부른다. 길고도 엄숙하고 아름다운 이중창이다.

4막: 노르마는 폴리오네가 아달지사의 청을 거절했음을 알고 격분한다. 그런데 폴리오네가 아달지사를 만나러 신전에 몰래 왔다가 체포되어 노르마 앞에 끌려온다. 노르마는 「마침내 그대는 내 수중에 *In mia man alfin tu sei*」를 부르며 폴리오네에게 "아달지사를 포기하면 살려 주겠다." 하고 폴리오네는 이를 거절한다. 노르마가 아달지사도 처형하겠다고 하자 폴리오네는 "그녀의 목숨만은 살려달라."고 애원한다. 하지만 노르마는 한 치의 양보도 없이 "내가 불행한 것처럼 너도 불행하게 해 주겠다."고 저주하고 폴리오네는 "잔인한 여인"이라고 외치며 듀엣은 마무리된다. 소프라노와 테너가 주고받으며 부르는 이 듀엣은 서정적으로 시작되지만, 뒤로 갈수록 오페라의 클라이맥스로서 긴장감과 비장감이 넘친다.

이어서 노르마는 마지막 아리아 「배신당한 마음 *Qual cor tradisti*」에서 폴리오네와의 지난 사랑을 회고하며 사랑이 영원할 것이라고 노래하자 폴리오네는 용서해 달라고 한다. 노르마는 갑자기 사람들에게 순결을 잃은 사제는 처벌해야 한다고 선언하고 뜻밖에도 자신이 순결을 잃고 신성을 모독한 사제라고 고백한 후 불구덩이로 뛰어든다. 그녀의 결의에 감복한 폴리오네도 노르마를 뒤따른다. 노르마의 아리아 「배신당한 마음」에서 시작해서 폴리오네가 노르마를 따라 불구덩이로 뛰어드는 장면까지의 10여 분의 피날레는 이 오페라의 아름답고도 최고로 슬픈 명장면이다.

벨리니, 오페라 『청교도』, 서덜랜드·듀발·카페키·플라젤로·엘킨스, 보닝 지휘, 피렌체 마지오 무지칼레 합창단/오케스트라(Decca, 1965, LP)

내가 즐겨 듣는 음반은 마리아 칼라스와 프랑코 코렐리(Franco Corelli, 1921-2003)가 세라핀 지휘의 라 스칼라 오케스트라와 함께한 연주(EMI, 1961 녹음, 1989, CD)이다. 아달지사 역의 크리스타 루트비히(Christa Ludwig, 1928-2021)를 포함해서 출연진의 조화가 훌륭하다. 칼라스가 부르는 「정결한 여신」도 좋고 코렐리와 함께 부르는 「마침내 그대는 내 수중에」는 어떤 음반에서도 들을 수 없을 만큼 최고의 듀엣이다. 칼라스와 루트비히가 함께 부르는 「들어보세요, 노르마」도 절절히 아름답다.

몽세라 카바예와 플라시도 도밍고(Plácido Domingo, 1941-)가 펠리스 실라리오(Felice Cillario, 1915-2007) 지휘의 런던 필하모닉 오케스트라와 함께 한 연주(RCA, 1972, CD)도 좋다. 카바예의 음색은 칼라스처럼 애틋하지는 않지만 대신 청아淸雅하다. 그럼에도 그녀는 벨칸토 창법을 자유자재로 구사하던 칼라스를 계승한 노르마 역의 후계자로서 손색이 없다.

17 베토벤 「'보라. 승리의 용사가 돌아온다.' 주제에 의한 12개의 첼로 변주곡 G장조 WoO.45」

"유다의 군사들도 나팔을 불고 맞서 싸웠다.
그리고 그 이민족들을 쳐부수었다." 1마카 4,13-14

내가 아끼는 음반 중 하나는 재클린 뒤 프레(Jacqueline du Pré, 1945-1987)가 첼로를 연주하고 다니엘 바렌보임(Daniel Barenboim, 1942-)이 피아노 반주를 하는, 루트비히 판 베토벤(Ludwig van Beethoven, 1770-1827)의 『다섯 개의 첼로 소나타』(EMI, 1976, LP)이다. 여기서 내가 자주 듣는 작품은 그 음반에 함께 수록되어 있는 「'보라. 승리의 용사가 돌아온다.' 주제에 의한 12개의 첼로 변주곡 G장조 WoO.45」이다.

이 작품의 주제 선율을 처음 들은 것은 초등학교 시절의 바이올린 교본이었던 『스즈키』 2권을 통해서이다. 당시 사용하던 바이올린 교본은 『호만』과 『스즈키』였는데 그중에서 나는 『스즈키』를 더 좋아했다. 『스즈키』에 나오는 소품의 선율들이 『호만』의 것보다 더 마음에 들었기 때문이다. 그런데 선생님께서는 주로 『호만』을 중심으로 가르치셨고 레슨이 거의 끝날 무렵이 되어서야 감질나게 『스즈키』를 잠깐 동안만 가르치셨다. 『스즈키』 교본을 짧게 배운 것에 대한 아쉬움 때문이었는지 나는 『호만』을 제쳐두고 『스즈키』를 더 많이 연습했다.

행진곡풍의 시원시원한 「보라. 승리의 용사가 돌아온다.」의 주제 선율 때문이었는지 나는 이 작품을 연주할 때면 마음이 후련해지는 것을 느꼈다. 이 작품은 초보자가 연주하기에도 쉬웠고 선율도 신났다. 초등학생 시절 이후 이 선율을 다시 접하게 된 것은 내가 신학대학에 입학한 지 얼마 지나지 않아서였다. 부활절이 지난 어느 주일 미사 때였는데 미사 끝에 부른 라틴어 성가 「라우다테 도미눔*Laudate Dominum*」이 반갑게도 이 선율로 되어 있었다. 신입생 시절 라틴어 가사의 뜻은 잘 몰랐지만 이 성가를 목청껏 부르면서 성당 안에 울려 퍼지는 이백여 명의 신학생이 함께 부르는 우렁찬 합창 소리를 들으면 용기백배勇氣百倍해질 것 같고 영적인 치유를 받는 것 같았다.

내가 어떤 작품을 듣느냐, 언제 듣느냐, 또는 어떤 경우에 듣느냐에 따라 음악은 나를 다양하게 자극한다. 웅장한 교향곡을 몰입하여 듣다 보면 마음이 뻥 뚫리는 것 같은 통쾌함을 느끼게 되고 그 자체로 큰 위로가 될 때가 있다. 마음이 복잡할 때 머릿속으로 오페라 장면을 떠올리며 아리아를 듣다 보면 나도 모르게 번민에서 해방되는 것을 느낄 때도 있었다. 신학생 시절 미사 중에 그레고리안 성가를 부를 때면 거룩함의 순간과 현장에 압도되어 내가 성화聖化를 위해 더욱 노력해야겠다는 결심이 설 때도 있다. 요즈음도 「돌아오라 용사」의 선율이 나오는 가톨릭 성가 83번 「주 찬미하라」를 부를 때면 세상의 어떤 위험이나 어려움도 극복할 것 같은 용기를 얻는다. 용기勇氣는 성령칠은聖靈七恩 중의 하나로서 세상의 모든 유혹이나 악과 싸워 이길 수 있다는 확고부동한 신뢰심을 바탕으로 한 기개氣槪를 말한다. 이렇게 음악은 나에게 성령의 은사를 주기도 하고 나를 치유하거나 성화시키거나 해방감과 자유를 주기도 한다. 음악이 나에게 기도가 되는 이유이다.

십 대에는 바이올린을 배우면서, 이십 대에는 미사 중에 성가를 부르며 친숙했던 이 선율이 베토벤의 『첼로 소나타』 음반을 듣던 중에 나올 줄은 몰랐

베토벤, 『다섯 개의 첼로 소나타』, 뒤 프레·바렌보임(EMI, 1976, LP)

다. 이 선율은 어린 시절부터 나의 마음과 기억에 각인刻印되어 있어서였는지 귀에 익숙하지 않았던 베토벤의 「첼로 소나타」를 처음 듣던 중에 친한 옛 친구를 만난 것처럼 그렇게 반가울 수가 없었다. 「'보라. 승리의 용사가 돌아온다.' 주제에 의한 변주곡 G장조」 선율은 내 마음을 깊이 울리며 초등학생 시절과 신학교 시절 느꼈던 것과는 또 다른 감흥을 주었다.

17. 베토벤 「'보라. 승리의 용사가 돌아온다.' 주제에 의한 12개의 첼로 변주곡 G장조 WoO.45」

「보라. 승리의 용사가 돌아온다.」는 원래 프리드리히 헨델(Friedrich Händel, 1685-1759)이 1747년 발표한 오라토리오 『유다 마카베우스』 제57곡에 나오는 선율이다. 베토벤은 스물여섯 살이던 1796년 선배 작곡가가 작곡한 오라토리오의 이 선율을 주제로 해서 「첼로 변주곡 G장조」를 작곡했던 것이다. 당시 그는 음악가로서 아직 세상에 크게 알려지지 않았었다. 베토벤은 1792년 당시 유럽 최고 작곡가였던 요제프 하이든(Joseph Haydn, 1732-1809)에게서 대위법對位法을 배우기 위해 고향인 본(Bonn)을 떠나 빈(Wien)으로 갔다. 배움에 목말랐던 젊은 베토벤은 거장의 가르침에 귀 기울이며 그것을 하나하나 자기 것으로 만들었다. 1794년 하이든이 런던으로 떠나자 베토벤은 빈의 주교좌 성당인 성 스테파노 성당의 음악 감독이었던 요한 알브레히츠베르거(Johann Albrechtsberger, 1736-1809)의 문하에 들어가 음악 공부를 계속했다. 빈에서 두 스승을 만나 수학한 지 3년이 지난 1795년 베토벤은 비로소 자신을 음악가로서 세상에 알리는 첫 피아노 연주회를 열었다. 3월에는 자신이 작곡한 「피아노 협주곡 2번 B♭장조 Op.19」를, 그리고 12월에는 「피아노 협주곡 1번 C장조 Op.14」를 연주하였다. 베토벤은 아마데우스 모차르트(Amadeus Mozart, 1756-1791)의 피아노 협주곡 형식을 계승하면서도 이를 웅장한 교향곡 버금가는 수준으로 끌어올림으로써 낭만주의 시대를 여는 새로운 피아노 협주곡을 선보였다.

빈에서 피아노 협주곡 공연으로 작곡가이자 피아니스트로서 크게 인정받은 베토벤은 1796년 프라하(Praha)를 시작으로 하여 드레스덴(Dresden)과 라이프치히(Leipzig)를 경유하여 5월경에는 베를린(Berlin)에서 공연하였다. 그 당시 베를린은 유럽의 음악 중심도시 중의 하나였지만 그 도시의 작곡가들은 그곳을 통치하고 있던 프로이센의 왕 프리드리히 빌헬름 2세(Friedrich Wilhelm II, 1744-1797)

에게 큰 감동을 주지 못하고 있었다. 그나마 왕이 좋아하던 사람은 첼로 연주자 장루이 뒤포르(Jean-Louis Duport, 1749-1819)였다. 그는 궁정 오페라 오케스트라의 수석 주자로서 또 다른 첼로 연주자이자 자신의 형인 장피에르 뒤포르(Jean-Pierre Duport, 1741-1818)와 함께 왕에게 첼로를 가르치고 있었다. 왕이 아마추어로서 첼로를 연주할 만큼 음악에 관심이 많았기 때문에 당시 궁정을 드나들던 음악가들은 첼로 음악을 많이 작곡했다.

베토벤 역시도 이런 시대적 요청과 필요에 따라 첼로 작품을 작곡했다. 그가 첫 번째로 작곡한 작품이 「첼로 소나타 Op.5」와 헨델의 오라토리오 『유다 마카베우스』에 나오는 「'보라. 승리의 용사가 돌아온다.' 주제에 의한 12개의 첼로 변주곡 G장조」였다. 베토벤의 전기 작가에 따르면 베토벤은 왕 앞에서 이 첼로 작품들을 여러 차례 연주했고 이에 크게 감동한 왕은 베토벤이 떠날 때 금화가 가득한 코 담뱃갑을 주었는데 그것은 그 당시 대사大使에게 내리는 하사금과 같은 금액이었음을 베토벤은 자랑스러워했다고 한다.

베토벤이 프리드리히 빌헬름 2세 앞에서 헨델의 여러 오라토리오 중에서도 가장 잘 알려진 이 주제를 연주한 것은 탁월하고도 시의적절한 선택이었다. 1786년 프로이센의 4대 국왕으로 즉위한 프리드리히 빌헬름 2세는 1789년 이웃 나라에서 일어난 프랑스대혁명 때문에 상당히 긴장해야 했다. 몇 년 지나지 않아 그는 프랑스 국왕 루이 16세(Louis XVI, 1754-1793)가 혁명재판에서 사형 선고를 받고 단두대에서 처형되었다는 소식을 들었다. 그리고 프랑스의 정치체제가 절대 왕권에서 공화정으로 바뀌었다는 소식을 접한 프리드리히 빌헬름 2세는 그 불똥이 프로이센에도 튀지 않을까 걱정하지 않을 수 없었다. 게다가 당시 유럽에서는 계몽주의의 영향으로 정치, 철학, 사회, 과학이론 등에서 고정관념을 깨는 진보적인 사상운동이 광범위하게 일어나고 있었기 때문에 프로이센 왕권 역시도 비판의 대상이 될 수 있었다. 헨델이 작곡한 오라토리오 『유다 마카베우스』에 나오는 「보라. 승리의 용사가 돌아온다.」 선율은 이렇게 살얼음판 위를 걷는 것과 같은 불안한 정치·사회의 현실 속에서도 프로이센 왕권을 이끌어 가야 했던 왕에게 큰 위로와 함께 흡족함을 주었을 것이다.

헨델은 1746년 4월 16일에 벌어진 컬로든(Culloden) 전투에서 컴벌랜드의 공작 윌리엄 아우구스투스 왕자(Prince William Augustus, Duke of Cumberland, 1721-1765)의 군대가 승리한 것을 기념하기 위해서 오라토리오 『유다 마카베우스』를 작곡했다. 13세기 말부터 영국의 북쪽에서는 끊임없이 스코틀랜드 독립운동이 일어났다. 그런데 1685년 잉글랜드와 스코틀랜드의 왕으로 즉위했던 스코틀랜드 출신의 제임스 2세(James II, 1633-1701)가 불과 3년 만에 퇴위당하자 이를 복위시키기 위해 스코틀랜드인들은 자코바이트 반란(1688-1746)을 일으켰고 윌리엄 공작이 이끄는 영국군이 컬로든 전투에서 이를 진압하고 승리를 거두었다. 이로써 영국은 스코틀랜드 독립운동을 종식시키고 통일왕국의 기틀을 마련하게 되었다. 온 나라를 크게 위협했던 전쟁이 끝나자 피난 갔던 왕실은 런던으로 돌아왔고 나라 전체가 큰 기쁨에 휩싸였다. 헨델은 이 승리를 기념하는 오라토리오의 주제를 구약성경 『유다 마카베오기』에서 찾았다.

『유다 마카베오기』는 기원전 167-134년 사이에 유다를 통치하던 셀레우코스 왕조와의 전쟁에서 유다 마카베오와 그 형제들이 하느님의 도우심으로 승리함으로써 유다 민족이 자주 독립하고 종교의 자유를 찾는다는 내용을 다루고 있다. 기원전 2세기 유다 지방은 헬레니즘 제국의 한 갈래인 셀레우코스 왕

헨델, 오라토리오 『유다 마카베우스』, 팔머·베이커·데이비스·셜리쿼크, 원스워스 학교 합창단, 마케라스 지휘, 잉글리쉬 챔버 오케스트라(Archiv, 1977, LP)
표지: 「유다 마카베우스」, 율리우스 슈노르 폰 카롤스펠트(Julius Schnorr von Carolsfeld, 1794-1872) 작, 예술과 역사 아카이브(Archiv für Kunst und Geschichte), 베를린

조의 지배를 받고 있었다. 셀레우코스 왕조는 유다 지방을 점령한 후 예루살렘을 파괴하고 예루살렘 성전을 약탈했을 뿐만 아니라 유다인들에게 배교背敎를 강요했다. 하지만 사제 마타티아스와 그의 아들들은 이에 불복하며 저항했다. 박해에 맞서 싸우던 아버지 마타티아스가 세상을 떠난 후 그 뒤를 이어 셋째 아들 유다 마카베오가 독립 전쟁을 지휘했고 유다의 군사들은 "나팔을 불고 맞서

조 Op.85」를 연주했는데 폭발적인 반응을 얻었다. 이후 이 작품은 그녀의 가장 대표적인 연주 목록이 되었다. 그녀의 첼로 연주는 야성적이고도 역동적이며 마치 불같아서 누구도 흉내 낼 수 없을 만큼 도발적이고 숨이 막힐 정도로 긴장감이 넘쳤다. 완벽한 기교와 풍성한 음악성과 함께, 들으면 들을수록 속이 후련해지는 당당하고 스케일이 큰 그녀의 연주는 사람들을 열광시키기에 충분했다. 그녀는 브람스, 슈만 등의 작품으로 연주의 폭을 넓혀 가면서도 파리에 데뷔한 후 1962년 파리 음악원에 등록하여 6개월 동안 수학했다. 그 후 유럽과 미국을 오가며 연주 활동을 이어 가던 그녀는 1966년에는 러시아의 므스티슬라프 로스트로포비치(Mstislav Rostropovich, 1927-2007)를 찾아가 지도를 받았다. 이렇게 첼로의 거장들로부터 끊임없이 배움을 청해 최고의 실력을 갖추게 된 그녀는 당대 유수有數의 수많은 지휘자와 오케스트라와 다양한 작품으로 공연했고 특히 몇몇 지휘자들과는 정기적으로 공연하였는데 다니엘 바렌보임은 그중의 한 사람이었다.

1942년 부에노스아이레스(Buenos Aires)에서 태어난 바렌보임은 피아니스트였던 부모에게서 다섯 살 때부터 피아노를 배웠고 일곱 살 때 공연을 한 후 피아노 신동 소리를 들었다. 제2차 세계대전 후 이스라엘이 건국하자 1952년 가족들과 함께 그곳으로 이주했다. 그 후 그는 빈(Wien)과 로마에서 독주회를 열어 이름을 알리기 시작하면서도 시에나(Siena)에 있는 키지아나 음악원(Accademia Musicale Chigiana)에서 지휘를 공부했다. 10대 중반부터 피아노 연주자로 인정받기 시작하던 그는 1966년부터는 지휘자로 활동하기 시작했고 그러던 중에 뒤 프레를 만난 것이다. 당시 뒤 프레는 스물한 살이었고 바렌보임은 스물네 살이었다.

딜리어스, 『첼로 협주곡』, 뒤 프레, 사전트 지휘, 로열 필하모닉 오케스트라(Angel, 1965, LP)
표지: 「월톤 다리 주변의 템스강」, 윌리엄 터너(William Turner, 1775-1851) 작, 유화, 1805, 37.1x73.7cm, 테이트 모던(Tate Modern), 런던

1967년 6·1전쟁이 터지자 뒤 프레는 예정되어 있던 연주회를 모두 취소하고 바렌보임과 함께 예루살렘에 갔고 두 사람은 이스라엘 전선을 돌며 병사들을 위해 공연했다. 전쟁이 끝나고 유대교로 개종한 그녀는 1967년 6월 15일 통곡의 벽 앞에서 바렌보임과 결혼했다. 이들의 결혼이 음악계에서 '세기적 결혼'이라고 회자된 덕분에 1960년대 후반부터 1970년대 초반에 이르기까지 이

들의 공연은 무척 주목받았다. 아내 뒤 프레는 첼로를 연주하고 남편 바렌보임은 피아노를 치거나 오케스트라를 지휘하는 이 환상의 연주회는 세계 어느 도시에서나 성황을 이루었다. 그 시대 최고의 젊은 첼리스트로 인정받고 있던 뒤 프레와 함께하는 연주는 바렌보임을 더욱 유명하게 만들었다. 결혼 후 두 사람은 공연뿐만 아니라 음반도 함께 녹음했다.

그런데 1971년부터 뒤 프레는 연주 중에 실수할 때가 많아졌는데 그 이유를 몰랐던 바렌보임은 그때마다 그녀를 다그쳤다. 뒤 프레는 자기 손가락 감각에 문제가 있음을 알고 1971년부터 1972년 사이 몇 차례 휴양을 거듭하다가 1973년 10월에 다발성경화증으로 최종 진단을 받았다. 다발성경화증은 중추신경계에 발생하는 만성질환으로 운동장애가 가장 흔한 증상이며 초기에는 무감각 증상이나 시각장애가 나타나고 증세가 심해지면 사지 마비까지 이르다가 죽음에 이르게 되는 무서운 병이다. 첼리스트로 전성기를 누리던 뒤 프레에게 이 병은 일종의 사형 선고나 마찬가지였다. 당시 데뷔 12년 차였던 그녀 나이는 스물여덟이었다.

피아니스트이자 지휘자로 승승장구하던 남편 바렌보임은 파리 오케스트라의 음악 감독으로 위촉되어 계속 바쁜 나날을 보내야 했고 그녀는 14년 동안 외롭게 투병 생활을 했다. 폐렴으로 위독하다는 소식을 듣고 달려온 바렌보임이 지켜보는 가운데, 뒤 프레는 1987년 10월 19일 세상을 떠났고 유대교식 장례를 치른 후 유대인 묘지(Golders Green Jewish Cemetery)에 묻혔다. 그때 그녀 나이 마흔둘이었다. 그녀의 묘비에는 '사랑하는 다니엘 바렌보임의 아내'라고 적혀 있다. 그녀가 연주하던, 1712년에 제작된 다비도프 스트라디바리우스(Davidov Stradivarius) 첼로는 오늘날 프랑스 태생의 중국계 미국인 첼리스트 요요마(Yo-Yo Ma, 1955-)가 연주하고 있다.

그녀가 다발성경화증으로 최종 진단을 받은 것은 스물여덟 살 때였지만 이미 스물한 살 때 계단에서 굴러떨어진 적이 있고 스물네 살 때는 물체가 두 개로 보인다고 호소했으며 스물다섯 살 때 손가락 감각에 이상을 느낀 적도 있고 다리에 힘이 없어 걷기가 어렵다고 했던 것을 보면, 이미 20대 초반부터 미세하게 이 병의 증세가 나타났던 것으로 볼 수 있다.

유튜브에 있는 그녀의 연주 중에서 가장 인상적인 연주는 바렌보임과 결혼한 직후인 1968년 런던 로열 앨버트 홀에서 런던 심포니 오케스트라와 함께 연주하는 안토닌 드보르자크(Antonín Dvořák, 1841-1904)의 「첼로 협주곡 B단조 Op.104」의 BBC 텔레비전 실황 공연이다. 젊은 시절의 바렌보임이 지휘하는 오케스트라 연주는 풍성하고도 정열적이고 긴 머리를 뒤로 묶은 뒤 프레의 연주 모습은 강렬하고 힘이 넘친다. 눈을 감고 박자에 몸을 맡긴 채 한음 한음 혼신을 다해 연주하는 그녀의 모습은 마치 첼로와 하나 된 듯이 보인다. 3악장이 시작되고 얼마 지나지 않아서 연주 중에 첼로의 줄이 끊어지는데 그것을 수습하는 모습이 온전히 생방송으로 녹화되어 있다. 줄이 끊어지자 어이없다는 듯한 표정의 그녀는 청중에게 잠깐 기다려 달라고 말하고는 무대 뒤로 퇴장하는데 청중은 그녀에게 박수를 보낸다. 그동안 지휘자 바렌보임은 바이올린 악장 앞에 서서 잡담하다가는 아예 앉아서 기다린다. 잠시 후 뒤프레가 박수를 받으며 다시 무대로 등장하고 3악장 처음부터 연주를 다시 시작하는데 연주회에서 여간해서 보기 드문 장면이어서 인상적이었다.

베토벤의 「'보라. 승리의 용사가 돌아온다.' 주제에 의한 12개의 첼로 변주곡 G장조 WoO.45」 음반 중에서 내가 가장 많이 들어 본 것은 뒤 프레와 바렌보임의 연주(EMI, 1976, LP)이다. 뒤 프레의 연주는 그윽하고 애절하며 음색이 고색창연하고 아름답다. 그리고 바렌보임의 연주는 조금도 부족함 없이 그녀의 연주와 환상의 조화를 이룬다. 피아노 소리는 밝고 투명하면서도 첼로 소리를 넘어서지 않는 예의를 보이며 오히려 첼로가 이 작품의 주인공임을 분명하게 드러낸다. 결혼한 후 두 사람의 연주 호흡이 절정을 이루던 시절의 명연주로서 두 사람이 사이좋게 주고받으면서 하는 연주에서 사랑의 정감을 느낄 수 있다.

프랑스 출신 첼리스트 피에르 푸르니에(Pierre Fournier, 1906-1986)와 오스트리아 출신 피아니스트 프리드리히 굴다(Friedrich Gulda, 1930-2000)가 함께하는 연주(DGG, 1960, LP)도 좋다. 푸르니에의 연주는 직선적이면서도 우아하고 선이 굵으며 굴다의 연주는 밝고 단정하며 첼로 연주의 든든한 배경이 된다. 이들의 연주는 고전적이며 균형감 있는 조화로운 연주이다.

18 구노 『성녀 체칠리아 장엄미사』

"거룩하시다, 거룩하시다, 거룩하시다, 만군의 주님!
온 땅에 그분의 영광이 가득하다." 이사 6,3

어느 해 가을, 나는 프랑스 파리(Paris)의 뤼뒤박 128번지(128 Rue du Bac)에 있는 파리외방전교회(Missions étrangères de Paris)를 찾았다. 가톨릭대학교 설립의 기원으로 삼고 있는, 충청북도 배론의 '성 요셉 신학교'를 1855년에 설립한 조제프 암브로이즈 메스트르(Joseph Ambroise Maistre, 1808-1857) 신부님께서 파리외방전교회 소속이기 때문이었다. 프랑스 안시(Annecy) 교구에서 1832년 사제품을 받은 메스트르 신부님께서는 1839년 파리외방전교회에 입회한 후 마카오에 파견되었다가 10여 년 동안 여러 방법과 경로를 통해 조선 입국을 시도했지만 실패를 거듭하던 끝에 1852년 중국 배를 타고 서해안 고군산도古群山島를 통해 조선 입국에 성공했다. 1855년 신부님께서는 파리외방전교회의 정신에 따라 무엇보다 우리나라 방인 사제의 양성을 목표로 배론에 신학교를 세우고 라틴어, 철학, 신학 등을 가르치게 함으로써 우리나라에서 최초로 서양 학문을 체계적으로 가르치기 시작한 가톨릭대학교의 창립자가 되셨다. 메스트르 신부님께서는 1857년 12월 20일 충남 황무실(현 예산군 고덕면 호음리 2구)에서 돌아가셨고 그곳에 묻히셨다가 1970년 4월 30일 구합덕 본당 경내로 이장되었다.

파리외방전교회에 도착한 나는 먼저 성당(주의 공현 경당) 안으로 들어가 제대 앞에서 잠시 무릎을 꿇고 기도를 드리며 우리 대학을 설립할 수 있도록 파리외방전교회를 통해 메스트르 신부님을 우리나라에 보내 주신 하느님께 감사드렸다. 2030년에 기념하게 될 우리 대학 창립 175주년을 앞두고 대학의 역사를 정리하고 창립자 신부님의 기록을 더 찾아야겠다고 생각했다. 가급적 이른 시일 안에 합덕에 있는 신부님 묘소를 참배하고 기회가 된다면 역사 찾기 차원에서 프랑스 안시에 있을 신부님 탄생지와 함께 가족들을 찾아야겠다고 생각했다. 그래서 개교 175주년 기념행사 때에는 가족들을 우리나라에 초대해 매스트르 신부님께서 뿌리신 겨자씨 한 알(마태 13,31-32 참조)이 얼마나 큰 나무로 성장했는지 보여 주고 감사의 뜻을 전하는 기회도 마련해야겠다고 생각했다.

성당 안에서 기도와 함께 이런저런 생각을 정리하고 입구 쪽으로 나오는 길에 오른쪽 벽에 걸려 있는 샤를 드 쿠베르탱(Charles de Coubertin, 1822–1908) 남작의 그림 「선교사들의 출발」(1868)을 찾았다. 이 그림은 1864년 네 명의 선교사가 조선으로 떠나기에 앞서 당시 그 성당에서 거행되었던 파견예식에서의 이별 장면을 묘사하고 있는데 그림에 작곡가 샤를 구노(Charles Gounod, 1818-1893)가 등장한다. 그림을 자세히 보면, 제대 위의 왼쪽으로부터 검은 수단을 입은 위앵(Luc Huin, 1836-1866), 도리(Henri Dorie, 1839-1866), 볼리외(Louis Beaulieu, 1840-1866), 브르트니에르(Just de Bretenières, 1838-1866) 신부가 사람들과 작별 인사를 하고 있는데 가운데 제대 위 중심에서 도리 신부와 볼 키스를 하고 있는 긴 하얀 수염의, 고동색 옷을 입은 사람이 구노이다. 구노가 그 그림에 등장하는 이유는 이러하다.

구노는 1839년 로마 대상(Prix de Rome)을 수상한 후 부상으로 받은 장학금으로 2년간의 로마 유학을 마치고 1843년 프랑스로 돌아왔다. 귀국하던 해

표지: 「선교사들의 출발」, 샤를 드 쿠베르탱(Charles Coubertin, 1822–1908) 작, 유화, 1868, 28.4×25.1cm, 파리외방전교회 주의 공현 경당, 파리
이 그림에는 구노(가운데 고동색 옷을 입은 사람) 이외에도 화가 쿠베르탱의 가족들이 등장한다. 계단에 엎드려 볼리외 신부의 발에 친구(親口)하는 사람은 큰아들 폴(Paul), 빨간 상의를 입은 여자 어린이는 딸 마리(Marie), 그 옆에서 뒤를 돌아보는 아이는 둘째 아들 피에르 드 쿠베르탱(Pierre de Coubertin, 1863-1937)인데 그는 훗날 근대 올림픽을 창시하였다.

스물다섯 살의 구노는 파리외방전교회 경내에 있는 주의 공현 경당(La chapelle de l'Épiphanie)의 오르가니스트로 부임했다. 구노가 귀국한 후 선택한 파리외방전교회의 오르가니스트 직職은 로마 대상을 수상한 촉망받던 당시 구노의 경력에 비하면 초라하기 그지없는 직장이었다. 1663년에 건축된 주의 공현 경당은 잘 알려지지도 않았을 뿐만 아니라 검소하고 작았다. 동시대의 작곡가 카미유 생상스(Camille Saint-Saëns, 1835-1921)가 로마 대상을 수상하지 못했음에도 스물세 살 때 프랑스 제국의 대표 교회였던 마들렌 성당(Église de la Madeleine)의 수석 오르가니스트가 되었던 것에 비하면 그의 선택은 놀랍고도 예외적이라 할 수 있다.

구노가 이 경당을 선택한 것은 깊은 신앙심 때문이라고 할 수 있다.

파리외방전교회는 교황청 포교성성(현 복음화부)의 지침에 따라 1658년 프랑스 파리에 설립된 선교 단체이다. 설립된 후 350여 년 동안 아시아와 북아메리카로 파견된 사제가 약 4천2백 명에 이른다. 해외 선교를 위해 프랑스 전국에서 모여든 갸륵한 뜻을 품은 신앙 깊은 사제들은 선교지로 떠나기에 앞서 이곳에서 일정 기간 준비하고 선교지로 떠났다. 당시 선교지는 죽음을 각오하지 않으면 결코 떠날 수 없을 만큼 위험천만한 미지의 세계로서 선교사들은 이곳을 떠나기에 앞서 그 나라에 뼈를 묻는다는 결연한 각오를 해야 했다. 여기에 모인 사제들은 선교지의 문화와 언어를 배우면서 또 경당에 모여 함께 기도하면서 결심을 굳혔다. 그리고 이들이 떠날 때는 이 경당에서 파견식이 성대하고도 감동적으로 거행되었다. 파견식 때 경당에 모인 친지들은 쿠베르탱 남작의 그림에 묘사된 것처럼 제대 앞에 서 있는 선교사들의 발에 친구親口함으로써 존경의 예를 갖추었다. 그들의 발은 하느님 말씀을 전하는 도구로써 머지않아 순교자가 될 거룩한 사람의 발이었기 때문이다. 구노는 이런 특별하고도 거룩한 예식이 거행될 뿐만 아니라 이런 특별한 뜻을 품은 사제들이 모여 사는 공동체의 경당에서 오르간을 쳤다.

1843년 구노가 주의 공현 경당의 오르가니스트로 부임했을 당시 파리외방전교회는 조선에서의 천주교 박해 때문에 상당히 긴장하고 있었다. 전교회 소속으로 조선에 파견되었던 앵베르(Laurent Imbert, 1797-1839) 주교와 모방(Pierre Maubant, 1803-1839)과 샤스탕(Jacques Chastan, 1803-1839) 신부가 기해박해(1839) 때 새남터에서 모두 순교했기 때문이었다. 부임 직후 이 소식을 들은 구노는 이를 기리기 위해 성가 「무궁무진세에」(『가톨릭 성가』 284번)를 작곡했다. 이 성가는 오늘날 '순교자 성월'인 9월이 되면 우리나라 대부분 성당에서 미사 중에 자주 불린다. 이렇게 해서 구노는 우리나라 교회와도 인연을 맺게 되었다.

조선에서 기해박해가 일어난 지 27년이 지난 1866년 또 다른 박해가 일어났다. 쿠베르탱 남작의 그림 「선교사들의 출발」에 등장하는 네 명의 선교 사제는 마르세유(Marseille)에서 배를 타고 출발해서 희망봉과 인도양을 거쳐 1865년 6월에 조선에 입국했다. 그런데 이듬해 일어난 병인박해(1866) 때 이들은 새남터와 갈매못에서 모두 참수斬首된 후 군문효수軍門梟首되었다. 그들이 파리외방전교회를 떠난 지 고작 2년 만의 일이었다. 이 소식을 들은 쿠베르탱 남작은 순교한 네 명의 사제를 기리기 위해 이 그림을 그려 기증했다. 쿠베르탱 남작이 이 작품을 구상하면서 구노를 그 중심에 넣은 것은 그 시대 무게 있는 오페라 작곡가이자 『성녀 체칠리아 장엄미사』의 작곡가로서 구노가 젊은 시절 파리외방전교회의 오르간 책임자였을 뿐만 아니라 그 인연을 통해서 평생 해외 선교를 지지하는 신앙 깊은 인물이었음을 드러내려는 의도였을 것이다.

구노는 로마 유학 기간을 전후해서 당시 설교가로 무척 유명했던 성 도미니코 수도회의 앙리 도미니크 라코르데르(Henri-Dominique Lacordaire, 1802-1861) 신부의 설교에 크게 감동하고 있었다. 유학 중 구노는 화가였던 아버지의 혈통 때문이었는지 로마의 여러 성당 안에 있는 예술작품에 크게 감동하고 있었을 뿐 아니라 신앙에 큰 자극을 받았다. 특히 미켈란젤로(Michelangelo, 1475-1564)의 작품을 경외했다. 그리고 성음악 작곡가로서 미켈란젤로 예술의 음악적 번역자로 알려진 팔레스트리나(Palestrina, 1525-1594)의 음악에 상당한 관심을 갖게 되었다.

구노는 로마에서 유학하던 중 1841년 5월 1일 로마의 산 루이지 데이 프란체시 성당(Chiesa di San Luigi dei Francesi)에서 『성녀 체칠리아 장엄미사』를 처음 발표했다. 이것은 구노가 작곡한 첫 번째 대작이었다. 그로부터 10년 후인 1851년 1월 13일 구노는 영국 런던에서 그 미사곡의 일부인 「거룩하시다*Sanctus*」와 「베네딕투스*Benedictus*」를 다른 작품과 함께 발표했다. 당시 런던의 언론은 "구노가 새롭게 선보인 작품은 디테일이 살아 있고 열정이 응축되어 절정에 이르렀다."고 찬사를 아끼지 않았다. 파리의 언론 역시 "훈련된 예술가의 작품으로서 새로운 시적詩的 우아함이 넘친다."고 극찬했다. 최종으로 완성된 『성녀 체칠리아 장엄미사』는 그가 파리 외방전교회를 떠난 후 오페라 작곡가로서 명성이 알려지기 시작할 무렵인, 1855년 11월 22일 파리의 생퇴스타슈 성당(Église Saint-Eustache de Paris)에서 성녀 체칠리아 축일 미사 중에 초연되었다.

후배 작곡가였던 카미유 생상스는 이 작품에 대해 이렇게 표현했다. "『성녀 체칠리아 장엄미사』의 등장은 일종의 충격이었다. 음악 세계에 새롭게 선보인 단순함과 장대함과 평화로운 빛은 사람들을 놀라게 했다. … 처음에는 눈이 부셨고 그다음에는 매혹되었고 결국에는 정복되었다. … 먼 훗날 구노의 오페라들은 도서관 서고에 먼지 쌓인 채로 있겠지만 『성녀 체칠리아 장엄미사』, 오라토리오 『구원』과 『죽음과 생명』은 영원할 것이다."라고 하며 극찬을 아끼지 않았다. 생상스는 이 작품의 음악사적 가치를 간파하고 있었다.

1843년 로마 유학을 마치고 귀국 길에 오른 구노는 오스트리아 빈(Wien)에서 아마데우스 모차르트(Amadeus Mozart, 1756-1791)의 오페라 『마술 피리』를 감상했고, 독일의 라이프치히에서는 펠릭스 멘델스존(Felix Mendelssohn-Bartholdy, 1809-1847)을 만나서 사흘 동안 환대받았다. 멘델스존은 게반트 하우스에서 특별

구노, 『성녀 체칠리아 장엄미사』, 헨드릭스·데일·라퐁, 프랑스 라디오 합창단, 프레트르 지휘, 노벨 필하모닉 오케스트라(EMI, 1984, LP)
표지: 「환영, 14세기의 전설」, 뤽 올리비에 메르송(Luc Olivier Merson, 1846-1920) 작, 유화, 1872, 290×433cm, 릴 궁전 미술관(Palais des Beaux-Arts de Lille), 릴(프랑스)

연주회를 열어 「교향곡 3번 A단조 Op.56 스코틀랜드」를 들려주었고, 요한 제바스티안 바흐(Johann Sebastian Bach, 1685-1750)가 평생 봉직했고 묻혀 있는 성 토마스 교회(St. Thomas Kirche)에서 구노가 바흐의 오르간으로 바흐 작품을 연주할 수 있도록 배려해 주었다. 이런 경험은 그의 작품에 크게 영향을 미쳤다. 그러니까 『성녀 체칠리아 장엄미사』는 구노가 유학 시절 로마에서 시각과 청각 예술작품들을 그가 가진 특별한 감수성으로 예사롭지 않게 보고 들으며 얻은 영감과 문화적 체험, 그리고 이 시기에 만난 선배 음악가들의 특별한 가르침, 그리고 그의 깊은 신앙심이 어우러져 작곡된 걸작으로 젊은 시절 14년의 정성이 들어갔다.

구노는 『성녀 체칠리아 장엄미사』를 작곡하기에 앞서 성녀 체칠리아의 일대기를 공부하고 성녀의 유해가 안치되어 있는, 로마 시내 테베레 강변 서쪽에 위치한 산타 체칠리아 성당(Basilica Santa Cecilia in Trastevere)에 가 보았을 것이다. 로마의 원로원 가문에서 태어난 성녀 체칠리아(Sancta Caecilia, ?-230경)는 어린 시절부터 평생 동정童貞을 지킬 것을 하느님께 서약誓約했지만 아버지의 뜻에 따라 이교도 청년 발레리아누스(Valerianus)와 결혼해야 했다. 첫날밤, 그녀는 남편에게 동정의 뜻을 밝히면서 주의 천사가 자신을 보호하기 위해 늘 지켜보고 있다고 알려 주었다. 그리고 그녀는 남편에게 세례받을 것을 권유했다. 아내의 뜻에 따라 세례를 받고 집에 돌아온 발레리아누스는 장미와 백합 화관을 쓴 아내 옆을 천사가 지키고 있는 것을 목격하고는 그녀의 뜻을 따르기로 결심했다. 성녀 체칠리아는 신앙생활과 자선활동에 전념하다가 체포되어 배교를 강요당했지만 뜻을 굽히지 않아 참수되었다. 그녀는 형리로부터 목을 세 번 베인 후에도 숨이 끊어지지 않았고 3일 동안 살아 있다가 순교했다고 전해진다.

3세기경 교황 우르바노 1세(Urban I, 재위: 222-230)의 뜻에 따라 그녀의 순교를 기념하는 성당이 성녀의 집터에 처음으로 세워졌다. 이 성당은 822년 교황 파스칼 1세(Paschalis PP. I, 재위: 817-824)의 뜻에 따라 재건축되었고 이때 성 칼리스토 카타콤에 묻혀 있던 성녀 체칠리아의 시신屍身이 이 성당의 지하에 안치安

置되었다. 1599년 이 성당은 추기경 파올로 에밀리오 스폰드라티(Paolo Emilio Sfondrati, 1560-1618)의 지시에 따라 7백여 년 만에 대대적으로 보수되었다. 그런데 이 과정에서 성당 지하에 묻혀 있던 성녀 체칠리아 시신이 발굴되었는데 놀랍게도 시신은 부패하지 않았고 잠든 것처럼 기적적으로 죽을 당시의 모습을 그대로 간직하고 있었다. 르네상스 시대 조각가 스테파노 마데르노(Stefano Maderno, 1576-1636)는 성녀의 모습을 직접 목격하고 이를 기록으로 남겼다. 그리고 대리석으로 그 모습을 재현했다.

마데르노의 조각이 묘사하고 있는 성녀는 옆으로 누워서 기도하듯 손을 앞으로 가지런히 모으고 있는데, 얼굴은 땅을 향하고 있다. 조각가는 성녀의 시신이 부패하지 않았다는 점과 목에 세 개의 칼자국이 남아 있었다는 점을 드러내기 위해 예술적 상상력을 동원하여 성녀를 이런 모습으로 표현했을 것이다. 실물 크기의 이 작품은 성녀가 안치되어 있는 산타 체칠리아 성당의 정면에 있는 제대 바로 밑부분에 사람들이 잘 볼 수 있도록 유리관에 보관되어 있다. 구노는 이 조각 작품을 보고 크게 감동하였을 것이다.

체칠리아 성녀는 오늘날 가톨릭 교회에서만이 아니라 동방 정교회와 성공회에서도 존경받는 인물이다. 성녀는 특히 음악의 수호성인으로 존경받는다. 1565년 로마에 설립된, 세계에서 가장 오래된 음악학교인 성녀 체칠리아 음악원(Conservatorio di Musica Santa Cecilia)이 성녀의 이름으로 세워진 이후 성녀를 음악의 수호신으로 공경하는 것이 보편화되었다. 구노 외에도 퍼셀, 스칼라티, 헨델, 하이든, 브리튼은 모두 성녀의 순교와 신앙의 모범을 기리기 위해 작품을 남겼다. 화가들도 성녀 체칠리아를 많이 그렸는데 성녀가 오르간이나 비올라를 연주하는 것으로 묘사하고 있다.

구노가 『성녀 체칠리아 장엄미사』를 초연한 곳이 성당이었고 그것도 성녀 체칠리아 축일 미사 때였다는 사실에서 알 수 있듯이, 이 작품은 일반 연주회용이 아니라 가톨릭 교회의 미사 전례를 위해서 작곡된 작품이다. 그래서 이 작품은 미사의 전례 순서를 따라 여섯 부분으로 나누어 작곡되었고 텍스트 역시 당시의 미사 용어였던 라틴어를 그대로 따른다.

구노의 『성녀 체칠리아 장엄미사』는 성스러우면서도 장엄하고 전체적으로 우아하다. 「키리에 *Kyrie*」는 미사의 도입부로서 "주여, 우리를 불쌍히 여기소서." 하면서 하느님께 자비를 청하는 내용이며 참회의 뜻이 담겨 있는데 차분하고 정적이며 간절함이 느껴진다. 「대영광송 *Gloria*」은 세상의 모든 영광을 하느님께 돌려 드린다는 내용이다. 여명의 아침 해가 떠오르는 것처럼 차분하게 시작되지만 "전능하신 하느님"과 "홀로 거룩하시고 홀로 주님이시며 홀로 높으신" 분을 찬양하는 내용에서는 장엄하고 극적이다. 「사도신경 *Credo*」은 하느님께 신앙을 고백하는 내용으로서 단호하고 비장하다.

「거룩하시다 *Sanctus*」는 구약성경 이사야 예언서(이사 6,3)에 나오는 내용으로서 "거룩하시다, 거룩하시다." 즉 하느님의 거룩하심을 경외하는 내용이다. 테너의 청아한 독창으로 시작되고 성스러운 합창으로 마무리된다. 「베네딕투스 *Benedictus*」는 "주님의 이름으로 오시는 분, 찬미 받으소서."라는 내용으로서 「거룩하시다」의 끝부분에 해당하지만, 베토벤의 『장엄미사 D장조 Op.123』에서처럼 「베네딕투스」를 별도의 악장으로 독립시켰다. 소프라노의 우아한 독창으로 시작되고 "호산나"를 외치며 웅장한 합창으로 끝난다. 구노가 1851년 영국에서 「거룩하시다」와 「베네딕투스」만 독립시켜 일반 청중에게 먼저 발표한 것에서 알 수 있듯이, 이 부분은 이 미사곡 전체에서 작곡가가 가장 자랑스럽게

구노, 발레 음악『파우스트』, 에체베리 지휘, 라무류스 콘서트 오케스트라(Fontana, 1961, EP)
표지: 「발레 수업」(일부), 에드가 드가(Edgar Degas, 1834-1917) 작, 유화, 1871-1874, 85×75cm, 오르세 미술관(Musée d'Orsay), 파리

여긴 부분이라 할 수 있다. 서정적이고 아름다우면서도 역동성이 살아 있어서 하느님의 위대하심을 찬미하며 영원함을 지향하는 작곡가의 영적靈的인 심성心性을 읽을 수 있다.「하느님의 어린양*Agnus Dei*」은 미사의 결론 부분으로서 그분께서 하느님의 어린양으로서 십자가에서 희생되심으로써 세상을 구원하셨다는 내용이다. 구세사救世史를 압축하는 이 내용은 합창으로 시작되다가 테너와

소프라노가 선율을 주고받은 후 오페라의 끝부분처럼 극적 선율로 대미를 장식한다.

구노는 1843년부터 파리외방전교회에서 오르간 연주자로 일하면서, 프랑스 전국 각지에서 모여든 사제들이 자국自國의 편안한 삶을 포기한 채 이국만리 타향으로 떠나는 모습에서, 특히 박해받을 것을 뻔히 알면서도 죽음을 각오하고 떠나는 사제들의 모습에서 신앙에 큰 자극을 받았다. 오르가니스트 직을 사임한 구노는 1847년 서른한 살 때 사제의 꿈을 품고 성 쉴피스(St. Sulpice) 신학교에 입학했지만 2년 만에 신학교를 포기했다. 그때부터 그는 오페라를 작곡하기 시작했다.

젊은 시절 사제가 되려는 갸륵한 뜻을 품었던 작곡가라는 점에서 구노는 프란츠 리스트(Franz Liszt, 1811-1886)와 닮았다. 젊은 시절 품었던 사제의 꿈을 실현하기 위해 리스트는 쉰두 살 때 수도원에 입회하여 사제품에 필요한 7개의 품品 중에서 4개의 품을 받았다. 두 작곡가가 실제로 사제가 되지는 못했을지라도 사제직을 지망했다는 것 그 자체로 그들이 신앙 깊은 사람들이었음을 알 수 있다. 한편 젊은 시절 수도원이나 교회 기관에서 일하다가 죽을 때까지 그곳과의 인연을 끊지 않았다는 점에서 구노는 안톤 브루크너(Anton Bruckner, 1824-1896)와 비슷하다. 브루크너는 린츠(Linz)에 있는 성 플로리안 수도원(Stift St. Florian)에서 오르가니스트로 일을 시작한 후 평생 수도원과의 인연을 끊지 않았고 세상을 떠난 후에는 수도원 성당 안에 묻혔다. 그 역시 신앙 깊은 인물이었다. 그래서 리스트와 구노와 브루크너는 모두 세속 음악을 작곡하는 중에도 유독 성 음악을 많이 작곡했다.

오늘날 오페라 『파우스트』(1859)와 『로미오와 줄리엣』(1867)의 작곡가로 알려진 구노는 평생 오페라를 13편 작곡했지만 『성녀 체칠리아 장엄미사』를 포함해서 23편의 미사곡, 40편의 라틴어 전례 음악, 9편의 오라토리오, 그 수를 헤아릴 수 없을 만큼 많은 성경 주제의 모테트(motet)와 성가를 작곡했다. 그가 바흐의 「평균율 클라비어 곡집 제1권 BWV.846」 중 '1번 전주곡 C장조'의 선율을 바탕으로 작곡한 성가 「아베 마리아」(1859)는 오늘날 대중에게 널리 사랑받는 성악곡 중의 하나가 되었다. 그는 특히 말년에 성 음악 작곡에 몰입했다. 예순네 살에 작곡한 오라토리오 『구원』(1882)과 예순일곱 살에 작곡한 오라토리오 『죽음과 생명』(1885)은 프리드리히 헨델(Frideric Handel, 1685-1759)과 멘델스존의 오라토리오와 비교될 정도로 크게 인정받았다.

구노는 서른세 살 때부터 파리 서쪽의 생클루(Saint-Cloud)에 있는 집에서 살았다. 그는 이 집에서 『성녀 체칠리아 장엄미사』를 비롯해서 주요 작품 대부분을 작곡했다. 그는 1893년 10월 15일 지역 성당에서 미사의 오르간 반주를 마치고 집으로 돌아온 후에 레퀴엠을 작곡하던 중 갑자기 뇌졸중으로 쓰러져 3일 동안 혼수상태에 빠져 있다가 10월 18일 세상을 떠났다. 그때 그의 나이는 일흔다섯이었다. 그의 장례는 10월 27일 마들렌 성당에서 국장으로 치러졌다. 그날 장례미사 때 가브리엘 포레(Gabriel Fauré, 1845-1924)가 성가대를 지휘했는데 구노가 뜻한 대로 오르간과 오케스트라 연주 없이 오로지 성악만 연주되었다. 그의 유해는 파리에 있는 메히 드 공원 묘지(Cimetière d'Auteuil)의 가족 묘역에 묻혔다.

파리외방전교회 순례를 마치고 나는 콩코르드 광장 북쪽에 있는 마들렌 성당으로 향했다. 그곳에서 생상스와 포레가 수석 오르가니스트로 봉직했고 특히 구노뿐만 아니라 프레데리크 쇼팽(Frédéric Chopin, 1810-1849), 생상스, 포레의 장례미사가 국장으로 거행되었던 것을 알고 있었기 때문에 파리에 갈 기회가 있으면 한번 꼭 가 보아야겠다고 생각하던 곳이었다. 마들렌 성당은 가지런히 선 코린트식 기둥으로 둘러싸인 그리스 아테네 신전이 연상되는 특별한 외모가 인상적이었다.

루이 15세(Louis XV, 1710-1774)는 15세기에 건축된 마리아 막달레나 기념성당이 너무 작다고 판단하고 큰 성당의 건축을 계획했다. 그는 1763년 주춧돌을 놓고 성당 건축을 시작했지만 프랑스 혁명(1789) 때문에 공사가 지지부진했다. 1804년 집권에 성공한 나폴레옹 보나파르트(Napoleon Bonaparte, 1710-1774)는 프랑스군의 승리를 기념하는 성전을 건축하기 위해 이 건물의 디자인을 신고전주의 스타일로 변경했다. 건물은 1807년 다시 착공되었지만 1814년 나폴레옹이 실각한 이후 건물의 용도는 원래대로, 부활하신 예수님을 가장 먼저 목격했던 마리아 막달레나(불어명: Madeline, 요한 20,11-18 참조)를 기념하는 성당으로 다시 변경되어서 1828년 완공되었다. 즉 이 성당은 프랑스의 정치·역사적 변곡점 속에서 건물의 설계와 용도가 바뀌는 우여곡절을 겪으면서 지금의 모습을 갖추게 되었다. 성당 제대의 천장 프레스코화에 1801년 나폴레옹과 정교조약을 맺었던 교황 비오 7세(Pius VII, 재위: 1800-1823)가 나폴레옹과 함께 앉아 있는 모습이 묘사된 것으로 보아 이 건물의 건축에 관여했던 나폴레옹의 영향력을 추측할 수 있었다.

성당 안으로 들어선 나는 구노의 장례미사가 거행되던 당시 상황을 머릿속으로 그려 보았다. 많은 사람이 그의 서거를 아쉬워하며 성당에 모여들고 파리 교구장이 집전하는 미사에는 당시 내로라하는 많은 정치인, 음악가, 문인이 참석했을 것이다. 이런저런 상상을 하고 나서 제대 앞에서 잠시 묵상 기도를 드리던 중에 예상하지 못한 웅장한 파이프 오르간 소리가 뒤에서 크게 들려왔다. 돌아보니 성당 입구의 위쪽에 있는 파이프 오르간에서 나는 소리였다. 파이프 오르간의 소리뿐만 아니라 파이프 오르간의 모습 자체가 장관이었다. 나는 어느 성당에서도 그런 규모의 아름다운 모습의 파이프 오르간을 본 적이 없다. 그 규모가 너무 커서인지 파이프 오르간의 오른쪽 밑에서 연주하고 있는 연주자가 정말 점點처럼 작아 보였다. 나는 의자에 앉아 오르간 소리에 집중했다. 누구의 작품인지는 알 수 없었지만 소리의 웅장함과 함께 섬세하게 들리는 연주는 나를 감동시키기에 충분했다. 그것이 수석 오르가니스트였던 생상스나 포레의 연주는 아닐지라도 그 대가들의 연주려니 간주하고 한참을 들었다. 연주가 끝날 때까지 더 듣고 싶었지만 일행이 성당 밖에서 나를 기다리고 있다는 것을 알고 있었기 때문에 자리에서 일어서야 했다.

내가 즐겨 듣는 음반은 프랑스의 지휘자 조르주 프레트르(Georges Prêtre, 1924-2017)가 지휘하는 노벨 필하모닉 오케스트라의 연주(EMI, 1984, LP)이다. 서정성과 극적 감동을 모두 살린, 웅장하고 역동성이 살아 있는 연주이다. 특히 영국의 성악가 로렌스 데일(Laurence Dale, 1957-)이 부르는 「거룩하시다」와 미국 출신의 흑인 성악가 바바라 헨드릭스(Barbara Hendricks, 1948-)가 부르는 「베네딕투스」는 섬세하고 아름답다.

이고르 마르케비치(Igor Markevitch)가 지휘하는 체코 필하모닉 오케스트라의 연주(DG, 1966, LP)는 차분하면서도 성스럽다.

그때에 주 하느님께서 흙의 먼지로 사람을 빚으시고, 그 코에 생명의 숨을 불어넣으시니, 사람이 생명체가 되었다. (창세 2,7)

주 하느님께서는 말씀하셨다. "사람이 혼자 있는 것이 좋지 않으니, 그에게 알맞은 협력자를 만들어 주겠다." (창세 2,18)

그래서 주 하느님께서는 사람 위로 깊이 잠이 쏟아지게 하시어 그를 잠들게 하신 다음, 그의 갈빗대 하나를 빼내시고 그 자리를 살로 메우셨다. 주 하느님께서 사람에게서 빼내신 갈빗대로 여자를 지으시고, 그를 사람에게 데려오시자, 사람이 이렇게 부르짖었다. "이야말로 내 뼈에서 나온 뼈요 내 살에서 나온 살이로구나! 남자에게서 나왔으니 여자라 불리리라." 그러므로 남자는 아버지와 어머니를 떠나 결합하여, 둘이 한 몸이 된다. (창세 2,21-24)

5 브루크너 「교향곡 9번 D단조 WAB.108」

그러나 야곱은 혼자 남아 있었다. 그런데 어떤 사람이 나타나 동이 틀 때까지 야곱과 씨름을 하였다. (창세 32,25)

바로 그 밤에 야곱은 일어나, 두 아내와 두 여종과 열한 아들을 데리고 야뽁 건널목을 건넜다. 야곱은 이렇게 그들을 이끌어 내를 건네 보낸 다음, 자기에게 딸린 모든 것도 건네 보냈다. 그러나 야곱은 혼자 남아 있었다. 그런데 어떤 사람이 나타나 동이 틀 때까지 야곱과 씨름을 하였다. 그는 야곱을 이길 수 없다는 것을 알고 야곱의 엉덩이뼈를 쳤다. 그래서 야곱은 그와 씨름을 하다 엉덩이뼈를 다치게 되었다. 그가 "동이 트려고 하니 나를 놓아 다오." 하고 말하였지만, 야곱은 "저에게 축복해 주시지 않으면 놓아드리지 않겠습니다." 하고 대답하였다. (창세 32,23-27)

그가 야곱에게 "네 이름이 무엇이냐?" 하고 묻자, "야곱입니다." 하고 대답하였다. 그러자 그가 말하였다. "네가 하느님과 겨루고 사람들과 겨루어 이겼으니, 너의 이름은 이제 더 이상 야곱이 아니라 이스라엘이라 불릴 것이다." (창세 32,28-29)

6 림스키코르사코프 「러시아 부활 축제 서곡 Op.36」

그러자 예수님께서 그에게 이르셨다. "나는 부활이요 생명이다. 나를 믿는 사람은 죽더라도 살고, 또 살아서 나를 믿는 모든 사람은 영원히 죽지 않을 것이다. 너는 이것을 믿느냐?" (요한 11,25-26)

안식일이 지나자, 마리아 막달레나와 야고보의 어머니 마리아와 살로메는 무덤에 가서 예수님께 발라 드리려고 향료를 샀다. 그리고 주간 첫날 매우 이른 아침, 해가 떠오를 무렵에 무덤에 갔다. (마르 16,1-2)

그때에 천사가 여자들에게 말하였다. "두려워하지 마라. 너희가 십자가에 못 박히신 예수님을 찾는 줄을 나는 안다. 그분께서 여기에 계시지 않는다. 말씀하신 대로 그분께서는 되살아나셨다. 와서 그분께서 누워계셨던 곳을 보아라. (마태 28,5-6)

들여다보니 하얀 옷을 입은 두 천사가 앉아 있었다. 한 천사는 예수님의 시신이 놓였던 자리 머리맡에, 다른 천사는 발치에 있었다. 그들이 마리아에게 "여인아 왜 우느냐?" 하고 묻자, 마리아가 그들에게 대답하였다. "누가 저의 주님을 꺼내 갔습니다. 어디에 모셨는지 모르겠습니다." (요한 20,12-13)

시몬 베드로가 뒤따라와서 무덤으로 들어가 아마포가 놓여 있는 것을 보았다. 예수님의 얼굴을 쌌던 수건은 아마포와 함께 놓여 있지 않고, 따로 한곳에 개켜져 있었다. (요한 20,6-7)

마리아 막달레나는 제자들에게 가서 "제가 주님을 뵈었습니다." 하면서, 예수님께서 자기에게 하신 말씀을 전하였다. (요한 20,18)

그날 곧 주간 첫날 저녁이 되자, 제자들은 유다인들이 두려워 문을 모두 잠가 놓고 있었다. 그런데 예수님께서 오시어 가운데에 서시며, "평화가 너희와 함께!" 하고 그들에게 말씀하셨다. 이렇게 말씀하시고 나서 당신의 두 손과 옆구리를 그들에게 보여주셨다. 제자들은 주님을 뵙고 기뻐하였다. (요한 20,19-20)

나는 또 새 하늘과 새 땅을 보았습니다. 첫 번째 하늘과 첫 번째 땅은 사라지고 바다도 더 이상 없었습니다. (묵시 21,1)

7 시벨리우스 「바이올린 협주곡 D단조 Op.47」

예수님께서 그들에게 이르셨다. "나를 따라오너라. 내가 너희를 사람 낚는 어부가 되게 하겠다." 그러자 그들은 곧바로 그물을 버리고 예수님을 따랐다. (마르 1,17-18)

그들의 눈에서 모든 눈물을 닦아 주실 것이다. 다시는 죽음이 없고 다시는 슬픔도 울부짖음도 괴로움도 없을 것이다. 이전 것들이 사라져 버렸기 때문이다. (묵시 21,4)

율법이 들어와 범죄가 많아지게 하였습니다. 그러나 죄가 많아진 곳에 은총도 충만히 내렸습니다. (로마 5,20)

8 베토벤 「호른과 피아노를 위한 소나타 F장조 Op.17」

예수님께서 그들에게 대답하셨다. "요한에게 가서 너희가 보고 듣는 것을 전하여라. 눈먼 이들이 보고 다리 저는 이들이 제대로 걸으며, 나병 환자들이 깨끗해지고 귀먹은 이들이 들으며, 죽은 이들이 되살아나고 가난한 이들이 복음을 듣는다. 나에게 의심을 품지 않는 이는 행복하다." (마태 11,4-6)

그런데 요한이, 그리스도께서 하신 일을 감옥에서 전해 듣고 제자들을 보내어, "오실 분이 선생님이십니까? 아니면 저희가 다른 분을 기다려야 합니까?" 하고 물었다. (마태 11,2-3)

늑대가 새끼 양과 함께 살고 표범이 새끼 염소와 함께 지내리라. 송아지가 새끼 사자와 더불어 살쪄 가고 어린아이가 그들을 몰고 다니리라. (이사 11,6)

9 쇼스타코비치 「교향곡 5번 D단조 Op.47」

그러나 어떤 것들은 좋은 땅에 떨어져, 싹이 나고 자라서 열매를 맺었다. 그리하여 어떤 것은 서른 배, 어떤 것은 예순 배, 어떤 것은 백 배의 열매를 맺었다. (마르 4,8)

예수님께서 다시 호숫가에서 가르치기 시작하셨다. 너무 많은 군중이 모여들어, 그분께서는 호수에 있는 배에 올라앉으시고 군중은 모두 호숫가 뭍에 그대로 있었다. 예수님께서 그들에게 많은 것을 비유로 가르치셨다. 그렇게 가르치시면서 말씀하셨다. "자, 들어 보아라. 씨 뿌리는 사람이 씨를 뿌리러 나갔다. 그가 씨를 뿌리는데, 어떤 것은 길에 떨어져 새들이 와서 먹어 버렸다. 어떤 것은 흙이 많지 않은 돌밭에 떨어졌다. 흙이 깊지 않아 싹은 곧 돋아났지만 해가 솟아오르자 타고 말았다. 어떤 것은 가시덤불 속에 떨어졌는데, 가시덤불이 자라면서 숨을 막아버려 열매를 맺지 못하였다. 그러나 어떤 것들은 좋은 땅에 떨어져, 싹이 나고 자라서 열매를 맺었다. 그리하여 어떤 것은 서른 배, 어떤 것은 예순 배, 어떤 것은 백 배의 열매를 맺었다." 예수님께서는 이어서 말씀하셨다. "들을 귀 있는 사람은 들어라." (마르 4,1-9)

어떤 것은 흙이 많지 않은 돌밭에 떨어졌다. 흙이 깊지 않아 싹은 곧 돋아났지만 해가 솟아오르자 타고 말았다. 뿌리가 없어서 말라 버린 것이다. (마르 4,5-6)

그러면 너희가 진리를 깨닫게 될 것이다. 그리고 진리가 너희를 자유롭게 할 것이다. (요한 8,32)

10 포레 『레퀴엠』

그분께서는 죽음을 영원히 없애 버리시리라. 주 하느님께서는 모든 사람의 얼굴에서 눈물을 닦아 내시고 당신 백성의 수치를 온 세상에서 치워 주시리라. 정녕 주님께서 말씀하셨다. (이사 25,8)

그러자 예수님께서는 그에게 이르셨다. "나는 부활이요 생명이다. 나를 믿는 사람은 죽더라도 살고, 또 살아서 나를 믿는 모든 사람은 영원히 죽지 않을 것이다. 너는 이것을 믿느냐?" (요한 11,25-26)

그분은 또한 당신 몸인 교회의 머리이십니다. 그분은 시작이시며 죽은 이들 가운데에서 맏이이십니다. 그리하여 만물 가운데에서 으뜸이 되십니다. (콜로 1,18)

물질적인 몸으로 묻히지만 영적인 몸으로 되살아납니다. 물질적인 몸이 있으면 영적인 몸도 있습니다. (1코린 15,44)

부활 때에는 장가드는 일도 시집가는 일도 없이 하늘에 있는 천사들과 같아진다. (마태 22,30)

사람의 아들이 영광에 싸여 모든 천사와 함께 오면, 자기의 영광스러운 옥좌에 앉을 것이다. 그리고 모든 민족들이 사람의 아들 앞으로 모일 터인데, 그는 목자가 양과 염소를 가르듯이 그들을 가를 것이다. 그렇게 하여 양들은 자기 오른쪽에, 염소들은 왼쪽에 세울 것이다. 그때에 임금이 자기 오른쪽에 있는 이들에게 이렇게 말할 것이다. '내 아버지께서 복을 받은 이들아, 와서, 세상 창조 때부터 너희를 위하여 준비된 나라를 차지하여라. 너희는 내가 굶주렸을 때에 먹을 것을 주었고, 내가 목말랐을 때에 마실 것을 주었으며, 내가 나그네였을 때에 따뜻이 맞아들였다. 또 내가 헐벗었을 때에 입을 것을 주었고, 내가 병들었을 때에 돌보아 주었으며, 내가 감옥에 있을 때에 찾아 주었다.' 그러면 그 의인들이 이렇게 말할 것이다. '주님, 저희가 언제 주님께서 굶주리신 것을 보고 먹을 것을 드렸고, 목마르신 것을 보고 마실 것을 드렸습니까? 언제 주님께서 나그네 되신 것을 보고 따뜻이 맞아들였고, 헐벗으신 것을 보고 입을 것을 드렸습니까? 언제 주님께서 병드시거나 감옥에 계신 것을 보고 찾아가 뵈었습니까?' 그러면 임금이 대답할 것이다. '내가 진실로 너희에게 말한다. 너희가 내 형제들인 이 가장 작은 이들 가운데 한 사람에게 해 준 것이 바로 나에게 해 준 것이다.'

그때에 임금은 왼쪽에 있는 자들에게도 이렇게 말할 것이다. '저주받은 자들아, 나에게서 떠나 악마와 그 부하들을 위하여 준비된 영원한 불 속으로 들어가라. 너희는 내가 굶주렸을 때에 먹을 것을 주지 않았고, 내가 목말랐을 때에 마실 것을 주지 않았으며, 내가 나그네였을 때에 따뜻이 맞아들이지 않았다. 또 내가 헐벗었을 때에 입을 것을 주지 않았고, 내가 병들었을 때와 감옥에 있을 때에 돌보아 주지 않았다.' 그러면 그들도 이렇게 말할 것이다. '주님, 저희가 언제 주님께서 굶주리시거나 목마르시거나 나그네 되신 것을 보고, 또 헐벗으시거나 병드시거나 감옥에 계신 것을 보고 시중들지 않았다는 말씀입니까?' 그때에 임금이 대답할 것이다. '내가 진실로 너희에게 말한다. 너희가 이 가장 작은 이들 가운데 한 사람에게 해 주지 않은 것이 바로 나에게 해 주지 않은 것이다.' 이렇게 하여 그들은 영원한 벌을 받는 곳으로 가고 의인들은 영원한 생명을 누리는 곳으로 갈 것이다." (마태 25,31-46)

그러나 그날과 그 시간은 아무도 모른다. 하늘의 천사들도 아들도 모르고 오로지 아버지만 아신다. (마태 24,36)

예수님께서 또 말씀하셨다. "어떤 사람에게 아들이 둘 있었다. 그런데 작은아들이, '아버지, 재산 가운데에서 저에게 돌아올 몫을 주십시오.' 하고 아버지에게 말하였다. 그래서 아버지는 아들들에게 가산을 나누어 주었다. 며칠 뒤에 작은아들은 자기 것을 모두 챙겨서 먼 고장으로 떠났다. 그러고는 그곳에서 방종한 생활을 하며 자기 재산을 허비하였다. 모든 것을 탕진하였을 즈음 그 고장에 심한 기근이 들어, 그가 곤궁에 허덕이기 시작하였다. 그래서 그 고장 주민을 찾아가서 매달렸다. 그 주민은 그를 자기 소유의 들로 보내어 돼지를 치게 하였다. 그는 돼지들이 먹는 열매 꼬투리로라도 배를 채우기를 간절히 바랐지만, 아무도 주지 않았다. 그제야 제정신이 든 그는 이렇게 말하였다. '내 아버지의 그 많은 품팔이꾼들은 먹을 것이 남아도는데, 나는 여기에서 굶어 죽는구나. 일어나 아버지께 가서 이렇게 말씀드려야지.' '아버지, 제가 하늘과 아버지께 죄를 지었습니다. 저는 아버지의 아들이라고 불릴 자격이 없습니다. 저를 아버지의 품팔이꾼 가운데 하나로 삼아 주십시오.' 그리하여 그는 일어나 아버지에게로 갔다. 그가 아직도 멀리 떨어져 있을 때에 아버지가 그를 보고 가엾은 마음이 들었다. 그리고 달려가 아들의 목을 껴안고 입을 맞추었다. 아들이 아버지에게 말하였다. '아버지, 제가 하늘과 아버지께 죄를 지었습니다. 저는 아버지의 아들이라고 불릴 자격이 없습니다.' 그러나 아버지는 종들에게 일렀다. '어서 가장 좋은 옷을 가져다 입히고 손에 반지를 끼우고 발에 신발을 신겨 주어라. 그리고 살진 송아지를 끌어다가 잡아라. 먹고 즐기자. 나의 이 아들은 죽었다가 다시 살아났고 내가 잃었다가 도로 찾았다.' 그리하여 그들은 즐거운 잔치를 벌이기 시작하였다. (루카 15,11-24)

이렇게 말씀하셨다. "아빠! 아버지! 아버지께서는 무엇이든 하실 수 있으시니, 이 잔을 저에게 거두어 주십시오. 그러나 제가 원하는 것을 하지 마시고 아버지께서 원하는 것을 하십시오." (마르 14,36)

그분께서는 죽음을 영원히 없애 버리시리라. 주 하느님께서는 모든 사람의 얼굴에서 눈물을 닦아 내시고 당신 백성의 수치를 온 세상에서 치워 주시리라. 정녕 주님께서 말씀하셨다. (이사 25,8)

그때에 제자들이 예수님께 다가와, "하늘 나라에서는 누가 가장 큰 사람입니까?" 하고 물었다. 그러자 예수님께서 어린이 하나를 불러 그들 가운데에 세우시고 이르셨다. "내가 진실로 너희에게 말한다. 너희가 회개하여 어린이처럼 되지 않으면, 결코 하늘 나라에 들어가지 못한다. 그러므로 누구든지 이 어린이처럼 자신을 낮추는 이가 하늘 나라에서 가장 큰 사람이다. 또 누구든지 이런 어린이 하나를 내 이름으로 받아들이면 나를 받아들이는 것이다." (마태 18,1-5)

11 베를리오즈「환상 교향곡 Op.14」

예수님께서 그들에게 이르셨다. "왜 자고 있느냐? 유혹에 빠지지 않도록 일어나 기도하여라." (루카 22,46)

허무로다. 허무! 코헬렛이 말한다. 허무로다, 허무! 모든 것이 허무로다! (코헬 1,2)

12 힌데미트「교향곡 화가 마티스」

이튿날 요한은 예수님께서 자기 쪽으로 오시는 것을 보고 말하였다. "보라, 세상의 죄를 없애시는 하느님의 어린 양이시다." (요한 1,29)

천사가 다시 마리아에게 말하였다. "두려워하지 마라, 마리아야. 너는 하느님의 총애를 받았다. 보라, 이제 네가 잉태하여 아들을 낳을 터이니 그 이름을 예수라 하여라." (루카 1,30-31)

"지극히 높은 곳에서는 하느님께 영광 땅에서는 그분 마음에 드는 사람들에게 평화!" (루카 2,14)

이 헤로데는 사람을 보내어 요한을 붙잡아 감옥에 묶어 둔 일이 있었다. 그의 동생 필리포스의 아내 헤로디아 때문이었는데, 헤로데가 이 여자와 혼인하였던 것이다. 그래서 요한은 헤로데에게, "동생의 아내를 차지하는 것은 옳지 않습니다." 하고 여러 차례 말하였다. 헤로디아는 요한에게 앙심을 품고 그를 죽이려고 하였으나 뜻을 이루지 못하였다. 헤로데가 요한을 의롭고 거룩한 사람으로 알고 그를 두려워하며 보호해 주었을 뿐만 아니라, 그의 말을 들을 때에 몹시 당황해하면서도 기꺼이 듣곤 하였기 때문이다. 그런데 좋은 기회가 왔다. 헤로데가 자기 생일에 고관들과 무관들과 갈릴래아의 유지들을 청하여 잔치를 베풀었다. 그 자리에 헤로디아의 딸이 들어가 춤을 추어, 헤로데와 그의 손님들을 즐겁게 하였다. 그래서 임금은 그 소녀에게, "무엇이든 원하는 것을 나에게 청하여라. 너에게 주겠다." 하고 말할 뿐만 아니라, "네가 청하는 것은 무엇이든, 내 왕국의 절반이라도 너에게 주겠다." 하고 굳게 맹세까지 하였다. 소녀가 나가서 자기 어머니에게 "무엇을 청할까요?" 하자, 그 여자는 "세례자 요한의 머리를 요구하여라." 하고 일렀다. 소녀는 곧 서둘러 임금에게 가서, "당장 세례자 요한의 머리를 쟁반에 담아 저에게 주시기를 바랍니다." 하고 청하였다. 임금은 몹시 괴로웠지만, 맹세까지 하였고 또 손님들 앞이라 그의 청을 물리치고 싶지 않았다. 그래서 임금은 곧 경비병을 보내며, 요한의 머리를 가져오라고 명령하였다. 경비병이 물러가 감옥에서 요한의 목을 베어, 머리를 쟁반에 담아다가 소녀에게 주자, 소녀는 그것을 자기 어머니에게 주었다. 그 뒤에 요한의 제자들이 소문을 듣고 가서, 그의 주검을 거두어 무덤에 모셨다. (마르 6,17-29)

이튿날 요한은 예수님께서 자기 쪽으로 오시는 것을 보고 말하였다. "보라, 세상의 죄를 없애시는 하느님의 어린 양이시다. 저분은, '내 뒤에 한 분이 오시는데, 내가 나기 전부터 계셨기에 나보다 앞서신 분이시다.' 하고 내가 전에 말한 분이시다." (요한 1,29-30)

"그분은 커지셔야 하고 나는 작아져야 한다." (요한 3,30)

이튿날 요한이 자기 제자 두 사람과 함께 그곳에 다시 서 있다가, 예수님께서 지나가시는 것을 눈여겨보며 말하였다. "보라, 하느님의 어린양이시다." 그 두 제자는 요한이 말하는 것을 듣고 예수님을 따라갔다. (요한 1,35-37)

그때에 예수님께서는 성령의 인도로 광야에 나가시어, 악마에게 유혹을 받으셨다. 그분께서는 사십일을 밤낮으로 단식하신 뒤라 시장하셨다. 그런데 유혹자가 그분께 다가와, "당신이 하느님의 아들이라면 이 돌들에게 빵이 되라고 해 보시오." 하고 말하였다. 예수님께서 대답하셨다. "성경에 기록되어 있다. '사람은 빵만으로 살지 않고 하느님의 입에서 나오는 모든 말씀으로 산다.'" 그러자 악마는 예수님을 데리고 거룩한 도성으로 가서 성전 꼭대기에 세운 다음, 그분께 말하였다. "당신이 하느님의 아들이라면 밑으로 몸을 던져 보시오. 성경에 이렇게 기록되어 있지 않소? '그분께서는 너를 위해 당신 천사들에게 명령하시리라.' '행여 네 발이 돌에 차일세라 그들이 손으로 너를 받쳐 주리라.' 예수님께서는 그에게 이르셨다. "성경에도 이렇게 기록되어 있다. '주 너의 하느님을 시험하지 마라.'" 악마는 다시 그분을 매우 높은 산으로 데리고 가서, 세상의 모든 나라와 그 영광을 보여 주며, "당신이 땅에 엎드려 나에게 경배하면 저 모든 것을 당신에게 주겠소." 하고 말하였다. 그때에 예수님께서 그에게 말씀하셨다. "사탄아, 물러가라. 성경에 기록되어 있다. '주 너의 하느님께 경배하고 그분만을 섬겨라.'" 그러자 악마는 그분을 떠나가고, 천사들이 다가와 그분의 시중을 들었다. (마태 4,1-11)

13　모차르트 「피아노 소나타 8번 A단조 K.310」

사실 사람의 아들은 섬김을 받으러 온 것이 아니라 섬기러 왔고, 또 많은 이들의 몸값으로 자기 목숨을 바치러 왔다. (마르 10,45)

그 무렵에 마리아는 길을 떠나, 서둘러 유다 산악 지방에 있는 한 고을로 갔다. 그리고 즈카르야의 집에 들어가 엘리사벳에게 인사하였다. 엘리사벳이 마리아의 인사말을 들을 때 그의 태 안에서 아기가 뛰놀았다. 엘리사벳은 성령으로 가득 차 큰 소리로 외쳤다. "당신은 여인들 가운데에서 가장 복되시며 당신 태중의 아기도 복되십니다. 내 주님의 어머니께서 저에게 오시다니 어찌 된 일입니까? 보십시오, 당신의 인사말 소리가 제 귀에 들리자 저의 태 안에서 아기가 즐거워 뛰놀았습니다. 행복하십니다, 주님께서 하신 말씀이 이루어지리라고 믿으신 분!"

그러자 마리아가 말하였다. "내 영혼이 주님을 찬송하고 내 마음이 나의 구원자 하느님 안에서 기뻐 뛰니 그분께서 당신 종의 비천함을 굽어보셨기 때문입니다. 이제부터 과연 모든 세대가 나를 행복하다 하리니 전능하신 분께서 나에게 큰일을 하셨기 때문입니다. 그분의 이름은 거룩하고 그분의 자비는 대대로 당신을 경외하는 이들에게 미칩니다. 그분께서는 당신 팔로 권능을 떨치시어 마음속 생각이 교만한 자들을 흩으셨습니다. 통치자들을 왕좌에서 끌어내리시고 비천한 이들을 들어 높이셨으며 굶주린 이들을 좋은 것으로 배불리시고 부유한 자들을 빈손으로 내치셨습니다. 당신의 자비를 기억하시어 당신 종 이스라엘을 거두어 주셨으니 우리 조상들에게 말씀하신 대로 그 자비가 아브라함과 그 후손에게 영원히 미칠 것입니다." 마리아는 석 달가량 엘리사벳과 함께 지내다가 자기 집으로 돌아갔다. (루카 1,39-56)

14　스트라빈스키 발레 음악 「봄의 제전 Op.15」

카인이 자기 아우 아벨에게 "들에 나가자." 하고 말하였다. 그들이 들에 있을 때, 카인이 자기 아우 아벨에게 덤벼들어 그를 죽였다. (창세 4,8)

사람이 자기 아내 하와와 잠자리를 같이하니, 그 여자가 임신하여 카인을 낳고 이렇게 말하였다. "내가 주님의 도우심으로 남자 아이를 얻었다." 그 여자는 다시 카인의 동생 아벨을 낳았는데, 아벨은 양치기가 되고 카인은 땅을 부치는 농부가 되었다. 세월이 흐른 뒤에 카인은 땅의 소출을 주님께 제물로 바치고, 아벨은 양떼 가운데 맏배들과 그 굳기름을 바쳤다. 그런데 주님께서는 아벨과 그의 제물은 기꺼이 굽어보셨으나, 카인과 그의 제물은 굽어보지 않으셨다. 그래서 카인은 몹시 화를 내며 얼굴을 떨어뜨렸다. 주님께서 카인에게 말씀하셨다. "너는 어찌하여 화를 내고, 어찌하여 얼굴을 떨어뜨리느냐? 네가 옳게 행동하면 얼굴을 들 수 있지 않느냐? 그러나 네가 옳게 행동하지 않으면, 죄악이 문 앞에 도사리고 앉아 너를 노리게 될 터인데, 너는 그 죄악을 잘 다스려야 하지 않겠느냐?"

카인이 아우 아벨에게 "들에 나가자." 하고 말하였다. 그들이 들에 있을 때, 카인이 자기 아우 아벨에게 덤벼들어 그를 죽였다. 주님께서 카인에게 물으셨다. "네 아우 아벨은 어디 있느냐?" 그가 대답하였다. "모릅니다. 제가 아우를 지키는 사람입니까?" 그러자 그분께서 말씀하셨다. "네가 무슨 짓을 저질렀느냐? 들어 보아라. 네 아우의 피가 땅바닥에서 나에게 울부짖고 있다. 이제 너는 저주를 받아, 입을 벌려 네 손에서 네 아우의 피를 받아 낸 그 땅에서 쫓겨날 것이다. 네가 땅을 부쳐도, 그것이 너에게 더 이상 수확을 내주지 않을 것이다. 너는 세상을 떠돌며 헤매는 신세가 될 것이다." (창세 4,1-13)

뱀은 주 하느님께서 만드신 모든 들짐승 가운데에서 가장 간교하였다. 그 뱀이 여자에게 물었다. "하느님께서 '너희는 동산의 어떤 나무에서든지 열매를 따 먹어서는 안 된다.'고 말씀하셨다는데 정말이냐?" 여자가 뱀에게 대답하였다. "우리는 동산에 있는 나무 열매를 먹어도 된다. 그러나 동산 한가운데에 있는 나무 열매만은, '너희가 죽지 않으려거든 먹지도 만지지도 마라.' 하고 하느님께서 말씀하셨다." 그러자 뱀이 여자에게 말하였다. "너희는 결코 죽지 않는다. 너희가 그것을 먹는 날, 너희 눈이 열려 하느님처럼 되어서 선과 악을 알게 될 줄을 하느님께서 아시고 그렇게 말씀하신 것이다." 여자가 쳐다보니 그 나무 열매는 먹음직하고 소담스러워 보였다. 그뿐만 아니라 그것은 슬기롭게 해 줄 것처럼 탐스러웠다. 그래서 여자가 열매 하나를 따서 먹고 자기와 함께 있는 남편에게도 주자, 그도 그것을 먹었다. (창세 3,1-7)

주님 성내심으로 나를 꾸짖지 마옵시고 진노하심으로 나를 벌하지 마옵소서. (시편 38,2)

주님 내 기도를 들어주소서. 내 부르짖는 소리에 귀를 기울이소서. 내 울음 소리를 못들은 체 마옵소서. 이 몸은 당신 곁에 길손이옵고 나의 모든 조상처럼 나그네오이다. (시편 39,13)

주님 나를 기꺼이 구하여 주소서. 어서 빨리 오시어 주여 나를 도우소서. (시편 40,14)

주님을 찬미하라 그의 성소 안에서, 그지없이 크오셔라 주님을 찬미하라. (시편 150,1)

15 R. 슈트라우스 「알프스 교향곡 Op.64」

하느님께서는 뭍을 땅이라, 물이 모인 곳을 바다라 부르셨다. 하느님께서 보시니 좋았다. (창세 1,10)

16 벨리니 오페라 『노르마』

"일어나 저 큰 성읍 니네베로 가서, 내가 너에게 이르는 말을 그 성읍에 외쳐라." (요나 3,2)

"일어나 저 큰 성읍 니네베로 가서, 그 성읍을 거슬러 외쳐라. 그들의 죄악이 나에게까지 치솟아 올랐다." (요나 1,2)

"그러나 주님께서 바다 위로 큰 바람을 보내시니, 바다에 큰 폭풍이 일어 배가 거의 부서지게 되었다. 그러자 뱃사람들이 겁에 질려 저마다 자기 신에게 부르짖으면서, 배를 가볍게 하려고 안에 있는 짐들을 바다로 내던졌다. 그런데 배 밑창으로 내려간 요나는 드러누워 깊이 잠들어 있었다. 선장이 그에게 다가가 말하였다. 당신은 어찌 이렇게 깊이 잠들 수가 있소? 일어나서 당신 신에게 부르짖으시오. 행여나 그 신이 우리를 생각해 주어, 우리가 죽지 않을 수도 있지 않소?"

뱃사람들이 서로 말하였다. "자, 제비를 뽑아서 누구 때문에 이런 재앙이 우리에게 닥쳤는지 알아봅시다." 그래서 제비를 뽑으니 요나가 뽑혔다. 그러자 그들이 요나에게 물었다. "누구 때문에 우리에게 이런 재앙이 닥쳤는지 말해 보시오. 당신은 무엇하는 사람이고 어디서 오는 길이오? 당신은 어느 나라 사람이며 어느 민족이오?" 요나는 그들에게 "나는 히브리 사람이오. 나는 바다와 뭍을 만드신 주 하늘의 하느님을 경외하는 사람이오." 하고 대답하였다. 그러자 그 사람들은 더욱더 두려워하며, "당신은 어째서 이런 일을 하였소?" 하고 말하였다. 요나가 그들에게 사실을 털어놓아, 그가 주님을 피하여 달아나고 있다는 것을 그들이 알게 되었던 것이다.

바다가 점점 더 거칠어지자 그들이 요나에게 물었다. "우리가 당신을 어떻게 해야 바다가 잔잔해지겠소?" 요나가 그들에게 대답하였다. "나를 들어 바다에 내던지시오. 그러면 바다가 잔잔해질 것이오. 이 큰 폭풍이 당신들에게 들이닥친 것이 나 때문이라는 것을 나도 알고 있소." 사람들은 뭍으로 되돌아가려고 힘껏 노를 저었으나, 바다가 점점 더 거칠어져 어쩔수가 없었다. 그러자 그들이 주님께 부르짖었다. "아, 주님! 이 사람의 목숨을 희생시킨다고 부디 저희를 멸하지는 마십시오. 주님, 당신께서는 뜻하신대로 이 일을 하셨으니, 저희에게 살인죄를 지우지 말아 주십시오." 그러고 나서 그들이 요나를 들어 바다에 내던지자, 성난 바다가 잔잔해졌다. (요나 1,4-15)

17 베토벤 「'보라. 승리의 용사가 돌아온다.' 주제에 의한 12개의 첼로 변주곡 G장조 WoO.45」

싸우려고 진지에서 나왔다. 유다의 군사들도 나팔을 불고 맞서 싸웠다. 그리고 그 이민족들을 쳐부수었다. 이민족들은 들판으로 달아나고, 뒤에 있던 자들은 모두 칼에 맞아 쓰러졌다. (1마카 4,13-14)

요나탄과 시몬은 자기들의 형제 유다의 주검을 거두어, 모데인에 있는 조상들의 무덤에 묻고, 그의 죽음을 애도하였다. 온 이스라엘도 크게 통곡하고 여러날을 슬퍼하며 이렇게 말하였다. "이스라엘을 구한 분이, 그 용맹한 분이 어쩌다 쓰러졌는가?" 유다의 나머지 행적과 그가 이끈 전쟁과 그의 용맹, 그리고 그의 위대함에 관한 이야기는 너무 많아 다 기록할 수 없다. (1마카 9,19-22)

18 구노 『성녀 체칠리아 장엄미사』

그리고 그들은 서로 주고받으며 외쳤다. "거룩하시다, 거룩하시다, 거룩하시다, 만군의 주님! 온 땅에 그분의 영광이 가득하다." (이사 6,3)

예수님께서 또 다른 비유를 들어 그들에게 말씀하셨다. "하늘 나라는 겨자씨와 같다. 어떤 사람이 그것을 가져다가 자기 밭에 뿌렸다. 겨자씨는 어떤 씨앗보다도 작지만, 자라면 어떤 풀보다도 커져 나무가 되고 하늘의 새들이 와서 그 가지에 깃들인다." (마태 13,31-32)

주간 첫날 이른 아침, 아직도 어두울 때에 마리아 막달레나가 무덤에 가서 보니, 무덤을 막았던 돌이 치워져 있었다. 그래서 그 여자는 시몬베드로와 예수님께서 사랑하신 다른 제자에게 달려가서 말하였다. "누가 주님을 무덤에서 꺼내 갔습니다. 어디에 모셨는지 모르겠습니다." 베드로와 다른 제자는 밖으로 나와 무덤으로 갔다. 두 사람이 함께 달렸는데, 다른 제자가 베드로보다 빨리 달려 무덤에 먼저 다다랐다. 그는 몸을 굽혀 아마포가 놓여 있는 것을 보기는 하였지만, 안으로 들어가지는 않았다. 시몬베드로가 뒤따라와서 무덤으로 들어가 아마포가 놓여 있는 것을 보았다. 예수님의 얼굴을 쌌던 수건은 아마포와 함께 놓여 있지 않고, 따로 한곳에 개켜져 있었다. 그제야 무덤에 먼저 다다른 다른 제자도 들어갔다. 그리고 보고 믿었다. 사실 그들은 예수님께서 죽은 이들 가운데에서 다시 살아나셔야 한다는 성경 말씀을 아직 깨닫지 못하고 있었던 것이다. 그 제자들은 다시 집으로 돌아갔다.
마리아는 무덤 밖에 서서 울고 있었다. 그렇게 울면서 무덤 쪽으로 몸을 굽혀 들여다보니 하얀 옷을 입은 두 천사가 앉아 있었다. 한 천사는 예수님의 시신이 놓였던 자리 머리맡에, 다른 천사는 발치에 있었다. 그들이 마리아에게 "여인아, 왜 우느냐?" 하고 묻자, 마리아가 그들에게 대답하였다. "누가 저의 주님을 꺼내 갔습니다. 어디에 모셨는지 모르겠습니다." 이렇게 말하고 나서 뒤로 돌아선 마리아는 예수님께서 서 계신 것을 보았다. 그러나 예수님이신 줄은 몰랐다. 예수님께서 마리아에게 "여인아, 왜 우느냐? 누구를 찾느냐?" 하고 물으셨다. 마리아는 그분을 정원지기로 생각하고, "선생님, 선생님께서 그분을 옮겨 가셨으면 어디에 모셨는지 저에게 말씀해 주십시오. 제가 모셔 가겠습니다." 하고 말하였다. 예수님께서 "마리아야!" 하고 부르셨다. 마리아는 돌아서서 히브리 말로 "라뿌니!" 하고 불렀다. 이는 '스승님!' 이라는 뜻이다. 예수님께서 마리아에게 말씀하셨다. "내가 아직 아버지께 올라가지 않았으니 나를 더 이상 붙들지 마라. 내 형제들에게 가서, '나는 내 아버지시며 너희의 아버지신 분, 내 하느님이시며 너희의 하느님이신 분께 올라간다.' 하고 전하여라." 마리아 막달레나는 제자들에게 가서 "제가 주님을 뵈었습니다." 하면서, 예수님께서 자기에게 하신 이 말씀을 전하였다. (요한 20,1-18)

인용 음반 목록(LP, EP, 릴 테이프, CD)

1　비발디 「협주곡 화성의 영감 Op.3」

① 비발디, 『협주곡 화성의 영감』, 이 무지치(Philis, 1962, LP)
② 비발디, 『협주곡 화성의 영감/라 스트라바간자』, 매리너 지휘, 아카데미 오브 세인트 마틴 인 더 필즈(Decca, 1973/1975, LP)
③ 비발디, 『목관악기 협주곡』, 매리너 지휘, 아카데미 오브 세이트 마틴 인 더 필즈(Decca, 1978, LP)
④ 비발디, 『바이올린 협주곡 라모로소』, 이 무지치(Philips, 1977, LP)
⑤ 비발디, 『협주곡 화성의 영감』, 피노크 지휘, 잉글리쉬 콘서트(Archiv, 1987, CD)
⑥ 비발디, 『협주곡 화성의 영감』, 이 무지치(Philips, 1983, LP)
⑦ 비발디, 『협주곡 화성의 영감』, 비온디 지휘, 유로파 갈란테(Virgin Veritas, 1998, CD)

2　브람스 「대학 축전 서곡 Op.80」

① 브람스, 『대학 축전 서곡』, 요훔 지휘, 런던 필하모닉 오케스트라(EMI, 1977, LP)
② 브람스, 『대학 축전 서곡』, 그로브스 지휘, 본머스 심포니 오케스트라(Saga, 1967, LP)
③ 브람스, 『교향곡 3번』, 아바도 지휘, 드레스덴 국립 관현악단(DG, 1978, LP)
④ 브람스, 『클라리넷 4중주 B단조』, 라이스터, 아마데우스 4중주단(DG, 1968, LP)
⑤ 브람스, 『대학 축전 서곡』, 번스타인 지휘, 빈 필하모닉(DG, 1983, CD)

3　마르첼로 「오보에 협주곡 D단조」

① 마르첼로, 『오보에 협주곡』, 피에로, 시모네 지휘, 이 솔리스트 베네티(RCA, 1973, LP)
② 마르첼로, 『오보에 협주곡』, 홀리거, 네그리 지휘, 드레스덴 국립 관현악단(Eterna, 1973, LP)
③ 『다섯 개의 이탈리아 오보에 협주곡』, 다이엘 연주·지휘, 피터버러 현악 오케스트라(Helios, 1999, CD)
④ 마르첼로, 『수금: 여섯 개의 협주곡』, 홀리거·펠레린, 제1바이올린: 퓌리, 카메라타 베른(Archiv, 1981, CD)
⑤ 마르첼로, 『오보에 협주곡』, 생크스, 호그우드 지휘, 아카데미 오브 에인션트 뮤직(PolyGram, 1989, CD)

4　프로코피예프 발레 음악 「로미오와 줄리엣 Op.64」

① 프로코피예프, 발레 음악 『로미오와 줄리엣』, 솔티 지휘, 시카고 심포니 오케스트라(Decca, 1983, LP)
② 프로코피예프, 발레 음악 『로미오와 줄리엣』, 아바도 지휘, 런던 심포니(Decca, 1967, LP)
③ 차이콥스키, 발레 음악 『백조의 호수』, 스토코프스키 지휘, 뉴 필하모니아 오케스트라(London, 1983, LP)
④ 프로코피예프, 발레 음악 『로미오와 줄리엣』, 레비 지휘, 클리블랜드 오케스트라(Telarc, 1984, CD)
⑤ 프로코피예프, 발레 음악 『로미오와 줄리엣』, 에도 데 바르트 지휘, 로테르담 필하모니 오케스트라(Philips, 1980, LP)

5　브루크너 「교향곡 9번 D단조 WAB.108」

① 브루크너, 『교향곡 9번』, 메타 지휘, 빈 필하모닉(Decca, 1965녹음, 1981, LP)
② 브루크너, 『교향곡 9번』, 탈미 지휘, 오슬로 필하모닉 오케스트라(Chandos, 1986, LP)

③ 포레, 『레퀴엠』, 성 피에르 오리엥 성가대, 코르보즈 지휘, 베른 심포니 오케스트라(Erato, 1972, LP)
④ 브루크너, 『교향곡 1번』, 아바도 지휘, 빈 필하모닉(Decca, 1974, LP)
⑤ 브루크너, 『교향곡 9번』, 카라얀 지휘, 베를린 필하모닉(DGG, 1976, LP)
⑥ 브루크너, 『교향곡 9번』, 요훔 지휘, 국립 관현악단(EMI, 1987, CD)
⑦ 브루크너, 『교향곡 9번』, 요훔 지휘, 베를린 필하모닉(DG, 1966, LP)
⑧ 브루크너, 『교향곡 9번』, 래틀 지휘, 베를린 필하모닉(WC, 2012, CD)

6 림스키코르사코프 「러시아 부활 축제 서곡 Op.36」

① 림스키코르사코프, 『러시아 부활 축제 서곡』, 토라티 지휘, 런던 심포니 오케스트라(Mercury, 1992, CD)
② 림스키코르사코프, 『러시아 부활 축제 서곡』, 뮌슈 지휘, 프랑스 국립 라디오 오케스트라(Vox/Turnabout, 1976, LP)
③ 림스키코르사코프, 『러시아 부활 축제 서곡』, 예르비 지휘, 고텐부르크 심포니 오케스트라(DG, 1988, CD)
④ 림스키코르사코프, 『세헤라자데』, 로스트로포비치 지휘, 파리 오케스트라(Warner Classics, 1974녹음, 2016, CD)
⑤ 『거룩한 보석들: 러시아 합창 성 음악』(Hearts of space, 1998, CD)
⑥ 림스키코르사코프, 『세헤라자데』, 라이너 지휘, 시카고 심포니 오케스트라(RCA, 1986, LP)
⑦ 림스키코르사코프, 『러시아 부활 축제 서곡』, 앙세르메 지휘, 스위스 로망드 오케스트라(London, 1959, LP)

7 시벨리우스 「바이올린 협주곡 D단조 Op.47」

① 차이콥스키, 『바이올린 협주곡』, 정경화 연주(Decca, 1970, LP)
② 시벨리우스, 『바이올린 협주곡』, 펄먼, 라인스도르프 지휘, 보스톤 심포니 오케스트라(RCA, 1976, LP)
③ 『폴케 그레스베크가 아이놀라 피아노로 시벨리우스를 연주하다』, 그레스베크(Bis, 2014, CD)
④ 시벨리우스, 『바이올린 협주곡』, 하이페츠, 비첨 지휘, 런던 필하모닉(EMI, 1991, CD)
⑤ 시벨리우스, 『바이올린 협주곡』, 오이스트라크, 로제스트벤스키 지휘, 모스크바 라디오 심포니 오케스트라(Melodiya, 1965, LP)
⑥ 시벨리우스, 『바이올린 협주곡』, 리치, 피엘스타 지휘, 런던 심포니 오케스트라(London, 1959, LP)
⑦ 시벨리우스, 『바이올린 협주곡』, 하이페츠, 헨들 지휘, 시카고 심포니 오케스트라(RCA, 1959, LP)
⑧ 시벨리우스, 『바이올린 협주곡』, 비첨 지휘, 런던 필하모닉(EMI, 1991, CD)
⑨ 시벨리우스, 『바이올린 협주곡』, 장영주, 얀손스 지휘, 베를린 필하모닉(EMI, 1998, CD)

8 베토벤 「호른과 피아노를 위한 소나타 F장조 Op.17」

① 『몽상: 호른과 피아노를 위한 낭만적 음악』, 클리저·케이머(Berlin Classics, 2013, CD)
② 하이든, 『혼 협주곡』, 클리저, 뷔텐베르크 쳄버 오케스트라(Berlin Classics, CD)
③ 베토벤, 『호른과 피아노를 위한 소나타』, 타르야니·랑키(Hungaroton, 1983, LP)
④ 『데니스 브레인의 예술』, 베토벤, 「호른과 피아노를 위한 소나타」, 브레인·매튜스(Seraphim, 1966, 모노LP)
⑤ 베토벤, 『호른과 피아노를 위한 소나타』, 에거·바빈(RCA, 1960, 모노LP)
⑥ 『파블로 카잘스를 추모하며』, 베토벤, 「첼로 소나타 Op.17」, 카잘스·호르쵸프스키(Philips, 1959녹음, 1973, LP)

9 쇼스타코비치「교향곡 5번 D단조 Op.47」

① 쇼스타코비치,『교향곡 5번』, 번스타인 지휘, 뉴욕 필하모닉(Sony, 1979녹음, 2005, CD)
② 쇼스타코비치,『교향곡 5번』, 하이팅크 지휘, 콘세르트헤바우 오케스트라(Decca, 1982, LP)
③ 쇼스타코비치,『교향곡 5번』, 오르만디 지휘, 필라델피아 오케스트라(Sony, 1965녹음, CD)
④ 쇼스타코비치,『교향곡 1/2번』, 콘드라신 지휘, 모스코바 필하모닉(Melodiya, 1964, LP)
⑤ 쇼스타코비치,『교향곡 5번』, 므라빈스키 지휘, 레닌그라드 심포니 오케스트라(Erato, 1984녹음, 1991, CD)

10 포레『레퀴엠』

① 포레,『레퀴엠』, 암스트롱·피셔디스카우, 에딘버러 페스티벌 합창단, 바렌보임 지휘, 파리 오케스트라(Angel, 1975, LP)
② 베르디,『레퀴엠』, 루시네·모린·러처드, 웨스트민스터 합창단, 오르만디 지휘, 필라델피아 오케스트라(Columbia, 1964, LP)
③ 포레,『피아노 4중주 1번/2번』, 콜라드·뒤메이·코세·페나슈(EMI, 1983, LP)
④ 포레,『피아노 5중주』, 로마 포레 5중주단(Claves, 1986, LP)
⑤ 포레,『레퀴엠』, 성 피에르 오리엥 성가대, 코르보즈 지휘, 베른 심포니 오케스트라(Erato, 1972, LP)
⑥ 포레『모음곡 펠리아스와 멜리장드』, 조단 지휘, 로잔 쳄버 오케스트라(Erato, 1983, LP)
⑦ 포레,『레퀴엠』, 몬테베르디 합창단, 가디너 지휘, 혁명과 낭만 오케스트라(Philips, 1994, CD)
⑧ 포레,『레퀴엠』, 로스앙헬레스·피셔디스카우, 엘리자베스 브라쇠르 합창단, 클뤼탕스 지휘, 파리 음악원 오케스트라(Angel, 62, LP)

11 베를리오즈「환상 교향곡 Op.14」

① 베를리오즈,『환상 교향곡』, 데이비스 지휘, 런던 심포니 오케스트라(Philips, 1966, LP)
② 베를리오즈,『이탈리아의 해럴드』, 이마이, 데이비스 지휘, 런던 필하모닉 오케스트라(Philips, 1975, LP)
③ 베를리오즈,『환상 교향곡』, 뮌슈 지휘, 파리 오케스트라(EMI, 1967, LP)
④ 베를리오즈,『환상 교향곡』, 아바도 지휘, 시카고 심포니 오케스트라(DG, 1984, LP)
⑤ 베를리오즈,『환상 교향곡』, 번스타인 지휘, 프랑스 국립 오케스트라(EMI, 1977, LP)

12 힌데미트「교향곡 화가 마티스」

① 힌데미트,『교향곡 화가 마티스』, 카라얀 지휘, 베를린 필하모닉(EMI, 1962녹음, 1988, CD)
② 힌데미트,『교향곡 화가 마티스』, 오르만디 지휘, 필라델피아 오케스트라(Colombia, 1964, LP)
③ 힌데미트,『교향곡 화가 마티스』, 블롬슈테트 지휘, 샌프란시스코 심포니(Decca, 1988, LP)
④ 힌데미트,『교향곡 화가 마티스』, 카라얀 지휘, 베를린 필하모닉(EMI, 1962, LP)

13 모차르트「피아노 소나타 8번 A단조 K.310」

①『디누 리파티 마지막 공연: 브장송 국제 음악제』(EMI, 1950, 모노LP)
② 쇼팽,『월츠』, 리파티(Odyssey, 1967, LP)
③ 모차르트,『피아노 소나타』, 피르스(Erato, 1976, LP)
④ 모차르트,『피아노 소나타 전집』, 피르스(DG, 1989-1991, CD)

14 **스트라빈스키 발레 음악 「봄의 제전 Op.15」**

① 스트라빈스키, 발레음악 『봄의 제전』, 도라티 지휘, 디트로이트 심포니 오케스트라(Decca, 1982, LP)
② 스트라빈스키, 발레음악 『페트루슈카』, 도라티 지휘, 디트로이트 심포니 오케스트라(Decca, 1981, LP)
③ 스트라빈스키, 『시편 교향곡』, 앙세르메 지휘, 스위스 로망드 오케스트라(Decca, 1971, LP)
④ 스트라빈스키, 발레음악 『봄의 제전』, 게르기예프 지휘, 키로프 오케스트라(Decca, 2001, CD)

15 **R. 슈트라우스 「알프스 교향곡 Op.64」**

① R. 슈트라우스, 『알프스 교향곡』, 켐페 지휘, 로열 필하모닉 오케스트라(RCA, 1967, LP)
② R. 슈트라우스, 『알프스 교향곡』, 켐페 지휘, 로열 필하모닉 오케스트라(London, 1967, 릴 테이프)
③ R. 슈트라우스, 『돈 후안/살로메』, 라이너 지휘, 시카고 심포니(RCA, 1968, LP)
④ R. 슈트라우스, 『알프스 교향곡』, 메타 지휘, 로스앤젤레스 필하모닉 오케스트라(Decca, 1976, LP)
⑤ R. 슈트라우스, 『알프스 교향곡』, 카라얀 지휘, 베를린 필하모닉(DG, 1981, LP)

16 **벨리니 오페라 『노르마』**

① 벨리니, 오페라 『노르마』, 칼라스·코렐리·자카리아·루트비히, 세라핀 지휘, 라 스칼라 오케스트라(EMI, 1960, LP)
② 벨리니, 오페라 『청교도』, 서덜랜드·파바로티·카푸칠리·기아우로프, 로열 오페라 합창단, 보닝 지휘, 런던 심포니 오케스트라(Decca, 1975, LP)
③ 『칼라스: 세기의 목소리』(EMI, 1958-65, CD)
④ 『비교할 수 없는 칼라스: 가장 좋아하는 아리아 모음』(EMI, 1987, CD)
⑤ 벨리니, 오페라 『청교도』, 칼라스·스테파노·로씨레메니·파네라이, 세라핀 지휘, 라 스칼라 합창단/오케스트라(Angel, 1953, 모노LP)
⑥ 벨리니, 오페라 『청교도』, 서덜랜드·듀발·카페키·플라젤로·엘킨스, 보닝 지휘, 피렌체 마지오 무지칼레 합창단/오케스트라(Decca, 1965, LP)
⑦ 벨리니, 오페라 『노르마』, 칼라스·코렐리, 세라핀 지휘, 라 스칼라 오케스트라(EMI, 1961 녹음, 1989, CD)
⑧ 벨리니, 오페라 『노르마』, 카바예·도밍고, 실라리오 지휘, 런던 필하모닉 오케스트라(RCA, 1972 CD)

17 **베토벤 「'보라. 승리의 용사가 돌아온다.' 주제에 의한 12개의 첼로 변주곡 G장조 WoO.45」**

① 베토벤, 『다섯 개의 첼로 소나타』, 뒤 프레·바렌보임(EMI, 1976, LP)
② 헨델, 오라토리오 『유다 마카베우스』, 팔머·베이커·데이비스·셜리쿼크, 원스워스 학교 합창단, 마케라스 지휘, 잉글리쉬 쳄버 오케스트라(Archiv, 1977, LP)
③ 딜리어스, 『첼로 협주곡』, 뒤 프레, 사전트 지휘, 로열 필하모닉 오케스트라(Angel, 1965, LP)
④ 베토벤, 『다섯 개의 첼로 소나타』, 푸르니에·굴다(DGG, 1960, LP)

18 **구노 『성녀 체칠리아 장엄미사』**

① 구노, 『성녀 체칠리아 장엄미사』, 헨드릭스·데일·라퐁, 프랑스 라디오 합창단, 프레트르 지휘, 노벨 필하모닉 오케스트라(EMI, 1984, LP)
② 구노, 발레 음악 『파우스트』, 에체베리 지휘, 라무류스 콘서트 오케스트라(Pontana, 1961, EP)

③ 구노, 『성녀 체칠리아 장엄미사』, 제프리드·스톨츠·우데, 마르케비치 지휘, 체코 필하모닉 오케스트라/합창단(DG, 1966, LP)